30일 완성!!
한자능력검정시험

권주연 지음 | 정후수 감수

도서출판 장락

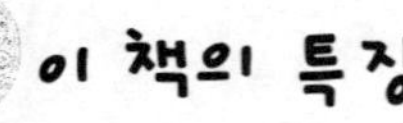 **머리글**

본 교재는 (사) 한국어문회가 주관하고 한국한자능력검정회에서 시행하는 한자자격 급수별 시험에 대비하여 엮은 것입니다. 漢字를 공부하는 학생이나 사회인들에게 漢字語의 이해와 활용능력을 신장시켜 폭넓은 사고력을 증진시키며 국어의 올바른 사용과 교과서 한자어의 이해력을 도와 학습능력을 향상시키는 데 목적을 두고 엮은 문제집입니다.

사람들은 한문 공부가 어렵고 따분하다는 선입견을 갖고 있습니다. 필자는 대학 강단에서 이런 문제로 어려움을 호소해오는 수많은 학생들을 대하면서 재미있고도 쉽게 공부하며 한자시험 자격증을 딸 수 있는 교재를 만들어보고자 연구를 하였습니다.

본 교재는 한자능력검정시험에 응시하고자 하는 학생들이나 사회인들이 보다 쉽고 효율적으로 학습할 수 있도록 기존의 교재들과는 전혀 다른 새로운 형식을 시도하였습니다. 즉 자격시험에 대비하여 기초부터 실전 모의고사 문제까지의 과제를 30일 과정으로 나누어 구성하였습니다. 본 교재에서 제시한 30일 과정의 과제를 하루하루 꾸준히 성실하게 실천해 나간다면 틀림없이 합격의 영광을 얻을 수 있을 것입니다.

이 책의 특징

1. 기초학습에서는 六書와 部首를 실어 한자 학습의 기초를 다졌습니다.

2. 2004년부터 시행되는 필순 유형에 대비하여 정확한 한자를 익힐 수 있도록 쓰기 연습란을 두었습니다.(8급, 7급) 본 교재에서 정해준 과제대로 매일 쓰기연습을 하면 지루하지 않게 정확한 漢字 익히기를 할 수 있습니다.

3. 유형별 기출문제 실전연습에서는 최근 기출문제를 유형별로 완전 분석하여 출제함으로써 본시험에 철저히 대비할 수 있도록 하였습니다.

4. 실전 모의고사 문제는 최근 기출문제를 분석하여 본시험에 가깝게 난이도를 조정하여 출제하였습니다. 출제된 문제들은 모두 급수별 실제 문항수와 문제유형이 같으며 정답과 답안지는 별도로 마련하였습니다. 실전 모의고사 문제를 풀 때에는 본시험에서 사용하는 것과 같은 답안지를 잘라 사용하도록 함으로써 한자능력검정시험에 대한 적응력을 배려하였습니다.

본 교재는 한자능력검정시험에 대비하여 가장 많은 문제를 수록한 대표적인 수험서라고 할 수 있습니다. 한자능력검정시험에 응시하고자 하는 학생들이나 사회인들에게 좋은 동반자가 될 수 있을 것이라 확신합니다. 본 교재로 목적하시는 바의 성과를 거두시기 바랍니다.

 **차례**

漢 · 字 · 能 · 力 · 檢 · 定 · 試 · 驗

 한자능력검정시험안내

※ 한자능력검정시험이란

사단법인 한국어문회가 주관하고 한국한자능력검정회가 시행하는 국내 최고의 한자능력검정
시험입니다. 1992년 12월 9일, 제1회 시험을 시작으로 2001년 1월 1일 이후 국가공인 자격시험
(1급~3급Ⅱ)으로 치러지고 있습니다. 한자 급수제를 통해 개인별 한자능력을 객관적으로 평가
하고 이를 인정하여 진학과 취업시험 등에 활용할 수 있도록 하는 데 그 목적이 있습니다.
한자능력검정시험은 초 · 중 · 고 · 대학생과 일반인이 꼭 알아야 할 교육용 한자에 기준을 두고
급수를 나누었습니다. 교육목적급수는 4급부터 8급이며, 국가공인급수는 1급부터 3급Ⅱ로 구분
하고 있으며 1년에 3회 치러집니다.

※ 응시자격은

■ 제한이 없으며 자신의 능력에 맞게 급수를 선택하여 응시할 수 있습니다.
■ 모든 급수의 검정 시험이 동시에 시행되므로 여러 급수를 동시에 중복해서 응시할 수 없습니다.

※ 시험일정(2005년)

시 행 회	29회		30회		31회	
	교육급수 (4급-8급)	공인급수 (1급-3급Ⅱ)	교육급수 (4급-8급)	공인급수 (1급-3급Ⅱ)	교육급수 (4급-8급)	공인급수 (1급-3급Ⅱ)
인터넷접수	2005.03.07 ~10	2005.03.14 ~17	2005.06.07 ~10	2005.06.13 ~16	2005.09.12 ~15	2005.09.20 ~23
방 문 접 수	2005.03.23 ~25	2005.03.28 ~30	2005.06.22 ~24	2005.06.27 ~29	2005.09.28 ~30	2005.10.04 ~06
시 험 일 시	2005.04.30 15:00	2005.05.07 15:00	2005.07.30 15:00	2005.08.06 15:00	2005.11.05 15:00	2005.11.12 15:00
합 격 발 표	2005.05.30 00:00	2005.06.02 00:00	2005.08.29 00:00	2005.09.06 00:00	2005.12.05 00:00	2005.12.12 00:00

※ 교육급수는 4급~8급, 공인급수는 1급~3급Ⅱ입니다.
※ 위 일정은 사정상 변경될 수 있습니다.
※ 인터넷 접수시간은 시작일 09시~인터넷 접수 마감일 24시입니다.

※ 접수방법

❶ 창구접수

· 응시급수 선택 – 급수배정을 참고하여 본인에게 맞는 급수를 선택합니다.
· 원서작성 준비물 – 반명함판 사진(3×4㎝) 3매, 급수증 수령주소, 주민등록번호, 이름(한글 · 한자), 응시
료(현금)
· 원서작성과 접수 – 정해진 양식의 원서를 작성하여 접수창구에 응시료와 함께 제출하고 수험표를 받습니다.

❷ 1급 우편접수

· 원서작성 준비물 – 반명함판 사진(3 x 4㎝) 3매, 급수증 수령주소, 주민등록번호, 이름(한글 · 한자),
응시료 우편환(35,000원), 항시 연락 가능한 연락처, 희망 응시 고사장
· 준비물 등기발송 – 주소 : (137-879) 서울특별시 서초구 서초1동 1627-1 교대벤처타워 401호 한국
한자능력 검정회 1급 접수 담당자

※ 시험시간/검정료

구분	1급	2급~3급Ⅱ	4급	4급Ⅱ	5급	6급	6급Ⅱ~8급
시험시간	90분	60분	50분	50분	50분	50분	50분
검정료	35,000원	15,000원	11,000원	11,000원	11,000원	11,000원	10,000원

※ 인터넷 접수 결제액은 검정료+접수수수료(1,000원)입니다.

漢·字·能·力·檢·定·試·驗

❀ 급수배정

급수	수준 및 특성
8급	읽기 50자, 쓰기 없음 미취학생이나 초등학생의 학습동기 부여를 위한 급수
7급	읽기 150자, 쓰기 없음 한자공부를 처음 시작하는 분을 위한 초급단계
6급Ⅱ	읽기 300자, 쓰기 50자 한자 쓰기를 시작하는 첫 급수
6급	읽기 300자, 쓰기 150자 기초 한자 쓰기를 시작하는 급수
5급	읽기 500자, 쓰기 300자 학습용 한자 쓰기를 시작하는 급수
4급Ⅱ	읽기 750자, 쓰기 400자 5급과 4급의 격차를 해소하기 위한 급수
4급	읽기 1,000자, 쓰기 500자 초급에서 중급으로 올라가는 급수
3급Ⅱ	읽기 1,500자, 쓰기 750자 4급과 3급의 격차를 해소하기 위한 급수
3급	읽기 1,817자, 쓰기 1,000자 신문 또는 일반 교양어를 읽을 수 있는 수준
2급	읽기 2,355자, 쓰기 1,817자 일상 한자어를 구사할 수 있는 수준
1급	읽기 3,500자, 쓰기 2,005자 국한혼용 고전을 불편 없이 읽고, 공부할 수 있는 수준

❀ 출제유형

급수	1급	2급	3급	3급Ⅱ	4급	4급Ⅱ	5급	6급	6급Ⅱ	7급	8급
읽기 배정 한자	3,500	2,355	1,817	1,500	1,000	750	500	300	300	150	50
쓰기 배정 한자	2,005	1,817	1,000	750	500	400	300	150	50	0	0
독음(讀音)	50	45	45	45	30	35	35	33	32	32	24
훈음(訓音)	32	27	27	27	22	22	23	22	29	30	24
장단음(長短音)	10	5	5	5	5	0	0	0	0	0	0
반의어(反義語)	10	10	10	10	3	3	3	3	2	2	0
완성형(完成型)	15	10	10	10	5	5	4	3	2	2	0
부수(部首)	10	5	5	5	3	3	0	0	0	0	0
동의어(同義語)	10	5	5	5	3	3	3	2	0	0	0
동음이의어(同音異義語)	10	5	5	5	3	3	3	2	0	0	0
뜻풀이	10	5	5	5	3	3	3	2	2	2	0
필순(筆順)	0	0	0	0	0	0	0	3	3	2	2
약자(略字)·속자(俗字)	3	3	3	3	3	3	3	0	0	0	0
한자(漢字)쓰기	40	30	30	30	20	20	20	20	10	0	0

※ 상위급수 한자는 하위급수 한자를 모두 포함하고 있습니다.

※ 쓰기 배정 한자는 한두 급수 아래의 읽기 배정한자이거나 그 범위 내에 있습니다.

❀ 합격기준

구분	1급	2급	3급	3급Ⅱ	4급	4급Ⅱ	5급	6급	6급Ⅱ	7급	8급
출제문항수	200	150	150	150	100	100	100	90	80	70	50
합격문항수	160	105	105	105	70	70	70	63	56	49	35

❀ 합격자 우대사항

■ 초·중·고등학교 학교생활기록부 등재

급수	효력	생활기록부
1급~3급 II	국가공인자격증	'자격증' 란
4급~8급	민간자격증	'세부사항' 란

■ 대학 수시모집 및 특별전형 반영

학교명	학부/학과	지원자격
건양대학교	국문학부	가산점 부여
경북대학교	한자/한문 분야	가산점 부여
경산대학교	전교생	3급 이상 취득시 졸업 인증
경상대학교	한문학과	2급 이상(한국어문회 주관)
경성대학교	한문학과	3급 이상(한국어문회 주관)
경원전문대학교	전교생	가산점 부여
계명대학교	한문교육학과(학교장, 교사 추천자)	3급 이상(한국어문회 주관)
공주대학교	한자/한문 분야	3급 이상(한국어문회 주관)
국민대학교	중어중문학과	1급(한국어문회 주관)
단국대학교(서울)	한문분야	3급 이상
대구대학교	한자우수자	3급 이상(한국어문회 주관)
동국대학교	불교대학 02학번 이후 재학생	3급 이상 취득시 졸업 가능
동서대학교	어학/한문 분야	한자분야 입상자 및 자격증 소지자
동아대학교	국어/한문 분야	3급 이상(한국어문회 주관)
동의대학교	어학특기자	1급 이상(한국어문회 주관)
명지대학교	어학분야	2급 이상(한국어문회 주관)
부산외국어대학교	외국어능력우수자	3급 이상(한국어문회 주관)
서원대학교	국문과	3급 이상 취득시 졸업 인증
성결대학교	외국어/문학 분야	3급 이상(한국어문회 주관)
성균관대학교	유학동양학부	2급 이상(한국어문회 주관)
신라대학교	인문/자연/사범/예체능	4급 이상 취득시 졸업 인증
아주대학교	문학/한문 분야	특기자특별전형
영남대학교	어학	2급 이상(한국어문회 주관)
원광대학교	한문 분야	특기자특별전형
중앙대학교	국제화특기 분야	2급 이상(한국어문회 주관)
제주한라대학	중국어통역과	3급 이상 취득시 졸업 인증
충남대학교	문학/어학 분야	3급 이상(한국어문회 주관)
한성대학교	한문 분야	특기자특별전형
한세대학교	전교생/한문 교양 필수	한자능력급수 취득시 학점 반영
호서대학교	중국어	4급 이상(한국어문회 주관)

※대입 전형과 관련된 세부사항은 대학홈페이지 또는 입학담당부서로 문의바랍니다. 위는 2004년 전형입니다.

■ 기업체·군인 인사고가

기업체·군인	내용	지원자격
조선일보	기자 채용시 우대 입사	3급 이상
경제5단체	가산점 부여	3급 이상
육군	부사관 승진심사 반영	5급 이상
	위관장교 승진심사 반영	4급 이상
	영관장교 승진심사 반영	3급 이상

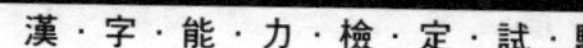

한자능력검정시험 3급 II 배정한자(1500字)

8급 배정한자	校 木총10획 학교교	教 攵(攴)총11획 가르칠교	九 乙총2획 아홉구	國 口총11획 나라국	軍 車총9획 군사군	金 金총8획 쇠금/성김	南 十총9획 남녘남	女 女총3획 계집녀	年 干총6획 해년	大 大총3획 큰대
東 木총8획 동녘동	六 八총4획 여섯륙	萬 艹(艸)총13획 일만만	母 毋총5획 어미모	木 木총4획 나무목	門 門총8획 문문	民 氏총5획 백성민	白 白총5획 흰백	父 父총4획 아비부	北 匕총5획 북녘북/달아날배	四 口총5획 넉사
山 山총3획 메산	三 一총3획 석삼	生 生총5획 날생	西 襾총6획 서녘서	先 儿총6획 먼저선	小 小총3획 작을소	水 水(氵)총4획 물수	室 宀총9획 집실	十 十총2획 열십	五 二총4획 다섯오	王 玉총4획 임금왕
外 夕총5획 바깥외	月 月총4획 달월	二 二총2획 두이	人 人(亻)총2획 사람인	一 一총1획 한일	日 日총4획 날일	長 長총8획 긴장	弟 弓총7획 아우제	中 丨총4획 가운데중	靑 靑총8획 푸를청	寸 寸총3획 마디촌
七 一총2획 일곱칠	土 土총3획 흙토	八 八총2획 여덟팔	學 子총16획 배울학	韓 韋총17획 한국/나라한	兄 儿총5획 형형	火 火(灬)총4획 불화	**7급** 배정한자	家 宀총10획 집가	歌 欠총14획 노래가	間 門총12획 사이간
江 氵(水)총6획 강강	車 車총7획 수레거/차	工 工총3획 장인공	空 穴총8획 빌공	口 口총3획 입구	氣 气총10획 기운기	記 言총10획 기록할기	旗 方총14획 기기	男 田총7획 사내남	內 入총4획 안내	農 辰총13획 농사농
答 竹총12획 대답답	道 辶총13획 길도	同 口총6획 한가지동	冬 冫총5획 겨울동	洞 氵총9획 골동/밝을통	動 力총11획 움직일동	登 癶총12획 오를등	來 人총8획 올래	力 力총2획 힘력	老 老총6획 늙을로	里 里총7획 마을리
林 木총8획 수풀림	立 立총5획 설립	每 毋총7획 매양매	面 面총9획 낯면	名 口총6획 이름명	命 口총8획 목숨명	文 文총4획 글월문	問 口총11획 물을문	物 牛총8획 물건물	方 方총4획 모방	百 白총6획 일백백
夫 大총4획 지아비부	不 一총4획 아닐부/불	事 亅총8획 일사	算 竹총14획 셈산	上 一총3획 윗상	色 色총6획 빛색	夕 夕총3획 저녁석	姓 女총8획 성성	世 一총5획 인간세	少 小총4획 적을소	所 戶총8획 바소
手 手총4획 손수	數 攵총15획 셈수	市 巾총5획 저자시	時 日총10획 때시	食 食총9획 밥/먹을식	植 木총12획 심을식	心 心(忄)총4획 마음심	安 宀총6획 편안안	語 言총14획 말씀어	然 火(灬)총12획 그럴연	午 十총4획 낮오
右 口총5획 오른/오를우	有 月총6획 있을유	育 月(肉)총8획 기를육	邑 邑총7획 고을읍	入 入총2획 들입	自 自총6획 스스로자	子 子총3획 아들자	字 子총6획 글자자	場 土총12획 마당장	電 雨총13획 번개전	全 入총6획 온전전
前 刂(刀)총9획 앞전	正 止총5획 바를정	祖 示총10획 할아비조	足 足총7획 발족	左 工총5획 왼좌	主 丶총5획 주인/임금주	住 亻총7획 살주	重 里총9획 무거울중	紙 糸총10획 종이지	地 土총6획 따지	直 目총8획 곧을직
川 川(巛)총3획 내천	千 十총3획 일천천	天 大총4획 하늘천	草 艹(艸)총10획 풀초	村 木총7획 마을촌	秋 禾총9획 가을추	春 日총9획 봄춘	出 凵총5획 날출	便 亻총9획 편할편/똥오줌변	平 干총5획 평평할평	下 一총3획 아래하
夏 夂총10획 여름하	漢 氵총14획 한수/한나라한	海 氵총10획 바다해	話 言총13획 말씀화	花 艹총8획 꽃화	活 氵총9획 살활	孝 子총7획 효도효	後 彳총9획 뒤후	休 亻총6획 쉴휴	**6·6급II** 배정한자	各 口총6획 각각각
角 角총7획 뿔각	感 心총13획 느낄감	強 弓총12획 강할강	開 門총12획 열개	京 亠총8획 서울경	計 言총9획 셀계	界 田총9획 지경계	高 高총10획 높을고	苦 艹총9획 쓸고	古 口총5획 예고	功 力총5획 공공
公 八총4획 공평할공	共 八총6획 한가지공	科 禾총9획 과목과	果 木총8획 실과과	光 儿총6획 빛광	交 亠총6획 사귈교	球 王(玉)총11획 공구	區 匚총11획 구분할/지경구	郡 阝(邑)총10획 고을군	近 辶총8획 가까울근	根 木총10획 뿌리근
今 人총4획 이제금	急 心총9획 급할급	級 糸총10획 등급급	多 夕총6획 많을다	短 矢총12획 짧을단	堂 土총11획 집당	待 彳총9획 기다릴대	代 亻총5획 대신대	對 寸총14획 대할대	圖 口총14획 그림도	度 广총9획 법도도/헤아릴탁
讀 言총22획 읽을독/구절두	童 立총12획 아이동	頭 頁총16획 머리두	等 竹총12획 무리등	樂 木총15획 즐길락/풍류악/좋아할요	例 亻총8획 법식례	禮 示총18획 예도례	路 足총13획 길로	綠 糸총14획 푸를록	理 王(玉)총11획 다스릴리	李 木총7획 오얏/성리

漢·字·能·力·檢·定·試·驗

利 刂총7획 이할 리	明 日총8획 밝을 명	目 目총5획 눈 목	聞 耳총14획 들을 문	米 米총6획 쌀 미	美 羊총9획 아름다울 미	朴 木총6획 성 박	班 王(玉)총10획 나눌 반	反 又총4획 돌아올/돌이킬 반	半 十총5획 반 반	發 癶총12획 필 발
放 攵총8획 놓을 방	番 田총12획 차례 번	別 刂총7획 다를/나눌 별	病 广총10획 병 병	服 月총8획 옷 복	本 木총5획 근본 본	部 阝(邑)총11획 떼 부	分 刀총4획 나눌 분	社 示총8획 모일 사	死 歹총6획 죽을 사	使 亻총8획 하여금/부릴 사
書 日총10획 글 서	石 石총5획 돌 석	席 巾총10획 자리 석	線 糸총15획 줄 선	雪 雨총11획 눈 설	省 目총9획 살필 성/덜 생	成 戈총7획 이룰 성	消 氵총10획 사라질 소	速 辶총11획 빠를 속	孫 子총10획 손자 손	樹 木총16획 나무 수
術 行총11획 재주 술	習 羽총11획 익힐 습	勝 力총12획 이길 승	始 女총8획 비로소 시	式 弋총6획 법 식	神 示총10획 귀신 신	身 身총7획 몸 신	信 亻총9획 믿을 신	新 斤총13획 새 신	失 大총5획 잃을 실	愛 心총13획 사랑 애
野 里총11획 들 야	夜 夕총8획 밤 야	藥 艹총19획 약 약	弱 弓총10획 약할 약	陽 阜(阝)총12획 볕 양	洋 氵총9획 큰바다 양	言 言총7획 말씀 언	業 木총13획 업 업	永 水총5획 길 영	英 艹총9획 꽃부리 영	溫 氵총13획 따뜻할 온
勇 力총9획 날랠 용	用 用총5획 쓸 용	運 辶총13획 옮길 운	園 囗총13획 동산 원	遠 辶총14획 멀 원	油 氵총8획 기름 유	由 田총5획 말미암을 유	銀 金총14획 은 은	飮 食총13획 마실 음	音 音총9획 소리 음	意 心총13획 뜻 의
衣 衣총6획 옷 의	醫 酉총18획 의원 의	者 耂(老)총9획 놈 자	昨 日총9획 어제 작	作 亻총7획 지을 작	章 立총11획 글 장	在 土총6획 있을 재	才 扌(手)총3획 재주 재	戰 戈총16획 싸움 전	庭 广총10획 뜰 정	定 宀총8획 정할 정
題 頁총18획 제목 제	第 竹총11획 차례 제	朝 月총12획 아침 조	族 方총11획 겨레 족	晝 日총11획 낮 주	注 氵총8획 부을 주	集 隹총12획 모을 집	窓 穴총11획 창 창	淸 氵총11획 맑을 청	體 骨총23획 몸 체	親 見총16획 친할 친
太 大총4획 클 태	通 辶총11획 통할 통	特 牛총10획 특별할 특	表 衣총8획 겉 표	風 風총9획 바람 풍	合 口총6획 합할 합	行 行총6획 다닐 행/항렬 항	幸 干총8획 다행 행	向 口총6획 향할 향	現 玉총11획 나타날 현	形 彡총7획 모양 형
號 虍총13획 이름 호	畫 田총13획 그림 화/그을 획	和 口총8획 화할 화	黃 黃총12획 누를 황	會 日총13획 모일 회	訓 言총10획 가르칠 훈	**5급 배정한자**	可 口총5획 옳을 가	價 亻총15획 값 가	加 力총5획 더할 가	改 攵(攴)총7획 고칠 개
客 宀총9획 손 객	去 厶총5획 갈 거	擧 手총18획 들 거	健 亻총11획 굳셀 건	件 亻총6획 물건 건	建 廴총9획 세울 건	格 木총10획 격식 격	見 見총7획 볼 견/뵈올 현	結 糸총12획 맺을 결	決 氵총7획 결단할 결	輕 車총14획 가벼울 경
競 立총20획 다툴 경	敬 攵총13획 공경 경	景 日총12획 볕 경	告 口총7획 고할 고	固 囗총8획 굳을 고	考 耂(老)총6획 생각할 고	曲 日총6획 굽을 곡	課 言총15획 공부할 과	過 辶총13획 지날 과	關 門총19획 관계할 관	觀 見총25획 볼 관
廣 广총15획 넓을 광	橋 木총16획 다리 교	具 八총8획 갖출 구	救 攵총11획 구원할 구	舊 臼총18획 예 구	局 尸총7획 판 국	貴 貝총12획 귀할 귀	規 見총11획 법 규	給 糸총12획 줄 급	期 月총12획 기약할 기	己 己총3획 몸 기
汽 氵총7획 물끓는김 기	技 扌총7획 재주 기	基 土총11획 터 기	吉 口총6획 길할 길	念 心총8획 생각 념	能 月(肉)총10획 능할 능	壇 土총16획 단 단	團 囗총14획 둥글 단	談 言총15획 말씀 담	當 田총13획 마땅 당	德 彳총15획 큰 덕
都 阝(邑)총12획 도읍 도	島 山총10획 섬 도	到 刂총8획 이를 도	獨 犭(犬)총16획 홀로 독	落 艹총13획 떨어질 락	朗 月총11획 밝을 랑	冷 冫총7획 찰 랭	良 艮총7획 어질 량	量 里총12획 헤아릴 량	旅 方총10획 나그네 려	歷 止총16획 지날 력
練 糸총15획 익힐 련	領 頁총14획 거느릴 령	令 人총5획 하여금 령	勞 力총12획 일할 로	料 斗총10획 헤아릴 료	流 氵총9획 흐를 류	類 頁총19획 무리 류	陸 阜(阝)총11획 뭍 륙	馬 馬총10획 말 마	末 木총5획 끝 말	亡 亠총3획 망할 망
望 月총11획 바랄 망	買 貝총12획 살 매	賣 貝총15획 팔 매	無 灬총12획 없을 무	倍 亻총10획 곱 배	法 氵총8획 법 법	變 言총23획 변할 변	兵 八총7획 군사 병	福 示총14획 복 복	奉 大총8획 받들 봉	比 比총4획 견줄 비
費 貝총12획 쓸 비	鼻 鼻총14획 코 비	氷 水총5획 얼음 빙	寫 宀총15획 베낄 사	仕 亻총5획 섬길 사	史 口총5획 사기 사	士 士총3획 선비 사	思 心총9획 생각 사	査 木총9획 조사할 사	産 生총11획 낳을 산	賞 貝총15획 상줄 상
相 目총9획 서로 상	商 口총11획 장사 상	序 广총7획 차례 서	選 辶총16획 가릴 선	鮮 魚총17획 고울 선	船 舟총11획 배 선	仙 亻총5획 신선 선	善 口총12획 착할 선	說 言총14획 말씀 설/달랠 세	性 忄총8획 성품 성	洗 氵총9획 씻을 세

歲 止총13획 해 세	束 木총7획 묶을 속	首 首총9획 머리 수	宿 宀총11획 잘 숙/별자리 수	順 頁총12획 순할 순	示 示총5획 보일 시	識 言총19획 알 식/기록할 지	臣 臣총6획 신하 신	實 宀총14획 열매 실	兒 儿총8획 아이 아	惡 心총12획 악할 악/미워할 오
案 木총10획 책상 안	約 糸총9획 맺을 약	養 食총15획 기를 양	魚 魚총11획 고기/물고기 어	漁 氵총14획 고기잡을 어	億 亻총15획 억 억	熱 灬총15획 더울 열	葉 艹총13획 잎 엽	屋 尸총9획 집 옥	完 宀총7획 완전할 완	要 襾총9획 요긴할 요
曜 日총18획 빛날 요	浴 氵총10획 목욕할 욕	友 又총4획 벗 우	雨 雨총8획 비 우	牛 牛총4획 소 우	雲 雨총12획 구름 운	雄 隹총12획 수컷 웅	原 厂총10획 언덕 원	願 頁총19획 원할 원	元 儿총4획 으뜸 원	院 阜(阝)총10획 집 원
位 亻총7획 자리 위	偉 亻총11획 클 위	耳 耳총6획 귀 이	以 亻총5획 써 이	因 囗총6획 인할 인	任 亻총6획 맡길 임	再 冂총6획 두 재	材 木총7획 재목 재	財 貝총10획 재물 재	災 火총7획 재앙 재	爭 爫총8획 다툴 쟁
貯 貝총12획 쌓을 저	的 白총8획 과녁 적	赤 赤총7획 붉을 적	典 八총8획 법 전	傳 亻총13획 전할 전	展 尸총10획 펼 전	切 刀총4획 끊을 절/온통 체	節 竹총15획 마디 절	店 广총8획 가게 점	情 忄총11획 뜻 정	停 亻총11획 머무를 정
調 言총15획 고를 조	操 扌(手)총16획 잡을 조	卒 十총8획 마칠 졸	終 糸총11획 마칠 종	種 禾총14획 씨 종	罪 罒총13획 허물 죄	州 川(巛)총6 고을 주	週 辶총12획 주일 주	止 止총4획 그칠 지	知 矢총8획 알 지	質 貝총15획 바탕 질
着 目총11획 붙을 착	參 厶총11획 참여할 참/석 삼	唱 口총11획 부를 창	責 貝총11획 꾸짖을 책	鐵 金총21획 쇠 철	初 刀총7획 처음 초	最 日총12획 가장 최	祝 示총10획 빌 축	充 儿총5획 채울 충	致 至총10획 이를 치	則 刂총9획 법칙 칙/곧 즉
他 亻총5획 다를 타	打 扌총5획 칠 타	卓 十총8획 높을 탁	炭 火총9획 숯 탄	宅 宀총6획 집 택/댁	板 木총8획 널 판	敗 攵총11획 패할 패	品 口총9획 물건 품	必 心총5획 반드시 필	筆 竹총12획 붓 필	河 氵총8획 물 하
寒 宀총12획 찰 한	害 宀총10획 해할 해	許 言총11획 허락할 허	湖 氵총12획 호수 호	化 匕총4획 될 화	患 心총11획 근심 환	效 攵총10획 본받을 효	凶 凵총4획 흉할 흉	黑 黑총12획 검을 흑	**4.4급 II 배정한자**	假 亻총11획 거짓 가
街 行총12획 거리 가	暇 日총13획 틈/겨를 가	覺 見총20획 깨달을 각	刻 刂총8획 새길 각	看 目총9획 볼 간	簡 竹총18획 대쪽/간략할 간	干 干총3획 방패 간	監 皿총14획 볼 감	減 氵총12획 덜 감	敢 攵총12획 감히/구태여 감	甘 甘총5획 달 감
甲 田총5획 갑옷/첫째천간 갑	康 广총11획 편안 강	講 言총17획 욀 강	降 阜(阝)총9획 내릴 강/항복할 항	個 亻총10획 낱 개	巨 工총5획 클 거	據 扌총16획 근거 거	拒 扌총8획 막을 거	居 尸총8획 살 거	傑 亻총12획 뛰어날 걸	檢 木총17획 검사할 검
儉 亻총15획 검소할 검	擊 手총17획 칠 격	激 氵총16획 격할 격	堅 土총11획 굳을 견	犬 犬총4획 개 견	潔 氵총15획 깨끗할 결	缺 缶총10획 이지러질 결	經 糸총13획 지날/글 경	境 土총14획 지경 경	慶 心총15획 경사 경	警 言총20획 깨우칠 경
驚 馬총23획 놀랄 경	傾 亻총13획 기울 경	更 日총7획 다시 갱/고칠 경	鏡 金총19획 거울 경	係 亻총9획 맬 계	繼 糸총20획 이을 계	階 阜(阝)총12획 섬돌 계	戒 戈총7획 경계할 계	季 子총8획 계절 계	鷄 鳥총21획 닭 계	系 糸총7획 이어맬 계
故 攵총9획 연고 고	孤 子총8획 외로울 고	庫 广총10획 곳집 고	穀 禾총15획 곡식 곡	困 囗총7획 곤할 곤	骨 骨총10획 뼈 골	孔 子총4획 구멍 공	攻 攵총7획 칠 공	官 宀총8획 벼슬 관	管 竹총14획 대롱/주관할 관	鑛 金총23획 쇳돌 광
求 水총7획 구할 구	究 穴총7획 연구할/궁구할 구	句 口총5획 글귀 구	構 木총14획 얽을 구	君 口총7획 임금 군	群 羊총13획 무리 군	屈 尸총8획 굽힐 굴	宮 宀총10획 집 궁	窮 穴총15획 다할/궁할 궁	權 木총22획 권세 권	勸 力총20획 권할 권
卷 卩총8획 책 권	券 刀총8획 문서 권	歸 止총18획 돌아갈 귀	均 土총7획 고를 균	極 木총13획 극진할/다할 극	劇 刂총15획 심할 극	筋 竹총12획 힘줄 근	勤 力총13획 부지런할 근	禁 示총13획 금할 금	器 口총16획 그릇 기	起 走총10획 일어날 기
奇 大총8획 기특할 기	機 木총16획 틀 기	紀 糸총9획 벼리 기	寄 宀총11획 부칠 기	暖 日총13획 따뜻할 난	難 隹총19획 어려울 난	納 糸총10획 들일 납	努 力총7획 힘쓸 노	怒 心총9획 성낼 노	斷 斤총18획 끊을 단	端 立총14획 끝 단
單 口총12획 홀 단	檀 木총17획 박달나무 단	段 殳총9획 층계 단	達 辶총13획 통달할 달	擔 扌총16획 멜 담	黨 黑총20획 무리 당	隊 阜(阝)총12획 무리 대	帶 巾총11획 띠 대	導 寸총16획 인도할 도	徒 彳총10획 무리 도	逃 辶총10획 도망할 도
盜 皿총12획 도둑 도	督 目총13획 감독할 독	毒 毋총8획 독 독	銅 金총14획 구리 동	豆 豆총7획 콩 두	斗 斗총4획 말 두	得 彳총11획 얻을 득	燈 火총16획 등 등	羅 罒(网)총19획 벌릴 라	亂 乙총13획 어지러울 란	卵 卩총7획 알 란

覽 見 총21획 볼 람	略 田 총11획 간략할/약할 략	兩 入 총8획 두 량	糧 米 총18획 양식 량	麗 鹿 총19획 고을 려	慮 心 총15획 생각할 려	連 辶 총11획 이을 련	列 刂 총6획 벌릴 렬	烈 灬 총10획 매울 렬	錄 金 총16획 기록할 록	論 言 총15획 논할 론
龍 龍 총16획 용 룡	留 田 총10획 머무를 류	柳 木 총9획 버들 류	輪 車 총15획 바퀴 륜	律 彳 총9획 법칙 률	離 隹 총19획 떠날 리	滿 氵 총14획 찰 만	妹 女 총8획 누이 매	脈 月(肉) 총10획 줄기 맥	勉 力 총9획 힘쓸 면	鳴 鳥 총14획 울 명
毛 毛 총4획 터럭 모	模 木 총15획 본뜰 모	牧 牛 총8획 칠 목	妙 女 총7획 묘할 묘	墓 土 총14획 무덤 묘	武 止 총8획 호반 무	務 力 총11획 힘쓸 무	舞 舛 총14획 춤출 무	味 口 총8획 맛 미	未 木 총5획 아닐 미	密 宀 총11획 빽빽할 밀
博 十 총12획 넓을 박	拍 扌 총8획 칠 박	髮 髟 총15획 터럭 발	房 戶 총8획 방 방	防 阜(阝) 총7획 막을 방	訪 言 총11획 찾을 방	妨 女 총7획 방해할 방	配 酉 총10획 나눌/짝 배	背 月(肉) 총9획 등 배	拜 手 총9획 절 배	罰 罒(网) 총14획 벌할 벌
伐 亻 총6획 칠 벌	犯 犬 총5획 범할 범	範 竹 총15획 법 범	壁 土 총16획 벽 벽	邊 辶 총19획 가 변	辯 辛 총21획 말씀 변	報 土 총12획 갚을/알릴 보	寶 宀 총20획 보배 보	保 亻 총9획 지킬 보	步 止 총7획 걸음 보	普 日 총12획 넓을 보
伏 亻 총6획 엎드릴 복	複 衤(衣) 총14획 겹칠 복	婦 女 총11획 며느리 부	富 宀 총12획 부자 부	復 彳 총12획 다시 부/회복할 복	副 刂 총11획 버금 부	府 广 총8획 마을/관청 부	否 口 총7획 아닐 부	負 貝 총9획 질 부	憤 忄 총15획 분할 분	粉 米 총10획 가루 분
佛 亻 총7획 부처 불	備 亻 총12획 갖출 비	悲 心 총12획 슬플 비	非 非 총8획 아닐 비	飛 飛 총9획 날 비	秘 禾 총10획 숨길 비	批 扌 총7획 비평할 비	碑 石 총13획 비석 비	貧 貝 총11획 가난할 빈	謝 言 총17획 사례할 사	師 巾 총10획 스승 사
舍 舌 총8획 집 사	寺 寸 총6획 절 사	辭 辛 총19획 말씀 사	絲 糸 총12획 실 사	私 禾 총7획 사사 사	射 寸 총10획 쏠 사	散 攵 총12획 흩을 산	殺 殳 총11획 죽일 살/감할 쇄	狀 犬 총8획 형상 상/문서 장	床 广 총7획 상 상	常 巾 총11획 떳떳할 상
想 心 총13획 생각 상	象 豕 총12획 코끼리 상	傷 亻 총13획 다칠 상	宣 宀 총9획 베풀 선	設 言 총11획 베풀 설	舌 舌 총6획 혀 설	誠 言 총14획 정성 성	聖 耳 총13획 성인 성	城 土 총10획 재 성	聲 耳 총17획 소리 성	星 日 총9획 별 성
盛 皿 총12획 성할 성	勢 力 총13획 형세 세	細 糸 총11획 가늘 세	稅 禾 총12획 세금 세	掃 扌 총11획 쓸 소	笑 竹 총10획 웃음 소	素 糸 총10획 본디/흴 소	俗 亻 총9획 풍속 속	續 糸 총21획 이을 속	屬 尸 총21획 붙일 속	損 扌 총13획 덜 손
送 辶 총10획 보낼 송	松 木 총8획 소나무 송	頌 頁 총13획 칭송할/기릴 송	收 攵 총6획 거둘 수	授 扌 총11획 줄 수	受 又 총8획 받을 수	修 亻 총10획 닦을 수	守 宀 총6획 지킬 수	秀 禾 총7획 빼어날 수	肅 聿 총13획 엄숙할 숙	叔 又 총8획 아재비 숙
純 糸 총10획 순수할 순	崇 山 총11획 높을 숭	承 手 총8획 이을 승	視 見 총12획 볼 시	試 言 총13획 시험 시	詩 言 총13획 시 시	施 方 총9획 베풀 시	是 日 총9획 이/옳을 시	息 心 총10획 쉴 식	申 田 총5획 납/아뢸 신	深 氵 총11획 깊을 심
氏 氏 총4획 각시/성씨 씨	眼 目 총11획 눈 안	暗 日 총13획 어두울 암	壓 土 총17획 누를 압	液 氵 총11획 진액 액	額 頁 총18획 이마 액	羊 羊 총6획 양 양	樣 木 총15획 모양 양	嚴 口 총20획 엄할 엄	餘 食 총16획 남을 여	如 女 총6획 같을 여
與 臼 총14획 줄/더불 여	逆 辶 총10획 거스를 역	易 日 총8획 바꿀 역/쉬울 이	域 土 총11획 지경 역	煙 火 총13획 연기 연	演 氵 총14획 펼 연	硏 石 총11획 갈 연	延 廴 총7획 늘일 연	緣 糸 총15획 인연 연	鉛 金 총13획 납 연	燃 火 총16획 탈 연
榮 木 총14획 영화 영	營 火 총17획 경영할 영	迎 辶 총8획 맞을 영	映 日 총9획 비칠 영	藝 艹 총19획 재주 예	豫 豕 총16획 미리 예	誤 言 총14획 그르칠 오	玉 玉 총5획 구슬 옥	往 彳 총8획 갈 왕	謠 言 총17획 노래 요	容 宀 총10획 얼굴 용
遇 辶 총13획 만날 우	優 亻 총17획 넉넉할 우	郵 阜(阝) 총11획 우편 우	員 口 총10획 인원 원	圓 口 총13획 둥글 원	怨 心 총9획 원망할 원	援 扌 총12획 도울 원	源 氵 총13획 근원 원	爲 爪 총12획 하/할 위	衛 行 총16획 지킬 위	圍 口 총12획 에워쌀 위
危 卩 총6획 위태할 위	威 女 총9획 위엄 위	委 女 총8획 맡길 위	慰 心 총15획 위로할 위	遺 辶 총16획 남길 유	乳 乙 총8획 젖 유	遊 辶 총13획 놀 유	儒 亻 총16획 선비 유	肉 肉 총6획 고기 육	恩 心 총10획 은혜 은	隱 阜(阝) 총17획 숨을 은
陰 阜(阝) 총11획 그늘 음	應 心 총17획 응할 응	義 羊 총13획 옳을 의	議 言 총20획 의논할 의	依 亻 총8획 의지할 의	疑 疋 총14획 의심할 의	儀 亻 총15획 거동 의	移 禾 총11획 옮길 이	異 田 총12획 다를 이	益 皿 총10획 더할 익	認 言 총14획 알 인
印 卩 총6획 도장 인	引 弓 총4획 끌 인	仁 亻 총4획 어질 인	姿 女 총9획 모양 자	姉 女 총8획 손위누이 자	資 貝 총13획 재물 자	殘 歹 총12획 남을 잔	雜 隹 총18획 섞일 잡	將 寸 총11획 장수 장	障 阜(阝) 총14획 막을 장	壯 土 총7획 장할 장

漢·字·能·力·檢·定·試·驗

腸 肉(月)총13획 창자 장	裝 衣총13획 꾸밀 장	獎 大총15획 장려할 장	帳 巾총11획 장막 장	張 弓총11획 베풀 장	低 亻총7획 낮을 저	底 广총8획 밑 저	敵 攵총15획 대적할 적	適 辶총15획 맞을 적	籍 竹총20획 문서 적	賊 貝총13획 도둑 적
績 糸총17획 길쌈 적	積 禾총16획 쌓을 적	田 田총5획 밭 전	專 寸총11획 오로지 전	轉 車총18획 구를 전	錢 金총16획 돈 전	絶 糸총12획 끊을 절	折 扌총7획 꺾을 절	點 黑총17획 점 점	占 卜총5획 점령할/점칠 점	接 扌총11획 이을 접
精 米총14획 정할 정	程 禾총12획 한도/길 정	政 攵총8획 정사 정	丁 一총2획 고무래/장정 정	整 攵총16획 가지런할 정	靜 靑총16획 고요할 정	祭 示총11획 제사 제	濟 氵총17획 건널 제	製 衣총14획 지을 제	際 阜(阝)총14획 즈음/가 제	制 刂총8획 절제할 제
提 扌총12획 끌 제	除 阜(阝)총10획 덜 제	帝 巾총9획 임금 제	助 力총7획 도울 조	鳥 鳥총11획 새 조	造 辶총11획 지을 조	早 日총6획 이를 조	條 木총11획 가지 조	組 糸총10획 짤 조	潮 氵총15획 조수/밀물 조	尊 寸총12획 높을 존
存 子총6획 있을 존	宗 宀총8획 마루 종	從 彳총11획 좇을 종	鍾 金총17획 쇠북종	座 广총10획 자리 좌	走 走총7획 달릴 주	周 口총8획 두루 주	朱 木총6획 붉을 주	酒 酉총10획 술 주	竹 竹총6획 대 죽	準 氵총13획 준할 준
衆 血총12획 무리 중	增 土총15획 더할 증	證 言총19획 증거 증	至 至총6획 이를 지	志 心총7획 뜻 지	支 支총4획 지탱할 지	指 扌총9획 가리킬 지	誌 言총14획 기록할 지	持 扌총9획 가질 지	智 日총12획 지혜/슬기 지	職 耳총18획 직분 직
織 糸총18획 짤 직	進 辶총12획 나아갈 진	眞 目총10획 참 진	盡 皿총14획 다할 진	珍 玉총9획 보배 진	陣 阜(阝)총10획 진칠 진	次 欠총6획 버금 차	差 工총10획 다를 차	讚 言총26획 기릴 찬	察 宀총14획 살필 찰	創 刂총12획 비롯할 창
採 扌총11획 캘 채	册 冂총5획 책 책	處 虍총11획 곳 처	泉 水총9획 샘 천	請 言총15획 청할 청	聽 耳총22획 들을 청	廳 广총25획 관청 청	招 扌총8획 부를 초	銃 金총14획 총 총	總 糸총17획 다 총	推 扌총11획 밀 추/퇴
築 竹총16획 쌓을 축	蓄 艹총14획 모을 축	縮 糸총17획 줄일 축	蟲 虫총18획 벌레 충	忠 心총8획 충성 충	取 又총8획 가질 취	趣 走총15획 뜻 취	就 尤총12획 나아갈 취	測 氵총12획 헤아릴 측	層 尸총15획 층 층	置 罒총13획 둘 치
齒 齒총15획 이 치	治 氵총8획 다스릴 치	侵 亻총9획 침노할 침	寢 宀총14획 잘 침	針 金총10획 바늘 침	稱 禾총14획 일컬을 칭	快 忄총7획 쾌할 쾌	彈 弓총15획 탄알 탄	歎 欠총15획 탄식할 탄	脫 肉(月)총11획 벗을 탈	探 扌총11획 찾을 탐
態 心총14획 모습 태	擇 扌총16획 가릴 택	討 言총10획 칠 토	統 糸총12획 거느릴 통	痛 广총12획 아플 통	退 辶총10획 물러날 퇴	鬪 鬥총20획 싸움 투	投 扌총7획 던질 투	波 氵총8획 물결 파	破 石총10획 깨뜨릴 파	派 氵총9획 갈래 파
判 刂총7획 판단할 판	篇 竹총15획 책 편	評 言총12획 평할 평	閉 門총11획 닫을 폐	砲 石총10획 대포 포	包 勹총5획 쌀 포	布 巾총5획 베/펼 포, 보시 보	胞 肉(月)총9획 세포 포	暴 日총15획 사나울 폭/모질 포	爆 火총19획 불터질 폭	票 示총11획 표 표
標 木총15획 표할 표	豊 豆총13획 풍년 풍	疲 广총10획 피곤할 피	避 辶총17획 피할 피	限 阜(阝)총9획 한할 한	閑 門총12획 한가할 한	恨 忄총9획 한 한	港 氵총12획 항구 항	航 舟총10획 배 항	抗 扌총7획 겨룰 항	解 角총13획 풀 해
核 木총10획 씨 핵	香 香총9획 향기 향	鄕 邑(阝)총13획 시골 향	虛 虍총12획 빌 허	憲 心총16획 법 헌	驗 馬총23획 시험 험	險 阜(阝)총16획 험할 험	革 革총9획 가죽 혁	賢 貝총15획 어질 현	顯 頁총23획 나타날 현	血 血총6획 피 혈
協 十총8획 화할 협	刑 刂총6획 형벌 형	惠 心총12획 은혜 혜	呼 口총8획 부를 호	護 言총21획 도울 호	好 女총6획 좋을 호	戶 戶총4획 집 호	或 戈총8획 혹 혹	混 氵총11획 섞을 혼	婚 女총11획 혼인할 혼	紅 糸총9획 붉을 홍
貨 貝총11획 재물 화	華 艹총12획 빛날 화	確 石총15획 굳을 확	環 玉총17획 고리 환	歡 欠총22획 기쁠 환	況 氵총8획 상황 황	回 口총6획 돌아올 회	灰 火총6획 재 회	候 亻총10획 기후 후	厚 厂총9획 두터울 후	揮 扌총12획 휘두를 휘
吸 口총7획 마실 흡	興 臼총16획 일 흥	希 巾총7획 바랄 희	喜 口총12획 기쁠 희	**3급 II 배정한자**	佳 亻총8획 아름다울 가	架 木총9획 시렁 가	脚 肉(月)총11획 다리 각	閣 門총14획 집 각	刊 刀총5획 새길 간	肝 肉(月)총7획 간 간
幹 干총13획 줄기 간	懇 心총17획 간절할 간	鑑 金총22획 거울 감	剛 刂총10획 굳셀 강	綱 糸총14획 벼리 강	鋼 金총16획 강철 강	介 人총4획 낄 개	蓋 艹총14획 덮을 개	槪 木총15획 대개 개	距 足총12획 상거할 거	乾 乙총11획 하늘 건/마를 간
劍 刀총15획 칼 검	隔 阜(阝)총13획 사이뜰 격	訣 言총11획 이별할 결	兼 八총10획 겸할 겸	謙 言총17획 겸손할 겸	徑 彳총10획 지름길/길 경	耕 耒총10획 밭갈 경	頃 頁총11획 잠깐/이랑 경	硬 石총12획 굳을 경	契 大총9획 맺을 계	桂 木총10획 계수나무 계

啓 口 총11획 열 계	械 木 총11획 기계 계	溪 水 총13획 시내 계	姑 女 총8획 시어미 고	鼓 鼓 총13획 북 고	稿 禾 총15획 원고/볏짚 고	谷 谷 총7획 골 곡	哭 口 총10획 울 곡	供 人 총8획 이바지할 공	恭 心 총10획 공손할 공	貢 貝 총10획 바칠 공
恐 心 총10획 두려울 공	誇 言 총13획 자랑할 과	寡 宀 총14획 적을 과	冠 冖 총9획 갓 관	貫 貝 총11획 꿸 관	寬 宀 총15획 너그러울 관	慣 心 총14획 익숙할 관	館 食 총17획 집 관	狂 犬 총7획 미칠 광	怪 心 총8획 괴이할 괴	壞 土 총19획 무너질 괴
巧 工 총5획 공교할 교	較 車 총13획 비교/견줄 교	久 丿 총3획 오랠 구	丘 一 총5획 언덕 구	拘 手 총8획 잡을 구	菊 艸 총12획 국화 국	弓 弓 총3획 활 궁	拳 手 총10획 주먹 권	鬼 鬼 총10획 귀신 귀	菌 艸 총12획 버섯 균	克 儿 총7획 이길 극
禽 禸 총13획 새 금	琴 玉 총12획 거문고 금	錦 金 총16획 비단 금	及 又 총4획 미칠 급	企 人 총6획 꾀할 기	祈 示 총9획 빌 기	其 八 총8획 그 기	畿 田 총15획 경기 기	騎 馬 총18획 말탈 기	緊 糸 총14획 긴할 긴	諾 言 총16획 허락할 낙
娘 女 총10획 계집 낭	耐 而 총9획 견딜 내	寧 宀 총14획 편안 녕	奴 女 총5획 종 노	腦 肉 총13획 골/뇌수 뇌	泥 水 총8획 진흙 니	茶 艸 총10획 차 다/차	丹 丶 총4획 붉을 단	旦 日 총5획 아침 단	但 人 총7획 다만 단	淡 水 총11획 맑을 담
踏 足 총15획 밟을 답	唐 口 총10획 당나라 당	糖 米 총16획 엿 당/사탕 탕	貸 貝 총12획 빌릴/뀔 대	臺 至 총14획 대 대	刀 刀 총2획 칼 도	倒 人 총10획 넘어질 도	途 辵 총11획 길 도	桃 木 총10획 복숭아 도	陶 阜 총11획 질그릇 도	渡 水 총12획 건널 도
突 穴 총9획 갑자기 돌	凍 冫 총10획 얼 동	絡 糸 총12획 이을/얽을 락	蘭 艸 총21획 난초 란	欄 木 총21획 난간 란	浪 水 총10획 물결 랑	郎 邑 총10획 사내 랑	廊 广 총13획 사랑채/행랑 랑	涼 水 총11획 서늘할 량	梁 木 총11획 들보/돌다리 량	勵 力 총17획 힘쓸 려
曆 日 총16획 책력 력	蓮 艸 총15획 연꽃 련	聯 耳 총17획 연이을 련	鍊 金 총17획 쇠불릴/단련할 련	戀 心 총23획 그리워할/그릴 련	裂 衣 총12획 찢어질 렬	嶺 山 총17획 고개 령	靈 雨 총24획 신령 령	露 雨 총20획 이슬 로	爐 火 총20획 화로 로	祿 示 총13획 녹 록
弄 廾 총7획 희롱할 롱	雷 雨 총13획 우뢰 뢰	賴 貝 총16획 의뢰할 뢰	累 糸 총11획 여러/자주 루	漏 水 총14획 셀 루	樓 木 총15획 다락 루	倫 人 총10획 인륜 륜	栗 木 총10획 밤 률	率 玄 총11획 비율 률/거느릴 솔	隆 阜 총12획 높을 륭	陵 阜 총11획 언덕 릉
裏 衣 총13획 속 리	履 尸 총15획 밟을 리	吏 口 총6획 관리/벼슬아치 리	臨 臣 총17획 임할 림	麻 麻 총11획 삼 마	磨 石 총16획 갈 마	莫 艸 총11획 없을 막	幕 巾 총14획 장막 막	晚 日 총11획 늦을 만	妄 女 총6획 망령될 망	[illegible]
梅 木 총11획 매화 매	媒 女 총12획 중매 매	麥 麥 총11획 보리 맥	盲 目 총8획 소경/눈멀 맹	孟 子 총8획 맏 맹	猛 犬 총11획 사나울 맹	盟 皿 총13획 맹세 맹	免 儿 총7획 면할 면	眠 目 총10획 잘 면	綿 糸 총14획 솜 면	滅 水 총13획 멸할/꺼질 멸
銘 金 총14획 새길 명	慕 心 총15획 그릴 모	貌 豸 총14획 모양 모	謀 言 총16획 꾀 모	睦 目 총13획 화목할 목	沒 水 총7획 빠질 몰	夢 夕 총14획 꿈 몽	蒙 艸 총14획 어릴 몽	茂 艸 총9획 무성할 무	貿 貝 총12획 무역할 무	墨 土 총15획 먹 묵
默 黑 총16획 잠잠할 묵	紋 糸 총10획 무늬 문	勿 勹 총4획 말 물	尾 尸 총7획 꼬리 미	微 彳 총13획 작을 미	迫 辵 총9획 핍박할 박	薄 艸 총17획 엷을 박	般 舟 총10획 일반 반	飯 食 총13획 밥 반	盤 皿 총15획 소반 반	拔 手 총8획 뽑을 발
芳 艸 총8획 꽃다울 방	培 土 총11획 북돋을 배	排 手 총11획 밀칠 배	輩 車 총15획 무리 배	伯 人 총7획 맏 백	繁 糸 총17획 번성할 번	凡 几 총3획 무릇 범	碧 石 총14획 푸를 벽	丙 一 총5획 남녘 병	譜 言 총19획 족보 보	腹 肉 총13획 배 복
覆 襾 총18획 덮을 부/다시 복	封 寸 총9획 봉할 봉	峯 山 총10획 봉우리 봉	逢 辵 총11획 만날 봉	鳳 鳥 총14획 새 봉	付 人 총5획 부칠 부	扶 手 총7획 도울 부	附 阜 총8획 붙을 부	浮 水 총10획 뜰 부	符 竹 총11획 부호 부	腐 肉 총14획 썩을 부
賦 貝 총14획 부세 부	簿 竹 총19획 문서 부	奔 大 총9획 달릴 분	紛 糸 총10획 어지러울 분	奮 大 총16획 떨칠 분	拂 手 총8획 떨칠 불	妃 女 총6획 왕비 비	肥 肉 총8획 살찔 비	卑 十 총8획 낮을 비	婢 女 총11획 계집종 비	司 口 총5획 맡을 사
沙 水 총7획 모래 사	邪 邑 총7획 간사할 사	祀 示 총8획 제사 사	寫 宀 총15획 베낄 사	蛇 虫 총11획 긴뱀 사	斜 斗 총11획 비낄 사	謝 言 총17획 사례할 사	詞 言 총12획 말/글 사	削 刀 총9획 깎을 삭	森 木 총12획 수풀 삼	尙 小 총8획 오히려 상
桑 木 총10획 뽕나무 상	喪 口 총12획 잃을 상	詳 言 총13획 자세할 상	裳 衣 총14획 치마 상	像 人 총14획 모양 상	霜 雨 총17획 서리 상	償 人 총17획 갚을 상	雙 隹 총18획 두 쌍	塞 土 총13획 막힐 색/변방 새	索 糸 총10획 찾을 색/노(새끼줄) 삭	恕 心 총10획 용서할 서
徐 彳 총10획 천천할 서	署 罒 총14획 마을/관청 서	緒 糸 총15획 실마리 서	惜 心 총11획 아낄 석	釋 釆 총20획 풀 석	旋 方 총11획 돌 선	禪 示 총17획 선 선	疏 疋 총12획 소통할 소	訴 言 총12획 호소할 소	燒 火 총16획 사를 소	蘇 艸 총20획 되살아날 소

漢·字·能·力·檢·定·試·驗

訟 言 총11획 송사할 송	刷 刀 총8획 인쇄할 쇄	鎖 金 총18획 쇠사슬 쇄	衰 衣 총10획 쇠할 쇠	帥 巾 총9획 장수 수	殊 歹 총10획 다를 수	愁 心 총13획 근심 수	需 雨 총14획 쓰일 수	壽 士 총14획 목숨 수	隨 阜 총16획 따를 수	輸 車 총16획 보낼 수
獸 犬 총19획 짐승 수	垂 土 총8획 드리울 수	淑 水 총11획 맑을 숙	熟 火 총15획 익을 숙	旬 日 총6획 열흘 순	巡 巛 총7획 돌 순	瞬 目 총17획 눈깜짝일 순	述 辶 총9획 펼 술	拾 手 총9획 주울 습/열 십	濕 水 총17획 젖을 습	襲 衣 총22획 엄습할 습
昇 日 총8획 오를 승	乘 丿 총10획 탈 승	僧 人 총14획 중 승	侍 人 총8획 모실 시	飾 食 총14획 꾸밀 식	愼 心 총13획 삼갈 신	甚 甘 총9획 심할 심	審 宀 총15획 살필 심	牙 牙 총4획 어금니 아	芽 艹 총8획 싹 아	我 戈 총7획 나 아
亞 二 총8획 버금 아	阿 阜 총8획 언덕 아	雅 隹 총12획 맑을 아	岸 山 총8획 언덕 안	顔 頁 총18획 낯 안	巖 山 총23획 바위 암	央 大 총5획 가운데 앙	仰 人 총6획 우러를 앙	哀 口 총9획 슬플 애	若 艹 총9획 같을 약/반야 야	揚 手 총12획 날릴 양
壤 土 총20획 흙덩이 양	讓 言 총24획 사양할 양	御 彳 총11획 거느릴 어	抑 手 총7획 누를 억	亦 亠 총6획 또 역	役 彳 총7획 부릴 역	疫 疒 총9획 전염병 역	譯 言 총20획 번역할 역	驛 馬 총23획 역 역	沿 水 총8획 물따라갈/따를 연	宴 宀 총10획 잔치 연
軟 車 총11획 연할 연	燕 火 총16획 제비 연	悅 心 총10획 기쁠 열	炎 火 총8획 불꽃 염	染 木 총9획 물들 염	鹽 鹵 총24획 소금 염	影 彡 총15획 그림자 영	譽 言 총21획 기릴/명예 예	烏 火 총10획 까마귀 오	悟 心 총10획 깨달을 오	獄 犬 총14획 옥 옥
瓦 瓦 총5획 기와 와	緩 糸 총15획 느릴 완	辱 辰 총10획 욕될 욕	欲 欠 총11획 하고자할 욕	慾 心 총15획 욕심 욕	宇 宀 총6획 집 우	羽 羽 총6획 깃 우	偶 人 총11획 짝 우	愚 心 총13획 어리석을 우	憂 心 총15획 근심 우	韻 音 총19획 운 운
越 走 총12획 넘을 월	胃 肉 총9획 밥통 위	僞 人 총14획 거짓 위	謂 言 총16획 이를 위	幼 幺 총5획 어릴 유	柔 木 총9획 부드러울 유	幽 幺 총9획 그윽할 유	悠 心 총11획 멀 유	猶 犬 총12획 오히려 유	裕 衣 총12획 넉넉할 유	維 糸 총14획 벼리 유
誘 言 총14획 꾈 유	潤 水 총15획 불을 윤	乙 乙 총1획 새 을	淫 水 총11획 음란할 음	已 己 총3획 이미 이	翼 羽 총17획 날개 익	忍 心 총7획 참을 인	逸 辶 총12획 편안할 일	壬 土 총4획 북방 임	賃 貝 총13획 품삯 임	刺 刀 총8획 찌를 자/찌를 척
紫 糸 총11획 자줏빛 자	慈 心 총13획 사랑 자	暫 日 총15획 잠깐 잠	潛 水 총15획 잠길 잠	丈 一 총3획 어른 장	莊 艹 총11획 씩씩할 장	掌 手 총12획 손바닥 장	葬 艹 총13획 장사지낼 장	粧 米 총12획 단장할 장	藏 艹 총18획 감출 장	臟 肉 총22획 오장 장
栽 木 총10획 심을 재	裁 衣 총12획 옷마를 재	載 車 총13획 실을 재	抵 手 총8획 막을 저	著 艹 총13획 나타날 저	寂 宀 총11획 고요할 적	笛 竹 총11획 피리 적	跡 足 총13획 자취 적	摘 手 총14획 딸 적	蹟 足 총18획 자취 적	漸 水 총14획 점점 점
井 二 총4획 우물 정	廷 廴 총7획 조정 정	征 彳 총8획 칠 정	亭 亠 총9획 정자 정	貞 貝 총9획 곧을 정	頂 頁 총11획 정수리 정	淨 水 총11획 깨끗할 정	齊 齊 총14획 가지런할 제	諸 言 총16획 모두 제	兆 儿 총6획 억조 조	租 禾 총10획 조세 조
照 火 총13획 비칠 조	縱 糸 총17획 세로 종	坐 土 총7획 앉을 좌	宙 宀 총8획 집 주	洲 水 총9획 물가 주	柱 木 총9획 기둥 주	株 木 총10획 그루 주	奏 大 총9획 아뢸 주	珠 玉 총10획 구슬 주	鑄 金 총22획 쇠불릴 주	仲 人 총6획 버금 중
卽 卩 총9획 곧 즉	症 疒 총10획 증세 증	曾 日 총12획 일찍 증	蒸 艹 총14획 찔 증	憎 心 총15획 미울 증	之 丿 총4획 갈 지	枝 木 총8획 가지 지	池 水 총6획 못 지	辰 辰 총7획 별 진/때 신	振 手 총10획 떨칠 진	陳 阜 총11획 베풀/묵을 진
鎭 金 총18획 진압할 진	震 雨 총15획 우레 진	疾 疒 총10획 병질 질	秩 禾 총10획 차례 질	執 土 총11획 잡을 집	徵 彳 총15획 부를 징	此 止 총6획 이 차	借 人 총10획 빌/빌릴 차	錯 金 총16획 어긋날 착	贊 貝 총19획 도울 찬	昌 日 총8획 창성할 창
倉 人 총10획 곳집 창	蒼 艹 총14획 푸를 창	菜 艹 총12획 나물 채	彩 彡 총11획 채색 채	債 人 총13획 빚 채	策 竹 총12획 꾀 책	妻 女 총8획 아내 처	尺 尸 총4획 자 척	拓 手 총8획 넓힐 척	戚 戈 총11획 친척 척	淺 水 총11획 얕을 천
踐 足 총15획 밟을 천	賤 貝 총15획 천할 천	遷 辶 총16획 옮길 천	哲 口 총10획 밝을 철	徹 彳 총15획 통할 철	淸 水 총11획 맑을 청	滯 水 총14획 막힐 체	肖 肉 총7획 닮을/같을 초	超 走 총12획 뛰어넘을 초	礎 石 총18획 주춧돌 초	促 人 총9획 재촉할 촉
觸 角 총20획 닿을 촉	催 人 총13획 재촉할 최	追 辶 총10획 쫓을/따를 추	畜 田 총10획 짐승 축	衝 行 총15획 찌를 충	吹 口 총7획 불 취	醉 酉 총15획 취할 취	側 人 총11획 곁 측	値 人 총10획 값 치	恥 心 총10획 부끄러울 치	稚 禾 총13획 어릴 치
漆 水 총14획 옻 칠	沈 水 총7획 잠길 침/성 심	浸 水 총10획 잠길 침	奪 大 총14획 빼앗을 탈	塔 土 총13획 탑 탑	湯 水 총12획 끓을 탕	殆 歹 총9획 거의 태	泰 水 총10획 클 태	澤 水 총16획 못 택	吐 口 총6획 토할 토	兎 儿 총7획 토끼 토

漢·字·能·力·檢·定·試·驗

透 辶 총11획 사무칠 투	版 片 총8획 판목 판	片 片 총4획 조각 편	編 糸 총15획 엮을 편	偏 人 총11획 치우칠 편	肺 肉 총8획 허파 폐	廢 广 총15획 폐할/버릴 폐	弊 廾 총15획 해질 폐	浦 水 총10획 개 포	捕 手 총10획 잡을 포	楓 木 총13획 단풍 풍
皮 皮 총5획 가죽 피	彼 彳 총8획 저 피	被 衣 총10획 입을 피	畢 田 총11획 마칠 필	何 人 총7획 어찌 하	荷 艸 총11획 연 하	賀 貝 총12획 하례할 하	鶴 鳥 총21획 학 학	汗 水 총6획 땀 한	割 刀 총12획 벨 할	含 口 총7획 머금을 함
陷 阜 총11획 빠질 함	恒 心 총9획 항상 항	項 頁 총12획 항목 항	響 音 총22획 울릴 향	獻 犬 총20획 드릴 헌	玄 玄 총5획 검을 현	懸 心 총20획 달 현	穴 穴 총5획 굴 혈	脅 肉 총10획 위협할 협	衡 行 총16획 저울대 형	慧 心 총15획 슬기로울 혜
虎 虍 총8획 범 호	胡 肉 총9획 되 호	浩 水 총10획 넓을 호	豪 豕 총14획 호걸 호	惑 心 총12획 미혹할 혹	魂 鬼 총14획 넋 혼	忽 心 총8획 갑자기 홀	洪 水 총9획 넓을 홍	禍 示 총14획 재앙 화	換 手 총12획 바꿀 환	還 辶 총17획 돌아올 환
皇 白 총9획 임금 황	荒 艸 총10획 거칠 황	悔 心 총10획 뉘우칠 회	懷 心 총19획 품을 회	劃 刀 총14획 그을 획	獲 犬 총17획 얻을 획	橫 木 총16획 가로 횡	胸 肉 총10획 가슴 흉	稀 手 총12획 드물 희	戲 戈 총16획 놀이 희	

 한자 학습의 구조

| 육서六書 |

모양(形;형)·소리(音;음)·뜻(意;의)의 세 가지 요소로 형성된 한자(漢字)는 처음에는 간단한 회화(그림)에서 출발하였다. 그러나 오랜 세월이 지나면서 늘어나는 사물과 복잡해지는 생각을 나타내기 위하여 글자의 수가 많아지고 복잡하게 되었다. 후한시대 허신이 『설문해자(說文解字)』라는 책을 지어 당시까지 사용하던 9,300여 글자의 구성원리를 비교하여 설명하였다. 허신은 이 책에서 모든 한자의 구성원리를 상형문자(象形文字), 지사문자(指事文字), 회의문자(會意文字), 형성문자(形聲文字), 전주문자(轉注文字), 가차문자(假借文字) 등 여섯 가지로 나누어 설명하였는데 이것이 곧 육서(六書)이다. 이러한 육서는 한자를 배우고 이해하는 데 기본이 되므로 반드시 익혀 두어야 한다.

(1) 상형문자象形文字

상형(象;모양 상, 形;모양 형)은 이름 그대로 사물의 모양을 있는 그대로 본떠서 만든 글자로서 한자가 만들어지는 구성 원리 중에서 가장 기본이 된다. 이는 문자가 처음에는 실제 사물의 모양을 본떠 그리는 데서 시작되었음을 의미한다. 이 방식은 구체적 사물의 특징적인 면을 두드러지게 나타냄으로써 사람들로 하여금 쉽게 알아볼 수 있게 한 것이다. 상형문자는 달, 해, 물, 불처럼 당대 사람들의 일상생활에서 중요한 의미를 갖는 것들이다.

⊙ ⊟ 日 **날 일**   해의 둥근 모습을 본뜬 글자　　　　　月 **달 월**   달이 이지러진 모습을 본뜬 글자

火 火 火 **불 화**   불이 타오르는 모양을 본뜬 글자　　　　川 **내 천**   물이 흐르는 모양을 본뜬 글자

人 **사람 인**   두 발로 걸어가는 사람의 옆모양을 본뜬 글자

(2) 지사문자指事文字

'어떤 일(事;일 사)'을 '가리키다(指;가리킬 지)'는 뜻을 가진 지사(指事)는, 구체적인 모양으로 나타낼 수 없는 관념적이고 추상적인 것 등을 점(·)이나 선(—)을 이용하여 나타낸 글자를 말한다.

■ **간단한 선(—)으로 이루어진 지사문자**
一 一 **한 일**   하나의 선(–)을 옆으로 그어 '하나'라는 뜻을 나타냈다.
二 二 **두 이**   두 개의 선(–)을 옆으로 그어 '둘'이라는 뜻을 나타냈다.
本 本 **근본 본**   나무 모양에 선(–)을 그어 '근본'이라는 뜻을 나타냈다.

■ **점(·)과 간단한 선(—)으로 이루어진 지사문자**
上 上 **위 상**   선(–) 위에 점 하나를 찍어 '위'라는 뜻을 나타냈다.
下 下 **아래 하**   선(–) 아래에 점 하나를 찍어 '아래'라는 뜻을 나타냈다.

(3) 회의문자會意文字

기존에 만들어진 상형(象形) 문자와 지사(指事) 문자들을 둘 이상 결합(會;모을 회)하여 그 뜻(意;뜻 의)이 반영된 새로운 의미를 나타내는 글자를 일컫는다.

明 밝을 명 日(날 일) + 月(달 월)

해와 달이 결합하여 '밝다' 라는 뜻을 나타냈다.
好 좋을 호　女(계집 녀) + 子(아들 자)
　　어머니가 아이를 안고 좋아하는 모습에서 '좋다' 라는 뜻을 나타냈다.
林 수풀 림　木(나무 목) + 木(나무 목)
　　나무와 나무가 합쳐져서 나무가 많은 '수풀' 이라는 뜻을 나타냈다.
男 사내 남　田(밭 전) + 力(힘 력)
　　남자는 밭에서 힘을 쓰며 열심히 일하는 사람이므로 둘을 결합하여 나타냈다.

(4) 형성문자形聲文字

형성(形聲) 문자 역시 회의(會意) 문자처럼 두 가지 요소로 이루어진 글자이다. 이는 뜻글자인 한자(漢字)가 점점 복잡해져가는 수많은 뜻들을 상형(象形)이나 지사(指事)의 원리로만 만드는 것에 한계가 있기 때문에 만들어진 문자 원리이다. 하지만 형성은 회의처럼 의미간의 결합이 아니라, 뜻을 나타내는 부분[形]과 음을 나타내는 부분[聲]이 합쳐져 이루어진 것이다.
　형성은 오늘날 쓰이고 있는 한자의 80% 이상으로서 가장 많은 수를 차지한다. 따라서 형성의 원리를 잘 이해하면 한자를 이해하는 데 많은 도움이 된다. 형성 문자에서는 뜻 부분이 부수(部首)이고 음 부분이 몸이 된다.

問 물을 문　뜻 : 口(입 구) + 음 : 門(문 문)
　　입으로 물어본다는 데서 口가 뜻을 나타내고, 소리 부분인 門이 합하여 만들어진 글자이다.
淸 맑을 청　뜻 : 水(물 수) + 음 : 靑(푸를 청)
　　물이 맑다는 데서 물을 나타내는 水(氵)와, 소리 부분인 靑이 합하여 만들어진 글자이다.
記 기록할 기　뜻 : 言(말씀 언) + 음 : 己(몸 기)
　　말씀을 기록한다는 뜻에서 言과, 소리 부분인 己가 합하여 만들어진 글자이다.

(5) 전주문자轉注文字

전주(轉注)는 바퀴가 떼굴떼굴 굴러가듯이(轉:구를 전), 물을 이 그릇에서 저 그릇으로 따라 부으면 모양이 달라지듯이(注:물댈 주) 한자가 그 본래의 뜻에서 그와 관련이 있는 다른 뜻으로 전용되는 것을 말한다. 즉, 본래의 의미가 확대되어 전혀 다른 뜻과 음으로 사용된다.

樂 노래 악 → 즐거울 락 → 좋아할 요
　　처음에는 '노래 악' 이었는데 노래를 들으면 마음이 즐겁기 때문에 '즐겁다' 라는 뜻이 나왔고, 음악을 좋아한다는 데서 '좋아한다' 는 뜻이 나왔다. 발음 역시 뜻이 달라지면서 변하였다.
惡 악할 악 → 미워할 오
　　처음에는 '악할 악' 이었는데 악한 것은 누구나 미워하게 되어 '미워하다' 라는 뜻이 나왔다. 발음 역시 뜻이 달라지면서 변하였다.
更 고칠 경 → 다시 갱
　　처음에는 '고칠 경' 이었는데 고칠 것은 다시 해야 된다는 데서 '다시' 라는 뜻이 나왔다. 발음 역시 뜻이 달라지면서 변하였다.

(6) 가차문자假借文字

뜻글자인 한자(漢字)는 처음부터 본래의 음과 뜻이 정해져 있는 글자이므로 소리글자인 한글과 달리 세계 여러 나라의 글자를 일일이 다 표기할 수가 없다. 따라서 어떤 뜻을 나타내는 글자가 없을 때 원래의 뜻과는 상관없이 음이 같거나 형태가 비슷한 글자를 잠시(假:잠시 가) 빌려서(借:빌릴 차) 쓰는 글자를 가차(假借) 문자라고 한다.

弗 아닐 불
　　'$(달러)'를 한자(漢字)로는 표시할 수 없기 때문에 모양이 비슷한 弗자를 빌려와서 화폐의 단위로 쓰는 글자이다.
可口可樂 가능할 가, 입 구, 가능할 가, 즐거울 락

漢·字·能·力·檢·定·試·驗

'코카콜라'를 의미하는 글자이다. 콜라를 마시면 맛이 있기 때문에 입이 즐거워진다는 뜻과 맞아 떨어지고 음도 '코카콜라'와 비슷하게 만들었다.

亞細亞　버금 아, 가늘 세, 버금 아

'Asia(아시아)'라는 외래어를 표기하기 위해서 발음만 빌려온 글자이다.

| 부수部首 |

부수(部首)란, 한자의 구성을 일정한 기준에 따라 분류한 것으로서 자전에서 글자를 찾는 길잡이가 되는 글자의 한 부분을 말한다. 주로 상형(象形)자와 지사(指事)자로 이루어져 있다. 또한 한자의 뜻과 밀접한 관계를 가지고 있어서, 한자의 부수를 알면 그 뜻을 짐작할 수 있다. 예를 들어 '목(木)'이 부수인 한자의 뜻은 대체로 나무의 종류나, 나무로 만든 물건과 관계가 있다.

대부분의 한자는 '부수'와 '몸'으로 이루어져 있는데, '몸'은 각 글자에서 부수를 뺀 나머지 부분을 말한다. 한편 부수만으로 된 한자는 '제부수자'라고 한다. 한자의 글자꼴을 살펴보면, 부수는 항상 한 글자의 형태 속에서 일정한 위치에 있음을 알 수 있다. 이러한 부수의 위치는 한자를 기억하고 습득하는 데 필요한 학습 요소가 될 수 있다. 부수는 1획에서 17획까지 모두 214자가 있는데 놓이는 위치에 따라 명칭도 다르다.

(1) 위치에 따른 부수의 명칭

변　부수가 글자의 구성에서 왼쪽을 이룰 때 붙이는 명칭이다.
예) 休(쉴 휴) 부수는 亻으로 '인변'이라 부른다.

방　부수가 글자의 구성에서 오른쪽을 이룰 때 붙이는 명칭이다.
예) 郡(고을 군) 부수는 阝으로 '우부방'이라고 한다.

발　부수가 글자의 구성에서 아랫부분을 이룰 때 붙이는 명칭이다.
예) 然(그럴 연) 부수는 아래에 붙은 火(灬)로 명칭은 '연화발'이라고 한다.

엄　부수가 글자의 구성에서 위와 왼쪽을 덮어씌울 때 붙이는 명칭이다.
예) 座(앉을 좌) 부수는 广으로 명칭은 '엄호'이다.

받침　부수가 글자의 구성에서 왼쪽 위에서 내려와 아랫부분을 받쳐줄 때 붙이는 명칭이다.
예) 道(길 도) 부수는 辶으로 명칭은 '책받침'이라고 한다.

에운담　부수가 글자의 구성에서 둘레를 감쌀 때 붙이는 명칭이다.
예) 匹(짝 필) 부수는 匚로 명칭은 '터진 에운담'이라고 한다.

머리　부수가 글자의 구성에서 위를 이룰 때 붙이는 명칭이다.
예) 家(집 가) 부수는 宀으로 명칭은 '갓머리'라고 한다.

(2) 부수의 변형

한자의 부수는 경우에 따라서 원래의 모습을 지니지 않고 놓이는 위치에 따라 모양이 달라지는 경우가 많이 있다. 이것은 부수가 글자에 포함될 때 변형되기 때문이다. 어떤 부수들은 글자의 모양을 보기 좋고 간단하게 하기 위해 그 획의 일부가 생략된 채로 사용된다. 부수의 원래 글자와 변형된 모양은 둘 다 정확히 익혀 두어야 한다.

漢·字·能·力·檢·定·試·驗

기본부수	변형부수	특성	예
人 사람 인	亻 사람인변	사람과 관련된 것.	仁(어질 인), 休(쉴 휴)
刀 칼 도	刂 선칼도방	칼과 관련된 것.	分(나눌 분), 利(이할 리)
手 손 수	扌 재방변	손과 관련되거나 손으로 하는 동작.	拾(주울 습), 打(칠 타)
水 물 수	氵 삼수변	물이나 액체와 관련된 것.	江(강 강), 流(흐를 류)
艸 풀 초	++ 초두머리	식물과 관련된 것.	草(풀 초), 英(꽃부리 영)
心 마음 심	忄 마음심	마음과 관련된 것.	心(마음 심), 情(뜻 정)
犬 개 견	犭 개사슴록변	동물, 동물의 성질, 짐승과 관련된 것.	犬(개 견), 獨(홀로 독)
辵 쉬엄쉬엄갈 착	辶 책받침	가는 것과 관련된 것.	進(나아갈 진), 道(길 도)
肉 고기 육	月 육달월	살, 신체의 일부.	育(기를 육), 肥(살찔 비)
攴 칠 복	攵 등글월문	두드리는 것과 관련된 것.	政(정사 정), 改(고칠 개)
玉 구슬 옥	王 구슬옥변	구슬과 관련된 것.	珍(보배 진), 珥(귀고리 이)
示 보일 시	礻 보일시변	신(神)과 관련된 것.	神(귀신 신), 祭(제사 제)
衣 옷 의	衤 옷의변	옷과 관련된 것.	被(입을 피), 裏(속 리)
邑 고을 읍	阝 우부방	고을, 행정구역과 관련된 것.	郡(고을 군), 邦(나라 방)
阜 언덕 부	阝 좌부변	언덕과 관련된 것.	陸(뭍 륙), 防(막을 방)

D-30

독 음 讀音

1. 독음讀音

| 한자어 독음 익히기 |

※ :표시는 長音(장음)으로 발음되는 한자.
※ 배정 한자에 해당 단어가 없는 경우는 그 한자로 시작되는 단어가 3급Ⅱ 배정한자에 없기 때문에 빈칸으로 남겨 놓았음.
※ 한자어는 두음법칙에 의하여 발음되는 모양으로 모아 놓았음.

ㄱ 으로 시작되는 漢字語

價 값 가	價格(가격)	價値(가치)					
可 옳을 가(:)	可能(가능)	可望性(가망성)	可決(가결)	可否(가부)	可變(가변)		
歌 노래 가	歌曲(가곡)	歌手(가수)	歌唱(가창)	歌謠(가요)	歌舞(가무)	歌集(가집)	歌詞(가사)
家 집 가	家具(가구)	家門(가문)	家事(가사)	家産(가산)	家臣(가신)	家屋(가옥)	家長(가장)
	家庭(가정)	家族(가족)	家宅(가택)	家寶(가보)	家訓(가훈)		
加 더할 가	加算(가산)	加速(가속)	加熱(가열)	加重(가중)	加害(가해)	加減(가감)	加擔(가담)
架 시렁 가(:)	架空(가공)	架橋(가교)	架設(가설)	架構(가구)			
假 거짓 가(:)	假令(가령)	假定(가정)	假面(가면)	假登記(가등기)	假裝(가장)		
暇 틈/겨를 가(:)							
街 거리 가(:)	街道(가도)	街路樹(가로수)	街路燈(가로등)	街販(가판)			
佳 아름다울 가(:)	佳約(가약)	佳緣(가연)	佳作(가작)	佳節(가절)			
各 각각 각	各各(각각)	各界(각계)	各自(각자)	各種(각종)	各處(각처)		
角 뿔 각	角字(각자)	角度(각도)	角質(각질)	角材(각재)	角木(각목)		
刻 새길 각	刻苦(각고)	刻骨難忘(각골난망)	刻印(각인)	刻字(각자)			
覺 깨달을 각	覺書(각서)	覺悟(각오)					
脚 다리 각	脚線美(각선미)	脚光(각광)	脚本(각본)	脚色(각색)			
閣 집 각	閣下(각하)	閣議(각의)	閣僚(각료)				
干 방패 간	干城(간성)	干與(간여)	干滿(간만)	干涉(간섭)			
刊 새길 간	刊行(간행)						
肝 간 간(:)	肝腸(간장)	肝油(간유)					
幹 줄기 간	幹部(간부)	幹事(간사)	幹線(간선)				
看 볼 간	看過(간과)	看破(간파)	看板(간판)	看病(간병)	看守(간수)		
間 사이 간(:)	間食(간식)	間或(간혹)	間接(간접)				
簡 대쪽/간략할 간(:)	簡潔(간결)	簡單(간단)	簡便(간편)	簡擇(간택)	簡紙(간지)		
懇 간절할 간(:)	懇切(간절)	懇曲(간곡)	懇求(간구)	懇請(간청)			

D-30

독 음 讀音

甘 달 감	甘味(감미)	甘草(감초)	甘受(감수)	甘露(감로)		
敢 감히/구태여 감(:)	敢行(감행)	敢不生心(감불생심)				
監 볼 감	監督(감독)	監視(감시)	監房(감방)	監獄(감옥)		
鑑 거울 감	鑑別(감별)	鑑識(감식)	鑑定(감정)	鑑賞(감상)		
感 느낄 감(:)	感氣(감기)	感動(감동)	感銘(감명)	感覺(감각)	感激(감격)	感謝(감사) 感情(감정)
減 덜 감(:)	減算(감산)	減量(감량)	減點(감점)	減産(감산)	減縮(감축)	
甲 갑옷/첫째 천간 갑	甲骨文(갑골문)	甲富(갑부)	甲午更張(갑오경장)			
江 강 강	江南(강남)	江山(강산)	江村(강촌)	江湖(강호)	江邊(강변)	
降 내릴 강(:)/항복할 항	降雪量(강설량)	降雨量(강우량) / 降伏(항복)	降將(항장)			
康 편안 강	康健(강건)	康寧(강녕)				
强 강할 강(:)	强大國(강대국)	强力(강력)	强調(강조)	强弱(강약)	强打(강타)	强盜(강도) 强要(강요)
	强硬(강경)	强賣(강매)	强制(강제)			
講 욀 강(:)	講堂(강당)	講演會(강연회)	講論(강론)	講義(강의)	講習(강습)	
綱 벼리 강	綱領(강령)					
剛 굳셀 강	剛健(강건)	剛直(강직)	剛柔(강유)			
鋼 강철 강	鋼鐵(강철)	鋼材(강재)	鋼管(강관)	鋼板(강판)		
開 열 개	開放(개방)	開始(개시)	開業(개업)	開閉(개폐)	開學(개학)	開發(개발) 開通(개통)
改 고칠 개(:)	改閣(개각)	改量(개량)	改選(개선)	改備(개비)	改良(개량)	改惡(개악) 改革(개혁)
個 낱 개(:)	個別(개별)	個體(개체)	個性(개성)	個月(개월)	個人技(개인기)	
槪 대개 개(:)	槪觀(개관)	槪念(개념)	槪論(개론)	槪略(개략)	槪要(개요)	
蓋 덮을 개(:)	蓋瓦(개와)	蓋草(개초)	蓋世(개세)	蓋頭(개두)	蓋然性(개연성)	
介 낄 개(:)	介入(개입)	介在(개재)				
客 손 객	客席(객석)	客地(객지)	客室(객실)	客觀的(객관적)	客舍(객사)	
更 다시 갱(:)/고칠 경	更生(갱생)	更紙(갱지)	更年期(갱년기)	更新(갱신) /	更新(경신)	更張(경장)
擧 들 거(:)	擧動(거동)	擧名(거명)	擧事(거사)	擧行(거행)	擧論(거론)	擧族(거족) 擧手(거수)
去 갈 거(:)	去來(거래)	去勢(거세)	去處(거처)	去取(거취)	去就(거취)	
巨 클 거(:)	巨物(거물)	巨人(거인)	巨富(거부)	巨額(거액)		
拒 막을 거(:)	拒絶(거절)	拒逆(거역)	拒否權(거부권)			
距 상거할 거(:)	距離(거리)					
車 수레 거/차	車馬費(거마비) / 車費(차비)					
居 살 거	居室(거실)	居處(거처)	居住地(거주지)	居接(거접)		
據 근거 거(:)	據點(거점)					
件 물건 건	件數(건수)	件名(건명)				
建 세울 건(:)	建國(건국)	建軍(건군)	建物(건물)	建設(건설)	建築(건축)	建議(건의) 建造(건조)
健 굳셀 건(:)	健勝(건승)	健兒(건아)	健全(건전)	健康(건강)	健實(건실)	健壯(건장) 健脚(건각)

D-30

독 음 讀音

乾 하늘 건/마를 간	乾造(건조)	乾燥(건조)				
傑 뛰어날 걸	傑作(걸작)	傑物(걸물)	傑出(걸출)			
儉 검소할 검(:)	儉素(검소)	儉約(검약)	儉朴(검박)			
檢 검사할 검(:)	檢查(검사)	檢問(검문)	檢索(검색)	檢證(검증)	檢事(검사)	
劍 칼 검(:)	劍道(검도)	劍客(검객)	劍舞(검무)			
格 격식 격	格言(격언)	格式(격식)	格調(격조)	格鬪技(격투기)		
激 격할 격	激動(격동)	激讚(격찬)	激論(격론)	激烈(격렬)	激甚(격심)	
擊 칠 격	擊破(격파)	擊滅(격멸)				
隔 사이뜰 격	隔離(격리)	隔差(격차)	隔世之感(격세지감)			
犬 개 견	犬公 (견공)	犬馬之勞(견마지로)				
堅 굳을 견	堅固(견고)	堅强(견강)	堅實(견실)	堅剛(견강)	堅持(견지)	
見 볼 견(:)/뵈올 현(:)	見聞(견문)	見本(견본)	見習(견습)			
結 맺을 결	結果(결과)	結氷(결빙)	結束(결속)	結實(결실)	結婚(결혼)	結論(결론)	結末(결말)
決 결단할 결	決算(결산)	決勝(결승)	決定(결정)	決斷(결단)	決判(결판)	決裂(결렬)	決裁(결재)
缺 이지러질 결	缺席(결석)	缺食(결식)	缺格(결격)	缺點(결점)	缺航(결항)	缺損(결손)	缺如(결여)
訣 이별할 결	訣別(결별)					
潔 깨끗할 결	潔白(결백)					
兼 겸할 겸	兼用(겸용)	兼事(겸사)	兼職(겸직)	兼務(겸무)	兼任(겸임)	兼業(겸업)
謙 겸손할 겸	謙辭(겸사)	謙讓(겸양)	謙虛(겸허)			
京 서울 경	京城(경성)	京鄕(경향)	京仁(경인)	京畿道(경기도)		
景 볕 경(:)	景氣(경기)	景致(경치)	景觀(경관)	景仰(경앙)		
傾 기울 경	傾聽(경청)	傾向(경향)	傾注(경주)	傾斜(경사)		
經 지날/글 경	經書(경서)	經營(경영)	經度(경도)	經過(경과)	經驗(경험)	
徑 지름길/길 경						
輕 가벼울 경	輕油(경유)	輕重(경중)	輕減(경감)	輕視(경시)	輕工業(경공업)	
競 다툴 경(:)	競技(경기)	競爭(경쟁)	競演(경연)	競走(경주)	競選(경선)	
敬 공경 경(:)	敬老(경로)	敬愛(경애)	敬天愛人(경천애인)	敬禮(경례)	敬聽(경청)	敬畏(경외)
警 깨우칠 경(:)	警告(경고)	警報(경보)	警察(경찰)	警鐘(경종)	警備(경비)	
驚 놀랄 경	驚氣(경기)	驚歎(경탄)	驚異(경이)			
境 지경 경	境界(경계)	境遇(경우)	境地(경지)	境內(경내)		
鏡 거울 경(:)	鏡臺(경대)					
慶 경사 경(:)	慶事(경사)	慶祝(경축)	慶賀(경하)			
耕 밭갈 경	耕作(경작)	耕田(경전)				
頃 이랑/잠깐 경	頃刻(경각)					
硬 굳을 경	硬度(경도)	硬質(경질)	硬直(경직)	硬材(경재)	硬性(경성)	硬貨(경화)

독 음 讀音

計 셀 계(:)	計數(계수)	計算書(계산서)	計測(계측)	計量(계량)	計策(계책)	
戒 경계할 계(:)	戒嚴令(계엄령)	戒律(계율)	戒責(계책)			
系 이어맬 계(:)	系統(계통)	系列(계열)	系派 (계파)	系譜(계보)		
係 맬 계(:)	係員(계원)	係長(계장)				
械 기계 계(:)						
季 계절 계(:)	季節(계절)	季刊(계간)				
界 지경 계(:)						
階 섬돌 계	階級(계급)	階段(계단)	階層(계층)			
鷄 닭 계	鷄卵(계란)	鷄林(계림)	鷄冠(계관)			
繼 이을 계(:)	繼走(계주)	繼母(계모)	繼承(계승)	繼續(계속)	繼父(계부)	
啓 열 계(:)	啓發(계발)	啓蒙(계몽)	啓導(계도)	啓示(계시)	啓明(계명)	
溪 시내 계	溪谷(계곡)	溪川(계천)				
契 맺을 계(:)	契機(계기)	契約(계약)	契主(계주)			
桂 계수나무 계(:)	桂樹(계수)	桂林(계림)	桂皮(계피)			
古 예 고(:)	古家(고가)	古都(고도)	古傳(고전)	古典(고전)	古物(고물)	古宮(고궁)	古墳(고분)
姑 시어미 고	姑婦(고부)	姑母(고모)	姑息的(고식적)			
苦 쓸 고	苦待(고대)	苦樂(고락)	苦心(고심)	苦生(고생)	苦學(고학)	
故 연고 고(:)	故鄕(고향)	故人(고인)	故事成語(고사성어)			
固 굳을 고(:)	固定(고정)	固着(고착)	固體(고체)	固辭(고사)	固守(고수)	
高 높을 고	高貴(고귀)	高級(고급)	高等(고등)	高落(고락)	高速(고속)	高低(고저)	高麗(고려)
稿 원고/볏짚 고	稿料(고료)					
告 고할 고(:)	告白(고백)	告知(고지)	告發(고발)	告示(고시)	告訴(고소)	
孤 외로울 고	孤獨(고독)	孤高(고고)	孤島(고도)	孤兒(고아)	孤寡(고과)	
庫 곳집 고						
考 생각할 고(:)	考案(고안)	考察(고찰)	考古(고고)	考査(고사)	考慮(고려)	考證(고증)	考課(고과)
鼓 북 고	鼓吹(고취)	鼓笛隊(고적대)				
曲 굽을 곡	曲線(곡선)	曲直(곡직)	曲調(곡조)	曲藝(곡예)	曲折(곡절)	
穀 곡식 곡	穀食(곡식)	穀物(곡물)	穀倉(곡창)			
哭 울 곡	哭聲(곡성)	哭泣(곡읍)				
谷 골 곡	谷風(곡풍)					
困 곤할 곤(:)	困境(곤경)	困難(곤란)	困窮(곤궁)	困辱(곤욕)	困惑(곤혹)	
骨 뼈 골	骨格(골격)	骨肉(골육)	骨盤(골반)	骨組(골조)		
孔 구멍 공(:)	孔穴(공혈)	孔版畵 (공판화)				
共 한가지 공(:)	共感(공감)	共學(공학)	共榮(공영)	共存(공존)	共助(공조)	
供 이바지할 공(:)	供給(공급)	供物(공물)	供與(공여)	供出(공출)	供覽(공람)	供養米(공양미)

D-29

독 음 讀音

公 공평할 공	公告(공고)	公共(공공)	公金(공금)	公席(공석)	公示(공시)	公式(공식)	公園(공원)
工 장인 공	工高(공고)	工具(공구)	工大(공대)	工兵(공병)	工夫(공부)	工事(공사)	工場(공장)
	工業(공업)	工産品(공산품)	工藝(공예)	工房(공방)	工團(공단)		
恐 두려울 공(:)	恐動(공동)	恐龍(공룡)					
貢 바칠 공(:)	貢物(공물)	貢獻(공헌)					
空 빌 공	空間(공간)	空軍(공군)	空氣(공기)	空中(공중)	空席(공석)	空港(공항)	空虛(공허)
功 공 공	功勞(공로)	功名心(공명심)	功臣(공신)	功德(공덕)	功績(공적)	功過(공과)	
攻 칠 공(:)	攻擊(공격)	攻守(공수)	攻勢(공세)	攻防(공방)	攻略(공략)		
恭 공손할 공(:)	恭敬(공경)	恭待(공대)					
過 지날 과(:)	過去(과거)	過勞(과로)	過程(과정)	過失(과실)	過密(과밀)	過激(과격)	過速(과속)
科 과목 과	科擧(과거)	科目(과목)	科學(과학)				
果 실과 과(:)	果樹(과수)	果實(과실)	果然(과연)	果糖(과당)	果敢(과감)		
課 공부할 과	課業(과업)	課外(과외)	課題(과제)	課稅(과세)	課程(과정)		
寡 적을 과(:)	寡婦(과부)	寡默(과묵)	寡慾(과욕)	寡聞(과문)			
誇 자랑할 과(:)	誇示(과시)	誇張(과장)	誇大(과대)				
觀 볼 관	觀客(관객)	觀衆(관중)	觀念(관념)	觀點(관점)	觀察(관찰)	觀相(관상)	觀覽(관람)
關 관계할 관	關門(관문)	關稅(관세)	關心(관심)	關係(관계)	關聯(관련)		
官 벼슬 관	官許(관허)	官給(관급)	官印(관인)	官廳(관청)	官職(관직)	官僚(관료)	官認(관인)
館 집 관	館長(관장)						
管 대롱/주관할 관	管樂器(관악기)	管理(관리)					
貫 꿸 관(:)	貫通(관통)	貫徹(관철)	貫革(관혁)	貫鄉(관향)			
慣 익숙할 관	慣例(관례)	慣用(관용)	慣行(관행)	慣性(관성)	慣習(관습)		
冠 갓 관	冠禮(관례)	冠帶(관대)	冠婚喪祭(관혼상제)				
寬 너그러울 관	寬大(관대)	寬容(관용)					
光 빛 광	光景(광경)	光明(광명)	光線(광선)	光速(광속)	光復節(광복절)		
廣 넓을 광(:)	廣告(광고)	廣大(광대)	廣野(광야)	廣場(광장)	廣義(광의)	廣域(광역)	廣範圍(광범위)
鑛 쇳돌 광(:)	鑛山(광산)	鑛物(광물)	鑛夫(광부)	鑛業(광업)	鑛工業(광공업)		
狂 미칠 광	狂氣(광기)	狂亂(광란)	狂奔(광분)	狂風(광풍)			
壞 무너질 괴(:)	壞滅(괴멸)	壞損(괴손)	壞裂(괴열)				
怪 괴이할 괴(:)	怪奇(괴기)	怪談(괴담)	怪物(괴물)	怪狀(괴상)	怪異(괴이)		
交 사귈 교	交感(교감)	交流(교류)	交換(교환)	交通(교통)	交易(교역)	交配(교배)	交戰(교전)
較 비교/견줄 교	較差(교차)						
校 학교 교(:)	校歌(교가)	校旗(교기)	校庭(교정)	校閱(교열)	校則(교칙)	校訓(교훈)	校舍(교사)
教 가르칠 교(:)	教科書(교과서)	教師(교사)	教務(교무)	教養(교양)	教育(교육)	教則(교칙)	教訓(교훈)
橋 다리 교	橋脚(교각)	橋梁(교량)					

巧 공교할 교	巧妙(교묘)	巧技(교기)	巧敏(교민)	巧拙(교졸)		
求 구할 구	求道(구도)	求得(구득)	求刑(구형)	求愛(구애)	求婚(구혼)	求乞(구걸)	求職(구직)
救 구원할 구(:)	救急藥(구급약)	救命(구명)	救出(구출)	救國(구국)	救難(구난)	救援(구원)	救急車(구급차)
球 공 구	球技(구기)	球面(구면)				
口 입 구(:)	口頭(구두)	口分(구분)	口語(구어)	口號(구호)	口蓋(구개)	
區 구분할/지경 구	區間(구간)	區別(구별)	區分(구분)	區域(구역)	區廳(구청)	
舊 예 구(:)	舊面(구면)	舊式(구식)	舊正(구정)	舊派(구파)	舊習(구습)	舊約(구약)
具 갖출 구(:)	具色(구색)	具體(구체)	具象(구상)	具備(구비)		
九 아홉 구	九月(구월)	九泉(구천)	九牛一毛(구우일모)	九曲肝腸(구곡간장)		
究 연구할/궁구할 구	究明(구명)	究極(구극)				
句 글귀 구	句節(구절)	句文(구문)	句讀點(구두점)			
狗 개 구						
拘 잡을 구	拘禁(구금)	拘留(구류)	拘束(구속)	拘置所(구치소)		
構 얽을 구	構圖(구도)	構成(구성)	構造(구조)	構築(구축)	構想(구상)	
久 오랠 구(:)	久遠(구원)					
懼 두려워할 구						
丘 언덕 구	丘木(구목)	丘陵(구릉)				
國 나라 국	國家(국가)	國語(국어)	國旗(국기)	國務(국무)	國會(국회)	國民(국민)	國花(국화)
局 판 국	局番(국번)	局長(국장)	局地戰(국지전)	局外(국외)		
菊 국화 국	菊花(국화)	菊版(국판)				
軍 군사 군	軍歌(군가)	軍旗(군기)	軍兵(군병)	軍士(군사)	軍人(군인)	軍隊(군대)	軍服(군복)
君 임금 군	君子(군자)	君臣(군신)	君臨(군림)			
郡 고을 군(:)	郡內(군내)	郡守(군수)	郡民(군민)	郡廳(군청)		
群 무리 군	群島(군도)	群落(군락)	群舞(군무)	群衆(군중)		
屈 굽힐 굴	屈曲(굴곡)	屈服(굴복)	屈折(굴절)	屈指(굴지)	屈辱(굴욕)	屈身(굴신)
宮 집 궁	宮女(궁녀)	宮殿(궁전)	宮合(궁합)			
窮 다할/궁할 궁	窮究(궁구)	窮理(궁리)	窮盡(궁진)	窮迫(궁박)	窮塞(궁색)	
弓 활 궁	弓術(궁술)	弓道(궁도)	弓手(궁수)			
券 문서 권						
卷 책 권(:)	卷頭言(권두언)	卷雲(권운)	卷末(권말)			
拳 주먹 권(:)	拳法(권법)	拳銃(권총)	拳鬪(권투)			
勸 권할 권(:)	勸告(권고)	勸農(권농)	勸勉(권면)	勸獎(권장)	勸誘(권유)	
權 권세 권	權勢(권세)	權力(권력)	權利(권리)	權益(권익)	權座(권좌)	權謀(권모)
貴 귀할 귀(:)	貴族(귀족)	貴中(귀중)	貴重(귀중)	貴賤(귀천)	貴賓(귀빈)	貴下(귀하)	貴金屬(귀금속)
歸 돌아갈 귀(:)	歸家(귀가)	歸國(귀국)	歸順(귀순)	歸納(귀납)	歸鄕(귀향)	歸還(귀환)	歸屬(귀속)

D-29

독 음 讀音

鬼 귀신 귀(:)	鬼神(귀신)	鬼才(귀재)	鬼氣(귀기)	鬼面(귀면)	鬼哭(귀곡)		
規 법 규	規格(규격)	規約(규약)	規定(규정)	規則(규칙)	規制(규제)	規律(규율)	規範(규범)
均 고를 균	均等(균등)	均質(균질)	均一(균일)	均配(균배)			
菌 버섯 균	菌絲(균사)						
極 극진할/다할 극	極端(극단)	極盛(극성)	極東(극동)	極盡(극진)	極讚(극찬)		
劇 심할 극	劇藥(극약)	劇團(극단)	劇作家(극작가)				
克 이길 극	克己(극기)	克明(극명)	克服(극복)				
近 가까울 근(:)	近來(근래)	近海(근해)	近處(근처)	近親(근친)	近郊(근교)		
根 뿌리 근	根本(근본)	根性(근성)	根源(근원)	根絶(근절)	根幹(근간)	根據(근거)	
筋 힘줄 근	筋骨(근골)	筋肉質(근육질)	筋力(근력)				
勤 부지런할 근(:)	勤儉(근검)	勤勉(근면)	勤務(근무)				
今 이제 금	今年(금년)	今時初聞(금시초문)	今日(금일)	今週(금주)	今方(금방)	今回(금회)	
琴 거문고 금							
金 쇠 금/성 김	金屬(금속)	金冠(금관)	金錢(금전)				
禁 금할 금(:)	禁忌(금기)	禁婚(금혼)	禁止(금지)	禁酒(금주)	禁慾(금욕)	禁煙(금연)	
錦 비단 금(:)	錦衣夜行(금의야행)						
禽 새 금	禽獸(금수)						
急 급할 급	急冷(급랭)	急流(급류)	急迫(급박)	急性(급성)	急所(급소)	急速(급속)	急賣(급매)
給 줄 급	給水(급수)	給食(급식)	給油(급유)	給與(급여)			
及 미칠 급	及落(급락)						
級 등급 급	級數(급수)	級友(급우)	級訓(급훈)				
己 몸 기	己未年(기미년)						
記 기록할 기	記念(기념)	記事(기사)	記入(기입)	記者(기자)	記號(기호)	記述(기술)	記錄(기록)
紀 벼리 기	紀綱(기강)	紀律(기율)	紀年(기년)				
起 일어날 기	起立(기립)	起動(기동)	起案(기안)	起伏(기복)	起寢(기침)		
奇 기특할 기	奇異(기이)	奇特(기특)	奇智(기지)	奇蹟(기적)	奇妙(기묘)	奇巖(기암)	
寄 부칠 기	寄稿(기고)	寄與(기여)	寄生(기생)	寄宿舍(기숙사)	寄生蟲(기생충)		
騎 말탈 기	騎手(기수)	騎馬戰(기마전)	騎兵(기병)				
機 틀 기	機種(기종)	機關(기관)	機能(기능)	機智(기지)	機械(기계)	機微(기미)	機密(기밀)
器 그릇 기	器具(기구)	器官(기관)	器量(기량)	器械(기계)			
其 그 기	其他(기타)	其間(기간)					
基 터 기	基金(기금)	基本(기본)	基地(기지)	基調(기조)	基準(기준)	基礎(기초)	基幹(기간)
期 기약할 기	期間(기간)	期待(기대)	期約(기약)	期限(기한)			
旗 기 기	旗手(기수)						
技 재주 기	技能(기능)	技士(기사)	技術(기술)	技法(기법)	技師(기사)		

D-29

독 음 讀音

유형별 기출문제 실전연습 3급Ⅱ

汽 물끓는김 기	汽船(기선)	汽車(기차)	汽笛(기적)		
氣 기운 기	氣力(기력)	氣色(기색)	氣弱(기약)	氣運(기운)	氣溫(기온)
畿 경기 기	畿內(기내)	畿湖(기호)			
祈 빌 기	祈願(기원)	祈望(기망)	祈求(기구)	祈雨(기우)	
企 꾀할 기	企待(기대)	企圖(기도)	企業(기업)	企劃(기획)	
緊 긴할 긴	緊要(긴요)	緊密(긴밀)	緊張(긴장)	緊縮(긴축)	緊迫感(긴박감)　緊急(긴급)
吉 길할 길	吉日(길일)	吉鳥(길조)	吉夢(길몽)	吉相(길상)	吉兆(길조)

D-28

독 음 讀音

ㄴ·ㄷ 으로 시작되는 漢字語

羅 벌릴 라	羅列(나열)	羅城(나성)	羅針盤(나침반)			
諾 허락할 낙						
樂 즐길 락/풍류 악/좋아할 요	樂觀(낙관)	樂園(낙원) /	樂器(악기)	樂譜(악보) /	樂山樂水(요산요수)	
落 떨어질 락	落島(낙도)	落望(낙망)	落書(낙서)	落第(낙제)	落花(낙화)	落下(낙하)	落選(낙선)
暖 따뜻할 난(:)	暖房(난방)	暖流(난류)	暖色(난색)			
難 어려울 난(:)	難局(난국)	難關(난관)	難易度(난이도)	難色(난색)	難處(난처)	難民(난민)
卵 알 란(:)	卵子(난자)	卵管(난관)				
亂 어지러울 란(:)	亂離(난리)					
蘭 난초 란	蘭草(난초)	蘭香(난향)				
欄 난간 란	欄干(난간)					
男 사내 남	男女(남녀)	男子(남자)	男便(남편)	男學生(남학생)	男妹(남매)	男優(남우)
南 남녘 남	南韓(남한)	南門(남문)	南方(남방)	南北(남북)	南極(남극)	南向(남향)	南村(남촌)
覽 볼 람						
納 들일 납	納得(납득)	納骨(납골)	納期(납기)	納品(납품)	納付金(납부금)	
娘 계집 낭	娘子(낭자)					
乃 이에 내(:)	乃至(내지)					
朗 밝을 랑(:)	朗讀(낭독)	朗朗(낭랑)	朗報(낭보)	朗誦(낭송)		
郎 사내 랑	郎子(낭자)	郎官(낭관)	郎君(낭군)			
浪 물결 랑(:)	浪費(낭비)	浪說(낭설)				
廊 사랑채/행랑 랑	廊下(낭하)	廊屬(낭속)				
耐 견딜 내(:)	耐久性(내구성)	耐火性(내화성)	耐震(내진)			
內 안 내(:)	內面(내면)	內室(내실)	內申(내신)	內外(내외)	內部(내부)	內科(내과)	內容(내용)
來 올 래(:)	來年(내년)	來世(내세)	來日(내일)	來客(내객)	來訪(내방)	來賓(내빈)	來韓(내한)
冷 찰 랭(:)	冷氣(냉기)	冷水(냉수)	冷情(냉정)	冷戰(냉전)	冷凍(냉동)	冷藏(냉장)	冷笑(냉소)
寧 편안 녕						
奴 종 노	奴婢(노비)					
努 힘쓸 노	努力(노력)					
怒 성낼 노(:)	怒氣(노기)	怒號(노호)	怒發大發(노발대발)			
老 늙을 로(:)	老年(노년)	老熟(노숙)	老少(노소)	老弱者(노약자)	老衰(노쇠)	老患(노환)	老鍊(노련)
勞 일할 로	勞使(노사)	勞苦(노고)	勞動(노동)	勞賃(노임)		
路 길 로(:)	路面(노면)	路線(노선)	路上(노상)	路程(노정)		
露 이슬 로(:)	露宿(노숙)	露地(노지)	露天(노천)	露出(노출)		
爐 화로 로	爐邊(노변)					

D-28

독 음 讀音

綠 푸를 록	綠地(녹지)	綠色(녹색)	綠茶(녹차)	綠葉(녹엽)	綠末(녹말)	綠化(녹화)
錄 기록할 록	錄音(녹음)	錄畵(녹화)				
祿 녹 록	祿爵(녹작)					
論 논할 론	論說(논설)	論理(논리)	論壇(논단)	論評(논평)	論述(논술)	
農 농사 농	農業(농업)	農園(농원)	農事(농사)	農藥(농약)	農地(농지)	農村(농촌) 農樂(농악)
弄 희롱할 롱(:)	弄談(농담)	弄調(농조)				
腦 골/뇌수 뇌	腦裏(뇌리)					
賴 의뢰할 뢰(:)						
雷 우레 뢰	雷聲(뇌성)	雷管(뇌관)				
樓 다락 루	樓閣(누각)	樓臺(누대)				
漏 샐 루(:)	漏水(누수)	漏電(누전)	漏落(누락)	漏聞(누문)		
累 여러/자주 루(:)	累加(누가)	累積(누적)	累代(누대)	累差(누차)	累計(누계)	
能 능할 능	能力(능력)	能通(능통)	能動(능동)	能熟(능숙)		
陵 언덕 릉	陵墓(능묘)					
多 많을 다	多量(다량)	多福(다복)	多少(다소)	多幸(다행)	多樣(다양)	多數(다수)
茶 차 다/차	茶道(다도)	茶房(다방)	茶室(다실)	茶飯事(다반사) / 茶禮(차례)		
段 층계 단	段落(단락)	段階(단계)				
單 홑 단	單科(단과)	單語(단어)	單位(단위)	單獨(단독)	單色(단색)	單層(단층) 單式(단식)
端 끝 단	端的(단적)	端午(단오)	端裝(단장)	端緖(단서)	端役(단역)	端雅(단아) 端整(단정)
團 둥글 단	團結(단결)	團束(단속)	團合(단합)	團地(단지)	團體(단체)	團旗(단기) 團員(단원)
短 짧을 단(:)	短點(단점)	短期(단기)	短篇(단편)	短縮(단축)	短髮(단발)	短打(단타) 短波(단파)
壇 단 단	壇上(단상)					
檀 박달나무 단	檀君(단군)	檀紀(단기)				
斷 끊을 단(:)	斷念(단념)	斷食(단식)	斷切(단절)	斷層(단층)	斷髮(단발)	斷續(단속)
丹 붉을 단	丹楓(단풍)	丹靑(단청)	丹田(단전)			
旦 아침 단	旦暮(단모)					
但 다만 단(:)	但只(단지)	但書(단서)				
達 통달할 달	達成(달성)	達觀(달관)	達筆(달필)	達辯(달변)		
談 말씀 담	談笑(담소)	談話文(담화문)	談判(담판)	談論(담론)	談合(담합)	
淡 맑을 담	淡白(담백)	淡淡(담담)	淡泊(담박)	淡水(담수)	淡墨(담묵)	
擔 멜 담	擔當(담당)	擔保(담보)	擔任(담임)			
答 대답 답	答紙(답지)	答禮(답례)	答訪(답방)	答辯(답변)	答辭(답사)	答狀(답장)
踏 밟을 답	踏橋(답교)	踏査(답사)	踏襲(답습)	踏靑(답청)	踏步(답보)	
堂 집 당	堂叔(당숙)	堂姪(당질)				
當 마땅 당	當局(당국)	當到(당도)	當番(당번)	當選(당선)	當然(당연)	當初(당초) 當直(당직)

D-28

독 음 讀音

黨 무리 당	黨權(당권)	黨首(당수)	黨員(당원)	黨爭(당쟁)	黨派(당파)	黨舍(당사)	黨利黨略(당리당략)
唐 당나라/당황할 당	唐詩(당시)	唐突(당돌)					
糖 엿 당/사탕 탕	糖度(당도)	糖分(당분)	糖質(당질)				
代 대신 대(:)	代價(대가)	代案(대안)	代用(대용)	代打(대타)	代理(대리)	代表(대표)	代納(대납)
貸 빌릴/꿜 대(:)	貸付(대부)	貸切(대절)	貸借(대차)	貸與料(대여료)			
大 큰 대(:)	大陸(대륙)	大望(대망)	大賞(대상)	大成(대성)	大學(대학)	大韓(대한)	大將(대장)
對 대할 대(:)	對校(대교)	對談(대담)	對答(대답)	對等(대등)	對比(대비)	對話(대화)	對處(대처)
	對決(대결)	對抗(대항)	對面(대면)				
待 기다릴 대(:)	待合室(대합실)	待接(대접)	待令(대령)	待避(대피)			
帶 띠 대(:)	帶同(대동)	帶狀(대상)	帶劍(대검)				
隊 무리 대	隊商(대상)	隊列(대열)	隊員(대원)				
臺 대 대	臺本(대본)						
德 큰덕 덕	德望(덕망)	德目(덕목)	德行(덕행)	德談(덕담)	德分(덕분)	德澤(덕택)	德治(덕치)
到 이를 도(:)	到來(도래)	到着(도착)	到達(도달)	到處(도처)	到付(도부)		
倒 넘어질 도(:)	倒産(도산)	倒生(도생)	倒置(도치)				
度 법도 도(:)/헤아릴 탁	度量(도량) /	度支部(탁지부)					
徒 무리 도	徒黨(도당)	徒步(도보)	徒勞(도로)	徒手(도수)	徒衆(도중)	徒食(도식)	徒配(도배)
島 섬 도	島民(도민)						
逃 도망할 도	逃亡(도망)	逃避(도피)	逃走(도주)				
桃 복숭아 도	桃園(도원)	桃花(도화)	桃色(도색)				
盜 도둑 도(:)	盜難(도난)	盜犯(도범)	盜賊(도적)	盜用(도용)	盜聽(도청)		
都 도읍 도	都邑(도읍)	都市(도시)	都賣(도매)	都給制(도급제)			
道 길 도(:)	道路(도로)	道理(도리)	道立(도립)	道場(도장)	道義(도의)	道德(도덕)	道廳(도청)
導 인도할 도(:)	導入(도입)	導出(도출)					
圖 그림 도	圖表(도표)	圖面(도면)	圖案(도안)	圖書館(도서관)	圖畫紙(도화지)		
陶 질그릇 도	陶工(도공)	陶藝(도예)	陶醉(도취)				
刀 칼 도	刀劍(도검)						
途 길 도(:)	途上(도상)						
渡 건널 도	渡江(도강)	渡河(도하)	渡美(도미)				
毒 독 독	毒藥(독약)	毒素(독소)	毒草(독초)	毒舌(독설)			
督 감독할 독	督勵(독려)	督促(독촉)					
讀 읽을 독/구절 두	讀書(독서)	讀者(독자)	讀經(독경)	讀解(독해)	讀後感(독후감)		
獨 홀로 독	獨善(독선)	獨身(독신)	獨特(독특)	獨創的(독창적)	獨裁(독재)	獨寡占(독과점)	獨唱(독창)
突 갑자기 돌	突擊(돌격)	突發(돌발)	突進(돌진)	突風(돌풍)	突破(돌파)		
同 한가지 동	同級(동급)	同性(동성)	同數(동수)	同時(동시)	同位(동위)	同窓(동창)	同感(동감)

D-28

독 음讀音

	同甲(동갑)	同僚(동료)				
洞 골 동(:)/밝을 통(:)	洞里(동리)	洞民(동민)	洞長(동장)	洞窟(동굴) / 洞察力(통찰력)	洞觀(통관)	洞燭(통촉)
銅 구리 동	銅賞(동상)	銅鏡(동경)	銅像(동상)	銅錢(동전)		
動 움직일 동(:)	動力(동력)	動物(동물)	動産(동산)			
東 동녘 동	東門(동문)	東洋(동양)	東海(동해)	東向(동향)		
凍 얼 동(:)	凍結(동결)	凍死(동사)	凍傷(동상)	凍破(동파)	凍土(동토)	
童 아이 동(:)	童心(동심)	童話(동화)	童詩(동시)	童顔(동안)	童謠(동요)	
冬 겨울 동(:)	冬日(동일)	冬天(동천)	冬至(동지)	冬節(동절)	冬服(동복)	冬季(동계)	冬眠(동면)
斗 말 두	斗量(두량)	斗酒不辭(두주불사)				
豆 콩 두	豆乳(두유)	豆油(두유)				
頭 머리 두	頭角(두각)	頭髮(두발)	頭目(두목)	頭書(두서)	頭腦(두뇌)	頭緒(두서)
得 얻을 득	得失(득실)	得票(득표)	得點(득점)	得意(득의)	得勢(득세)	
等 무리 등(:)	等級(등급)	等分(등분)	等數(등수)	等神(등신)	等身(등신)	
登 오를 등	登校(등교)	登壇(등단)	登場(등장)	登用(등용)	登程(등정)	登錄(등록)	登頂(등정)
燈 등 등	燈火(등화)	燈臺(등대)				

D-27

독 음 讀音

麻 삼 마(:)	麻衣(마의)	麻布(마포)	麻織物(마직물)			
磨 갈 마	磨滅(마멸)	磨損(마손)				
馬 말 마(:)	馬車(마차)	馬具(마구)	馬力(마력)	馬脚(마각)		
莫 없을 막	莫强(막강)	莫大(막대)	莫論(막론)	莫逆(막역)		
幕 장막 막	幕間(막간)	幕舍(막사)	幕後(막후)			
漠 넓을 막	漠漠(막막)	漠然(막연)	漠地(막지)			
萬 일만 만(:)	萬國旗(만국기)	萬物(만물)	萬病(만병)	萬福(만복)	萬感(만감)	萬能(만능)	萬歲(만세)
滿 찰 만(:)	滿期(만기)	滿足(만족)	滿員(만원)	滿月(만월)	滿醉(만취)	
晚 늦을 만(:)	晚成(만성)	晚秋(만추)	晚學(만학)			
末 끝 말	末期(말기)	末年(말년)	末世(말세)	末端(말단)	末尾(말미)	末葉(말엽)	末伏(말복)
亡 망할 망	亡命(망명)	亡德(망덕)	亡身(망신)	亡靈(망령)		
望 바랄 망(:)	望月(망월)	望鄕(망향)	望遠(망원)	望夫石(망부석)		
妄 망령될 망(:)	妄靈(망령)	妄覺(망각)	妄動(망동)	妄言(망언)	妄念(망념)	妄發(망발)
每 매양 매(:)	每年(매년)	每每(매매)	每番(매번)	每事(매사)	每時(매시)	每回(매회)	每週(매주)
梅 매화 매	梅實(매실)	梅毒(매독)	梅香(매향)			
妹 누이 매	妹夫(매부)	妹兄(매형)				
買 살 매(:)	買入(매입)	買受(매수)	買食(매식)	買切(매절)	買收(매수)	
賣 팔 매(:)	賣店(매점)	賣出(매출)	賣買(매매)	賣盡(매진)	賣票(매표)	賣却(매각)	賣官賣職(매관매직)
媒 중매 매	媒緣(매연)	媒體(매체)	媒介體(매개체)			
麥 보리 맥	麥芽(맥아)	麥酒(맥주)				
脈 줄기 맥	脈絡(맥락)	脈盡(맥진)				
盟 맹세 맹	盟邦(맹방)	盟誓(맹서)	盟約(맹약)			
孟 맏 맹(:)	孟子(맹자)	孟冬(맹동)	孟浪(맹랑)			
盲 소경/눈멀 맹	盲信(맹신)	盲腸(맹장)	盲兒(맹아)			
猛 사나울 맹(:)	猛攻(맹공)	猛擊(맹격)	猛獸(맹수)	猛毒(맹독)	猛烈(맹렬)	猛禽(맹금)
免 면할 면(:)	免稅(면세)	免疫(면역)	免除(면제)	免職(면직)		
勉 힘쓸 면(:)	勉學(면학)	勉勵(면려)				
面 낯 면(:)	面談(면담)	面前(면전)	面會(면회)	面刀(면도)	面貌(면모)	面像(면상)	面長(면장)
綿 솜 면	綿密(면밀)	綿絲(면사)	綿織物(면직물)			
眠 잘 면						
滅 멸할/꺼질 멸	滅共(멸공)	滅亡(멸망)	滅菌(멸균)			
命 목숨 명(:)	命名(명명)	命令(명령)	命脈(명맥)	命題(명제)		
明 밝을 명	明白(명백)	明暗(명암)	明度(명도)	明示(명시)	明朗(명랑)	明快(명쾌)

D-27

독 음 讀音

名 이름 명	名物(명물)	名詞(명사)	名所(명소)	名言(명언)	名醫(명의)	名曲(명곡)	名聲(명성)
銘 새길 명	銘心(명심)	銘記(명기)					
鳴 울 명							
毛 터럭 모	毛根(모근)	毛髮(모발)	毛皮(모피)	毛織(모직)			
母 어미 모(:)	母子(모자)	母情(모정)	母乳(모유)	母親(모친)	母校(모교)	母國(모국)	母音(모음)
貌 모양 모							
模 본뜰 모	模範(모범)	模寫(모사)	模樣(모양)	模倣(모방)			
募 모을/뽑을 모	募金(모금)	募兵(모병)	募集(모집)				
謀 꾀 모	謀略(모략)	謀事(모사)	謀陷(모함)				
目 눈 목	目禮(목례)	目的(목적)	目前(목전)	目擊(목격)	目次(목차)	目標(목표)	目測(목측)
睦 화목할 목	睦氏 (목씨)						
木 나무 목	木花(목화)	木手(목수)	木材(목재)	木魚(목어)	木曜日 (목요일)	木劍(목검)	
牧 칠 목	牧童(목동)	牧場(목장)	牧歌(목가)	牧師(목사)	牧者 (목자)	牧畜(목축)	
沒 빠질 몰	沒頭(몰두)	沒落(몰락)	沒入(몰입)	沒殺(몰살)			
蒙 어릴 몽	蒙古(몽고)						
夢 꿈 몽	夢精(몽정)						
妙 묘할 묘(:)	妙技(묘기)	妙案(묘안)	妙藥(묘약)	妙手(묘수)	妙策(묘책)		
墓 무덤 묘(:)	墓所(묘소)	墓地(묘지)	墓域(묘역)	墓碑(묘비)	墓畓(묘답)		
武 호반 무(:)	武官(무관)	武器(무기)	武力(무력)	武術(무술)	武藝(무예)	武勇(무용)	武裝(무장)
務 힘쓸 무(:)	務實力行(무실역행)						
霧 안개 무(:)	霧散(무산)	霧帶(무대)					
無 없을 무(:)	無公害(무공해)	無關心(무관심)	無氣力(무기력)	無料(무료)	無線(무선)	無意識(무의식)	無期(무기)
	無難(무난)	無限(무한)	無敵(무적)	無職(무직)	無賃(무임)		
舞 춤출 무(:)	舞曲(무곡)	舞臺(무대)					
貿 무역할 무(:)	貿易(무역)						
茂 무성할 무(:)	茂盛(무성)	茂林(무림)					
默 잠잠할 묵	默念(묵념)	默禮(묵례)	默契(묵계)	默想(묵상)	默認(묵인)		
墨 먹 묵	墨香(묵향)	墨畵(묵화)	墨床(묵상)				
文 글월 문	文科(문과)	文壇(문단)	文物(문물)	文章(문장)	文學(문학)	文化財(문화재)	文武(문무)
	文具(문구)	文藝(문예)	文書(문서)	文庫(문고)	文理(문리)	文法(문법)	
紋 무늬 문	紋樣(문양)						
門 문 문	門間(문간)	門前(문전)					
問 물을 문(:)	問答(문답)	問題(문제)	問責(문책)	問議(문의)	問安(문안)	問病(문병)	問項(문항)
聞 들을 문(:)	聞一知十(문일지십)						
物 물건 물	物件(물건)	物質(물질)	物體(물체)	物證(물증)	物資(물자)	物色(물색)	物流(물류)

D-27

독 음 讀音

勿 말 물	勿論(물론)	勿驚(물경)	勿忘草(물망초)			
未 아닐 미(:)	未成年(미성년)	未來(미래)	未定(미정)	未收(미수)	未滿(미만)	
味 맛 미(:)	味覺(미각)					
米 쌀 미	米穀(미곡)	米壽(미수)	米飮(미음)			
美 아름다울 미(:)	美談(미담)	美德(미덕)	美食家(미식가)	美術(미술)	美國(미국)	美裝(미장)	美式(미식)
微 작을 미	微動(미동)	微量(미량)	微笑(미소)	微細(미세)	微弱(미약)	
尾 꼬리 미(:)	尾行(미행)					
民 백성 민	民間(민간)	民俗(민속)	民謠(민요)	民亂(민란)	民願(민원)	民衆(민중)	民泊(민박)
密 빽빽할 밀	密林(밀림)	密度(밀도)	密集(밀집)	密談(밀담)	密獵(밀렵)	密輸(밀수)	密語(밀어)
蜜 꿀 밀	蜜月(밀월)	蜜蜂(밀봉)				
朴 성 박						
博 넓을 박	博士(박사)	博識(박식)	博愛(박애)	博覽會(박람회)		
薄 엷을 박	薄福(박복)	薄命(박명)				
拍 칠 박	拍子(박자)	拍車(박차)	拍手(박수)			
迫 핍박할 박	迫力(박력)					
反 돌아올/돌이킬 반(:)	反對(반대)	反則(반칙)	反省(반성)	反擊(반격)	反射(반사)	反映(반영)	反應(반응)
飯 밥 반	飯酒(반주)	飯店(반점)	飯床(반상)			
半 반 반(:)	半島(반도)	半白(반백)	半月(반월)	半身(반신)	半面(반면)	半徑(반경)	半球(반구)
班 나눌 반	班長(반장)	班列(반열)	班常會(반상회)			
般 일반 반						
盤 소반 반	盤面(반면)	盤石(반석)				
發 필 발	發見(발견)	發光(발광)	發給(발급)	發令(발령)	發賣(발매)	發病(발병)	發生(발생)
	發信(발신)	發電(발전)	發表(발표)	發射(발사)	發想(발상)	發刊(발간)	
髮 터럭 발	髮毛(발모)					
拔 뽑을 발	拔群(발군)	拔齒(발치)	拔本(발본)			
方 모 방	方面(방면)	方式(방식)	方位(방위)	方席(방석)	方案(방안)	方向(방향)	方針(방침)
防 막을 방	防空(방공)	防犯(방범)	防音(방음)	防火水(방화수)	防備(방비)	
妨 방해할 방	妨害(방해)					
房 방 방	房門(방문)	房貰(방세)				
放 놓을 방(:)	放心(방심)	放學(방학)	放送(방송)	放浪(방랑)	放漫(방만)	
訪 찾을 방(:)	訪問(방문)	訪韓(방한)	訪北(방북)			
芳 꽃다울 방	芳年(방년)	芳名錄(방명록)				
背 등 배(:)	背景(배경)	背書(배서)	背信者(배신자)	背水陣(배수진)		
拜 절 배(:)	拜禮(배례)	拜上(배상)	拜相(배상)	拜伏(배복)		
倍 곱 배(:)	倍數(배수)	倍加(배가)	倍前(배전)	倍達民族(배달민족)	倍率(배율)	

독 음 讀音

培 북돋을 배(:)	培養(배양)	培栽(배재)				
配 나눌/짝 배(:)	配給(배급)	配達(배달)	配列(배열)	配置(배치)	配匹(배필)	配色(배색) / 配役(배역)
輩 무리 배(:)						
排 밀칠 배	排擊(배격)	排球(배구)	排除(배제)	排斥(배척)	排出(배출)	排便(배변) / 排卵(배란)
白 흰 백	白米(백미)	白晝(백주)	白紙(백지)	白髮(백발)	白露(백로)	白眉(백미) / 白軍(백군)
伯 맏 백	伯父(백부)	伯爵(백작)	伯兄(백형)			
百 일백 백	百年(백년)	百方(백방)	百姓(백성)	百萬(백만)	百貨店(백화점)	
番 차례 번	番號(번호)	番地(번지)				
繁 번성할 번	繁盛(번성)	繁榮(번영)	繁昌(번창)	繁華(번화)		
伐 칠 벌	伐木(벌목)	伐草(벌초)	伐採(벌채)			
罰 벌할 벌	罰金(벌금)	罰點(벌점)	罰則(벌칙)			
犯 범할 범(:)	犯人(범인)	犯罪(범죄)	犯行(범행)			
範 법 범(:)	範圍(범위)					
凡 무릇 범(:)	凡例(범례)	凡常(범상)	凡夫(범부)	凡節(범절)		
法 법 법	法規(법규)	法令(법령)	法典(법전)	法律(법률)	法官(법관)	法院(법원) / 法庭(법정)
壁 벽 벽	壁紙(벽지)	壁報(벽보)	壁畫(벽화)			
碧 푸를 벽	碧眼(벽안)	碧溪水(벽계수)				
邊 가 변	邊境(변경)					
辯 말씀 변(:)	辯論(변론)	辯護士(변호사)				
變 변할 변(:)	變德(변덕)	變動(변동)	變更(변경)	變化(변화)	變故(변고)	變亂(변란) / 變聲期(변성기)
便 똥오줌 변/편할 편(:)	便所(변소)	便器(변기) / 便利(편리)				
別 다를/나눌 별	別居(별거)	別館(별관)	別味(별미)	別室(별실)	別種(별종)	別稱(별칭) / 別添(별첨)
兵 병사 병	兵卒(병졸)	兵法(병법)	兵權(병권)	兵務(병무)	兵士(병사)	
丙 남녘 병(:)	丙子(병자)	丙坐(병좌)				
病 병 병(:)	病室(병실)	病苦(병고)	病院(병원)	病名(병명)	病者(병자)	病暇(병가) / 病原菌(병원균)
步 걸음 보(:)	步行(보행)	步兵(보병)	步調(보조)	步道(보도)	步幅(보폭)	
保 지킬 보(:)	保全(보전)	保存(보존)	保護(보호)	保守(보수)	保證(보증)	保險(보험) / 保健(보건)
報 갚을/알릴 보(:)	報恩(보은)	報答(보답)	報告(보고)	報道(보도)	報償(보상)	
普 넓을 보(:)	普及(보급)	普選(보선)	普通(보통)			
譜 족보 보(:)						
寶 보배 보(:)	寶物(보물)	寶石(보석)	寶庫(보고)			
補 기울 보(:)	補講(보강)	補償(보상)	補助(보조)			
伏 엎드릴 복	伏兵(복병)	伏線(복선)	伏流(복류)	伏龍(복룡)	伏拜(복배)	
服 옷 복	服用(복용)	服裝(복장)	服務(복무)	服從(복종)	服飾(복식)	
復 회복할 복/다시 부(:)	復歸(복귀)	復習(복습)	復古(복고) / 復活(부활)	復興(부흥)		

독 음 讀音

覆 덮을 부/다시 복	覆蓋(복개)	覆面(복면)	覆審(복심)			
複 겹칠 복	複道(복도)	複寫(복사)	複數(복수)	複利(복리)	複式(복식)	複雜(복잡)	複製(복제)
福 복 복	福音(복음)	福德房(복덕방)	福地(복지)	福券(복권)	福祿(복록)	
腹 배 복	腹部(복부)	腹背(복배)	腹痛(복통)	腹案(복안)		
本 근본 본	本名(본명)	本性(본성)	本業(본업)	本願(본원)	本店(본점)	本質(본질)	本論(본론)
	本能(본능)	本國(본국)	本貫(본관)			
奉 받들 봉(:)	奉事(봉사)	奉仕(봉사)	奉養(봉양)	奉唱(봉창)	奉祝(봉축)	奉讀(봉독)	奉獻(봉헌)
逢 만날 봉	逢變(봉변)	逢着(봉착)	逢敗(봉패)			
峯 봉우리 봉						
封 봉할 봉	封印(봉인)	封鎖(봉쇄)	封合(봉합)			
鳳 새 봉(:)	鳳尾(봉미)	鳳枕(봉침)	鳳德(봉덕)	鳳仙花(봉선화)		
父 아비 부	父母(부모)	父傳子傳(부전자전)	父兄(부형)			
夫 지아비 부	夫人(부인)	夫婦(부부)				
扶 도울 부	扶養(부양)	扶助(부조)				
部 떼 부	部首(부수)	部位(부위)	部處(부처)	部隊(부대)	部員(부원)	部族(부족)	部署(부서)
負 질 부(:)	負擔(부담)	負傷(부상)	負債(부채)	負荷(부하)		
婦 며느리 부	婦女子(부녀자)	婦德(부덕)	婦人(부인)			
副 버금 부(:)	副食(부식)	副業(부업)	副會長(부회장)	副賞(부상)	副作用(부작용)	副詞(부사)	
富 부자 부(:)	富强(부강)	富者(부자)	富國(부국)	富貴(부귀)	富豪(부호)	富裕(부유)	
不 아닐 부/불	不自然(부자연)	不正(부정)	不足(부족) /	不買(불매)	不賣(불매)	不問(불문)	不安(불안)
	不參(불참)	不便(불편)	不幸(불행)	不孝(불효)	不潔(불결)	不能(불능)	
否 아닐 부(:)	否決(부결)	否認(부인)	否定(부정)			
浮 뜰 부	浮刻(부각)	浮力(부력)	浮沈(부침)	浮動票(부동표)	浮揚(부양)	
簿 문서 부(:)	簿記(부기)					
付 부칠 부(:)						
府 관청/마을 부	府院君(부원군)					
附 붙을 부(:)	附加(부가)	附錄(부록)	附屬(부속)	附與(부여)	附表(부표)	
符 부호 부(:)	符號(부호)	符信(부신)	符節(부절)	符籍(부적)	符合(부합)	
腐 썩을 부(:)	腐心(부심)	腐敗(부패)				
賦 부세 부(:)	賦課(부과)	賦稅(부세)	賦與(부여)	賦役(부역)		
北 북녘 북/달아날 배	北海(북해)	北極(북극)	北韓(북한)	北向(북향) /	敗北(패배)	
分 나눌 분(:)	分量(분량)	分野(분야)	分業(분업)	分任(분임)	分爭(분쟁)	分權(분권)	分數(분수)
粉 가루 분(:)	粉末(분말)	粉乳(분유)	粉紅(분홍)	粉骨(분골)	粉食(분식)	
紛 어지러울 분	紛亂(분란)	紛爭(분쟁)				
憤 분할 분(:)	憤怒(분노)	憤然(분연)	憤痛(분통)	憤慨(분개)	憤敗(분패)	

D-27

독 음 讀音

奮 떨칠 분(:)	奮起(분기)	奮發(분발)	奮然(분연)	奮戰(분전)		
比 견줄 비(:)	比等(비등)	比例(비례)	比重(비중)	比率(비율)		
批 비평할 비(:)	批判(비판)	批評(비평)				
非 아닐 비(:)	非賣品(비매품)	非理(비리)	非命(비명)	非難(비난)	非常(비상)	
悲 슬플 비(:)	悲觀(비관)	悲鳴(비명)	悲憤(비분)	悲壯(비장)	悲報(비보)	悲劇(비극)	悲慘(비참)
飛 날 비	飛行場(비행장)	飛躍(비약)	飛報(비보)	飛虎(비호)	飛禍(비화)	
秘 숨길 비(:)	秘境(비경)	秘密(비밀)	秘寶(비보)	秘法(비법)	秘書(비서)	
備 갖출 비(:)	備考(비고)	備品(비품)	備蓄(비축)	備忘錄(비망록)		
費 쓸 비(:)	費用(비용)					
鼻 코 비(:)	鼻音(비음)	鼻祖(비조)	鼻炎(비염)	鼻孔(비공)		
卑 낮을 비(:)	卑賤(비천)	卑近(비근)	卑俗(비속)	卑下(비하)		
碑 비석 비	碑閣(비각)	碑文(비문)	碑刻(비각)	碑石(비석)	碑銘(비명)	
婢 계집종 비(:)	婢妾(비첩)					
肥 살찔 비(:)	肥滿(비만)	肥肉(비육)	肥料(비료)			
妃 왕비 비						
貧 가난할 빈	貧富(빈부)	貧困(빈곤)	貧窮(빈궁)	貧民(빈민)	貧弱(빈약)	貧血(빈혈)	貧村(빈촌)
氷 얼음 빙	氷水(빙수)	氷板(빙판)	氷河(빙하)	氷點(빙점)	氷壁(빙벽)	

D-26

독 음 讀音

ㅅ 으로 시작되는 漢字語

四 넉 사(:)	四苦(사고)	四門(사문)	四方(사방)	四季(사계)	四君子(사군자)	
社 모일 사	社告(사고)	社旗(사기)	社屋(사옥)	社宅(사택)	社會(사회)	社員(사원)	社訓(사훈)
思 생각 사(:)	思考(사고)	思料(사료)	思想(사상)	思慕(사모)	思索(사색)	思惟(사유)	思潮(사조)
史 사기 사(:)	史觀(사관)	史料(사료)	史實(사실)	史劇(사극)	史籍(사적)	史官(사관)	史蹟(사적)
使 하여금/부릴 사(:)	使用(사용)	使臣(사신)	使命感(사명감)	使役(사역)		
士 선비 사(:)	士氣(사기)	士大夫(사대부)	士林(사림)	士兵(사병)		
仕 섬길 사(:)	仕進(사진)	仕途(사도)				
事 일 사(:)	事記(사기)	事物(사물)	事變(사변)	事實(사실)	事故(사고)	事業(사업)	事務(사무)
私 사사 사	私記(사기)	私室(사실)	私罪(사죄)	私宅(사택)	私的(사적)	私兵(사병)	私事(사사)
死 죽을 사(:)	死別(사별)	死活(사활)	死亡(사망)	死因(사인)	死鬪(사투)	
寫 베낄 사	寫本(사본)	寫生(사생)	寫眞(사진)	寫實(사실)		
査 조사할 사	査實(사실)	査問(사문)	査本(사본)	査定(사정)	査察(사찰)	査閱(사열)	査證(사증)
寺 절 사	寺院(사원)	寺塔(사탑)				
舍 집 사	舍宅(사택)	舍監(사감)	舍廊(사랑)			
捨 버릴 사(:)	捨身(사신)					
師 스승 사	師範(사범)	師道(사도)	師表(사표)	師團(사단)		
射 쏠 사(:)	射擊(사격)	射手(사수)	射程(사정)	射出(사출)	射臺(사대)	
謝 사례할 사(:)	謝恩(사은)	謝意(사의)	謝絕(사절)	謝罪(사죄)		
絲 실 사						
辭 말씀 사	辭說(사설)	辭典(사전)	辭任(사임)	辭表(사표)	辭讓(사양)	辭職(사직)
司 맡을 사	司書(사서)	司祭(사제)	司會(사회)			
詞 말/글 사	詞林(사림)					
沙 모래 사	沙漠(사막)	沙場(사장)				
邪 간사할 사	邪敎(사교)	邪道(사도)	邪惡(사악)	邪慾(사욕)		
祀 제사 사						
斜 비낄 사	斜面(사면)	斜塔(사탑)	斜視(사시)	斜陽(사양)		
蛇 긴뱀 사	蛇足(사족)					
削 깎을 삭	削減(삭감)	削髮(삭발)	削除(삭제)			
山 메 산	山林(산림)	山水(산수)	山村(산촌)	山脈(산맥)	山河(산하)	
産 낳을 산(:)	産母(산모)	産油國(산유국)	産苦(산고)	産業(산업)	産地(산지)	産兒(산아)	産室(산실)
散 흩을 산(:)	散蘭(산란)	散在(산재)	散文(산문)	散步(산보)	散髮(산발)	散漫(산만)
算 셈 산(:)	算數(산수)	算出(산출)	算定(산정)	算術(산술)		
殺 죽일 살/감할 쇄(:)	殺生(살생)	殺傷(살상)	殺害(살해)	殺菌(살균) /	殺到(쇄도)	減殺(감쇄)

D-26 독 음 讀音

三 석 삼	三角形 (삼각형)	三多島 (삼다도)	三寸 (삼촌)	三寒四溫 (삼한사온)	三伏 (삼복)	三權 (삼권)
森 수풀 삼	森林 (삼림)	森嚴 (삼엄)				
上 윗 상(:)	上訴 (상소)	上氣 (상기)	上端 (상단)	上級 (상급)	上納 (상납)	上部 (상부) / 上流 (상류)
賞 상줄 상	賞金 (상금)	賞罰 (상벌)	賞狀 (상장)			
償 갚을 상	償還 (상환)					
相 서로 상	相談 (상담)	相對 (상대)	相面 (상면)	相觀 (상관)	相爭 (상쟁)	相關 (상관)
想 생각 상(:)	想念 (상념)	想起 (상기)	想像 (상상)			
霜 서리 상	霜降 (상강)	霜信 (상신)				
商 장사 상	商街 (상가)	商術 (상술)	商業 (상업)	商社 (상사)	商船 (상선)	商魂 (상혼)
床 상 상						
狀 형상 상/문서 장(:)	狀態 (상태)	狀況 (상황) / 狀啓 (장계)				
常 떳떳할 상	常用 (상용)	常備 (상비)	常綠 (상록)	常務 (상무)	常識 (상식)	
象 코끼리 상	象牙 (상아)	象徵 (상징)	象形 (상형)			
像 모양 상						
傷 다칠 상	傷害 (상해)	傷心 (상심)	傷處 (상처)			
尙 오히려 상(:)	尙早 (상조)	尙武 (상무)	尙古 (상고)			
裳 치마 상						
詳 자세할 상	詳細 (상세)	詳述 (상술)				
喪 잃을 상(:)	喪家 (상가)	喪服 (상복)	喪失 (상실)	喪妻 (상처)		
桑 뽕나무 상	桑田 (상전)					
色 빛 색	色色 (색색)	色紙 (색지)	色相 (색상)	色料 (색료)	色彩 (색채)	色盲 (색맹)
索 찾을 색/노(새끼줄) 삭	索引 (색인) / 索漠 (삭막)	索然 (삭연)				
塞 막힐 색/변방 새	塞翁之馬 (새옹지마)					
生 날 생	生命 (생명)	生鮮 (생선)	生花 (생화)	生育 (생육)	生理 (생리)	生活 (생활) / 生計 (생계)
書 글 서	書堂 (서당)	書面 (서면)	書法 (서법)	書店 (서점)	書畵 (서화)	書記 (서기) / 書類 (서류)
	書藝 (서예)	書體 (서체)	書架 (서가)	書冊 (서책)		
序 차례 서(:)	序說 (서설)	序論 (서론)	序頭 (서두)	序列 (서열)	序詩 (서시)	序幕 (서막) / 序品 (서품)
西 서녘 서(:)	西海 (서해)	西向 (서향)	西洋 (서양)	西紀 (서기)	西域 (서역)	
恕 용서할 서(:)	恕容 (서용)					
緖 실마리 서(:)	緖論 (서론)	緖言 (서언)	緖戰 (서전)			
署 마을/관청 서(:)	署理 (서리)	署名 (서명)				
徐 천천할 서(:)	徐步 (서보)	徐行 (서행)				
石 돌 석	石頭 (석두)	石油 (석유)	石炭 (석탄)	石塔 (석탑)		
夕 저녁 석	夕食 (석식)	夕陽 (석양)	夕刊 (석간)	夕陰 (석음)	夕潮 (석조)	
席 자리 석	席次 (석차)					

D-26

독 음 讀音

釋 풀 석	釋然(석연)	釋放(석방)					
惜 아낄 석	惜別(석별)	惜敗(석패)					
船 배 선	船名(선명)	船長(선장)	船室(선실)	船體(선체)	船團(선단)	船積(선적)	
鮮 고울 선	鮮明(선명)	鮮血(선혈)					
先 먼저 선	先約(선약)	先任(선임)	先祖(선조)	先例(선례)	先納(선납)	先覺者(선각자)	
宣 베풀 선	宣傳(선전)	宣敎師(선교사)	宣言(선언)	宣布(선포)	宣誓(선서)		
善 착할 선(:)	善惡(선악)	善意(선의)	善戰(선전)	善良(선량)	善處(선처)	善導(선도)	善隣(선린)
線 줄 선	線路(선로)	線上(선상)					
仙 신선 선	仙人(선인)	仙境(선경)	仙家(선가)				
選 가릴 선(:)	選任(선임)	選擇(선택)	選別(선별)	選擧(선거)	選定(선정)		
旋 돌 선	旋回(선회)	旋風的(선풍적)	旋盤(선반)				
禪 선 선	禪房(선방)	禪院(선원)	禪讓(선양)	禪位(선위)			
舌 혀 설	舌戰(설전)	舌音(설음)	舌禍(설화)				
雪 눈 설	雪景(설경)	雪峰(설봉)					
說 말씀 설/달랠 세	說明(설명)	說敎(설교)	說法(설법) /	說客(세객)			
設 베풀 설	設問(설문)	設定(설정)	設置(설치)	設備(설비)	設令(설령)	設計(설계)	設或(설혹)
性 성품 성(:)	性格(성격)	性能(성능)	性別(성별)	性情(성정)	性向(성향)	性質(성질)	性急(성급)
姓 성 성(:)	姓名(성명)	姓氏(성씨)					
成 이룰 성	成功(성공)	成果(성과)	成敗(성패)	成年式(성년식)	成績(성적)		
城 재 성	城門(성문)	城壁(성벽)	城郭(성곽)				
盛 성할 성(:)	盛業(성업)	盛夏(성하)	盛行(성행)	盛況(성황)	盛衰(성쇠)		
誠 정성 성	誠實(성실)	誠金(성금)					
星 별 성	星雲(성운)	星座(성좌)					
省 살필 성/덜 생	省察(성찰)	省墓(성묘) /	省略(생략)				
聖 성인 성(:)	聖者(성자)	聖經(성경)	聖堂(성당)	聖地(성지)	聖靈(성령)	聖誕(성탄)	
聲 소리 성	聲樂(성악)	聲量(성량)	聲帶(성대)	聲優(성우)	聲援(성원)	聲討(성토)	
世 인간 세(:)	世界(세계)	世道(세도)	世上(세상)	世紀(세기)			
細 가늘 세(:)	細密(세밀)	細工(세공)	細分(세분)	細菌(세균)	細胞(세포)	細則(세칙)	
稅 세금 세(:)	稅金(세금)	稅收(세수)	稅率(세율)	稅務署(세무서)	稅吏(세리)		
勢 형세 세(:)	勢道(세도)	勢力(세력)					
洗 씻을 세(:)	洗練(세련)	洗車(세차)	洗眼(세안)	洗禮(세례)	洗腦(세뇌)	洗淨(세정)	洗濯(세탁)
歲 해 세(:)	歲時(세시)	歲月(세월)	歲出(세출)	歲費(세비)	歲拜(세배)	歲暮(세모)	
素 본디/흴 소(:)	素材(소재)	素質(소질)	素望(소망)	素養(소양)	素食(소식)	素朴(소박)	
笑 웃음 소(:)	笑顔(소안)						
小 작을 소(:)	小學(소학)	小室(소실)	小兒(소아)	小園(소원)	小便(소변)	小隊(소대)	小賣商(소매상)

D-26 독 음 讀音

少 적을 소(:)	少女(소녀)	少量(소량)	少額(소액)			
所 바 소(:)	所聞(소문)	所願(소원)	所重(소중)	所失(소실)	所感(소감)	所得(소득)	所望(소망)
掃 쓸 소(:)	掃地(소지)	掃射(소사)				
消 사라질 소	消失(소실)	消化(소화)	消滅(소멸)	消火(소화)		
蘇 되살아날 소	蘇生(소생)	蘇鐵(소철)				
疏 소통할 소	疏忽(소홀)					
訴 호소할 소	訴訟(소송)	訴願(소원)	訴追(소추)			
燒 사를 소(:)	燒却(소각)	燒失(소실)	燒酒(소주)	燒散(소산)	燒火(소화)	
束 묶을 속	束手無策(속수무책)					
速 빠를 속	速球(속구)	速度(속도)	速讀(속독)	速力(속력)	速報(속보)	速成(속성)
俗 풍속 속	俗談(속담)	俗世(속세)				
屬 붙일 속	屬國(속국)	屬性(속성)				
續 이을 속	續刊(속간)	續開(속개)	續編(속편)			
損 덜 손(:)	損金(손금)	損失(손실)	損害(손해)	損壞(손괴)		
孫 손자 손(:)	孫子(손자)	孫氏(손씨)				
松 소나무 송	松花(송화)	松林(송림)	松蟲(송충)	松板(송판)		
送 보낼 송(:)	送金(송금)	送電(송전)	送油管(송유관)	送別(송별)	送年(송년)	
頌 칭송할/기릴 송(:)	頌歌(송가)	頌辭(송사)	頌祝(송축)	頌德碑(송덕비)		
訟 송사할 송(:)	訟事(송사)					
刷 인쇄할 쇄(:)	刷新(쇄신)					
鎖 쇠사슬 쇄(:)	鎖國(쇄국)					
衰 쇠할 쇠	衰弱(쇠약)	衰殘(쇠잔)	衰退(쇠퇴)			
水 물 수	水道(수도)	水石(수석)	水位(수위)	水準(수준)	水素(수소)	水泳(수영)
首 머리 수	首都(수도)	首領(수령)	首班(수반)	首相(수상)	首席(수석)	首肯(수긍)	首腦(수뇌)
手 손 수(:)	手動(수동)	手術(수술)	手話(수화)	手記(수기)	手足(수족)	手中(수중)	手印(수인)
守 지킬 수	守備(수비)	守節(수절)	守則(수칙)	守衛(수위)	守護(수호)	
收 거둘 수	收金(수금)	收益(수익)	收容(수용)	收集(수집)	收監(수감)	
秀 빼어날 수	秀才(수재)	秀作(수작)	秀麗(수려)			
樹 나무 수	樹木(수목)	樹林(수림)	樹立(수립)	樹液(수액)	樹間(수간)	
數 셈 수(:)	數億(수억)	數理(수리)	數學(수학)	數量(수량)	數次(수차)	
受 받을 수(:)	受領(수령)	受講(수강)	受納(수납)	受難(수난)		
授 줄 수	授賞(수상)	授與(수여)	授乳(수유)	授權(수권)	授業(수업)	
修 닦을 수	修養(수양)	修行(수행)	修學(수학)	修飾(수식)	修鍊(수련)	
需 쓰일 수	需給(수급)	需用(수용)	需要(수요)			
隨 따를 수	隨時(수시)	隨行(수행)	隨伴(수반)	隨意(수의)	隨筆(수필)	

D-26

독 음 讀音

愁 근심 수	愁心 (수심)	愁色 (수색)					
殊 다를 수							
帥 장수 수							
獸 짐승 수	獸醫 (수의)	獸心 (수심)					
壽 목숨 수	壽命 (수명)	壽福 (수복)	壽宴 (수연)				
輸 보낼 수	輸送 (수송)	輸入 (수입)	輸出 (수출)	輸血 (수혈)			
垂 드리울 수	垂直 (수직)	垂範 (수범)					
宿 잘 숙/별자리 수(:)	宿食 (숙식)	宿題 (숙제)	宿泊 (숙박)	宿願 (숙원)	宿敵 (숙적)	宿直 (숙직)	宿患 (숙환)
叔 아재비 숙	叔父 (숙부)	叔姪 (숙질)					
淑 맑을 숙	淑女 (숙녀)						
肅 엄숙할 숙	肅拜 (숙배)	肅然 (숙연)	肅淸 (숙청)	肅黨 (숙당)			
熟 익을 숙	熟成 (숙성)	熟達 (숙달)	熟思 (숙사)	熟練 (숙련)	熟眠 (숙면)		
順 순할 순(:)	順理 (순리)	順序 (순서)	順行 (순행)	順調 (순조)	順風 (순풍)	順從 (순종)	順位 (순위)
純 순수할 순	純潔 (순결)	純度 (순도)	純金 (순금)	純毛 (순모)	純種 (순종)	純綿 (순면)	
瞬 눈깜짝일 순	瞬間 (순간)	瞬息間 (순식간)					
旬 열흘 순							
巡 돌/순행할 순	巡警 (순경)	巡禮 (순례)	巡訪 (순방)	巡察 (순찰)	巡航 (순항)		
術 재주 술	術數 (술수)	術策 (술책)					
述 펼 술	述語 (술어)	述作 (술작)					
崇 높을 숭	崇高 (숭고)	崇拜 (숭배)	崇禮門 (숭례문)	崇慕 (숭모)	崇尙 (숭상)		
習 익힐 습	習得 (습득)	習作 (습작)	習慣 (습관)				
拾 주울 습/열 십	拾得 (습득) /	拾萬 (십만)					
襲 엄습할 습	襲擊 (습격)						
濕 젖을 습	濕氣 (습기)	濕度 (습도)	濕式 (습식)	濕地 (습지)			
承 이을 승	承服 (승복)	承認 (승인)	承繼 (승계)	承諾 (승낙)			
勝 이길 승	勝利 (승리)	勝算 (승산)	勝者 (승자)	勝敗 (승패)	勝勢 (승세)	勝負 (승부)	
昇 오를 승	昇格 (승격)	昇級 (승급)	昇進 (승진)	昇華 (승화)			
僧 중 승	僧家 (승가)	僧房 (승방)					
乘 탈 승	乘馬 (승마)	乘船 (승선)	乘用 (승용)	乘車 (승차)			
市 저자 시(:)	市立 (시립)	市民 (시민)	市場 (시장)	市街 (시가)	市廳 (시청)		
示 보일 시(:)	示範 (시범)	示達 (시달)	示威 (시위)				
視 볼 시(:)	視覺 (시각)	視點 (시점)	視察 (시찰)	視聽覺 (시청각)	視差 (시차)		
時 때 시	時間 (시간)	時計 (시계)	時空 (시공)	時局 (시국)	時急 (시급)	時事 (시사)	時節 (시절)
	時調 (시조)	時刻 (시각)	時期 (시기)				
是 이/옳을 시	是正 (시정)	是非 (시비)	是認 (시인)				

D-26

독 음 讀音

詩 시 시	詩仙(시선)	詩歌(시가)	詩想(시상)	詩經(시경)	詩集(시집)	詩篇(시편)	詩碑(시비)
始 비로소 시(:)	始作(시작)	始初(시초)	始動(시동)	始祖(시조)	始務式(시무식)	始球(시구)	始末書(시말서)
施 베풀 시(:)	施工(시공)	施賞(시상)	施設(시설)	施政(시정)	施食(시식)	施策(시책)	施惠(시혜)
試 시험 시(:)	試圖(시도)	試飮(시음)	試驗(시험)	試食(시식)	試乘(시승)		
侍 모실 시(:)	侍講(시강)	侍女(시녀)	侍從(시종)				
識 알 식/기록할 지	識見(식견)	識別(식별)					
植 심을 식	植木(식목)	植樹(식수)	植物(식물)	植民地(식민지)			
食 밥/먹을 식	食事(식사)	食水(식수)	食堂(식당)	食飮(식음)	食品(식품)	食券(식권)	食糧(식량)
式 법식 식	式場(식장)	式辭(식사)	式順(식순)	式典(식전)			
息 쉴 식							
飾 꾸밀 식							
新 새 신	新年(신년)	新綠(신록)	新聞(신문)	新式(신식)	新刊(신간)	新曲(신곡)	新婦(신부)
申 납/아뢸 신	申告(신고)	申請(신청)					
神 귀신 신	神童(신동)	神仙(신선)	神聖(신성)	神父(신부)	神靈(신령)		
信 믿을 신(:)	信用(신용)	信者(신자)	信奉(신봉)	信念(신념)	信望(신망)	信號(신호)	信徒(신도)
身 몸 신	身長(신장)	身體(신체)	身病(신병)	身邊(신변)	身分(신분)		
臣 신하 신	臣下(신하)						
愼 삼갈 신(:)	愼重(신중)	愼辭(신사)					
實 열매 실	實感(실감)	實果(실과)	實技(실기)	實驗(실험)	實際(실제)		
室 집 실	室內(실내)	室溫(실온)	室長(실장)				
失 잃을 실	失禮(실례)	失點(실점)	失信(실신)	失業(실업)	失格(실격)	失望(실망)	失脚(실각)
心 마음 심	心地(심지)	心氣(심기)	心理(심리)	心亂(심란)	心算(심산)	心情(심정)	心證(심증)
深 깊을 심	深刻(심각)	深到(심도)	深夜(심야)	深層(심층)	深醉(심취)		
甚 심할 심(:)	甚惡(심악)	甚深(심심)	甚至於(심지어)				
審 살필 심(:)	審問(심문)	審理(심리)	審査(심사)	審判(심판)			
十 열 십	十年(십년)	十字架(십자가)	十干(십간)	十長生(십장생)			
雙 두 쌍	雙曲線(쌍곡선)	雙眼鏡(쌍안경)					
氏 각시/성씨 씨	氏族(씨족)	氏名(씨명)					

D-25

독 음 讀音

兒 아이 아	兒童(아동)	兒女子(아녀자)				
我 나 아(:)	我軍(아군)	我執(아집)				
阿 언덕 아	阿片(아편)					
亞 버금 아(:)	亞流(아류)	亞聖(아성)	亞細亞(아세아)			
牙 어금니 아	牙城(아성)					
芽 싹 아	芽椄(아접)					
雅 맑을 아(:)	雅淡(아담)	雅量(아량)	雅號(아호)			
惡 악할 악/미워할 오	惡童(악동)	惡意(악의)	惡行(악행)	惡夢(악몽)	惡談(악담)	惡鬼(악귀) / 惡寒(오한)
安 편안 안	安寧(안녕)	安樂(안락)	安心(안심)	安全(안전)	安息(안식)	
案 책상 안(:)	案件(안건)	案內(안내)	案席(안석)			
眼 눈 안(:)	眼鏡(안경)	眼科(안과)	眼球(안구)	眼目(안목)	眼帶(안대)	
岸 언덕 안(:)	岸壁(안벽)					
顔 낯 안(:)	顔面(안면)	顔色(안색)	顔料(안료)			
暗 어두울 암(:)	暗幕(암막)	暗誦(암송)	暗黑(암흑)	暗記(암기)	暗算(암산)	暗示(암시) / 暗標(암표)
巖 바위 암	巖石(암석)	巖盤(암반)	巖壁(암벽)			
壓 누를 압	壓力(압력)	壓卷(압권)	壓印(압인)	壓迫(압박)	壓倒(압도)	壓縮(압축)
央 가운데 앙						
仰 우러를 앙(:)	仰望(앙망)	仰祝(앙축)				
愛 사랑 애(:)	愛國(애국)	愛讀(애독)	愛用(애용)	愛情(애정)	愛憎(애증)	愛戀(애련) / 愛慕(애모)
哀 슬플 애	哀惜(애석)	哀愁(애수)	哀歡(애환)	哀痛(애통)	哀願(애원)	
液 진 액	液體(액체)	液化(액화)				
額 이마 액	額數(액수)	額面價(액면가)	額字(액자)			
夜 밤 야(:)	夜景(야경)	夜學(야학)	夜間(야간)	夜勤(야근)	夜食(야식)	夜深(야심) / 夜行性(야행성)
野 들 야(:)	野性(야성)	野外(야외)	野球(야구)	野積(야적)	野黨(야당)	野望(야망) / 野戰(야전)
弱 약할 약	弱國(약국)	弱小(약소)	弱點(약점)	弱冠(약관)		
略 간략할/약할 략	略圖(약도)	略式(약식)	略字(약자)	略述(약술)	略稱(약칭)	
藥 약 약	藥局(약국)	藥材(약재)	藥草(약초)	藥害(약해)	藥師(약사)	藥效(약효)
若 같을 약/반야 야(:)	若干(약간)					
約 맺을 약	約束(약속)	約定(약정)	約婚(약혼)	約條(약조)		
陽 볕 양	陽氣(양기)	陽性(양성)	陽地(양지)	陽曆(양력)	陽刻(양각)	
羊 양 양	羊毛(양모)	羊腸(양장)	羊皮(양피)			
洋 큰바다 양	洋書(양서)	洋藥(양약)	洋屋(양옥)	洋服(양복)	洋食(양식)	洋酒(양주) / 洋畵(양화)
養 기를 양(:)	養成(양성)	養心(양심)	養育(양육)	養鷄(양계)	養護(양호)	養老院(양로원)

D-25

독 음讀音

樣 모양 양	樣相(양상)	樣式(양식)				
良 어질 량	良書(양서)	良性(양성)	良心(양심)	良識(양식)	良質(양질)	良好(양호)
兩 두 량(:)	兩家(양가)	兩國(양국)	兩面(양면)	兩側(양측)	兩班(양반)	
梁 들보/돌다리 량	梁上君子(양상군자)					
量 헤아릴 량	量的(양적)	量産(양산)				
糧 양식 량	糧穀(양곡)	糧食(양식)	糧米(양미)			
涼 서늘할 량	涼風(양풍)					
揚 날릴 양	揚陸(양륙)	揚名(양명)				
讓 사양할 양(:)	讓步(양보)	讓渡(양도)				
壤 흙덩이 양(:)	壤土(양토)					
魚 고기 어	魚類(어류)	魚眼(어안)	魚頭肉尾(어두육미)			
漁 고기잡을 어	漁夫(어부)	漁村(어촌)	漁業(어업)	漁港(어항)		
語 말씀 어(:)	語學(어학)	語錄(어록)	語法(어법)	語順(어순)	語尾(어미)	語源(어원)
御 거느릴 어(:)	御用(어용)	御命(어명)	御殿(어전)			
億 억 억	億萬(억만)	億臺(억대)				
憶 생각할 억	憶念(억념)					
抑 누를 억	抑留(억류)	抑揚(억양)	抑制(억제)	抑壓(억압)		
言 말씀 언	言語(언어)	言論(언론)	言辯(언변)	言動(언동)	言質(언질)	
嚴 엄할 엄	嚴格(엄격)	嚴禁(엄금)	嚴正中立(엄정중립)			
業 업 업	業務(업무)	業者(업자)	業績(업적)	業體(업체)	業種(업종)	業報(업보)	業果(업과)
慮 생각할 려(:)						
麗 고울 려						
旅 나그네 려	旅客(여객)	旅費(여비)	旅券(여권)	旅館(여관)	旅愁(여수)	旅路(여로)	旅程(여정)
勵 힘쓸 려(:)						
女 계집 녀	女軍(여군)	女神(여신)	女王(여왕)	女性(여성)	女流(여류)	
如 같을 여	如此(여차)	如或(여혹)	如何間(여하간)	如反掌(여반장)		
餘 남을 여	餘暇(여가)	餘力(여력)	餘生(여생)	餘念(여념)	餘運(여운)	餘白(여백)
與 줄/더불 여(:)	與件(여건)	與黨(여당)	與圈(여권)	與信(여신)	與否(여부)	
易 바꿀 역/쉬울 이(:)	易學(역학)	易地思之(역지사지)				
逆 거스를 역	逆境(역경)	逆流(역류)	逆說(역설)	逆賊(역적)	逆轉(역전)	逆調(역조)	逆行(역행)
域 지경 역	域內(역내)					
歷 지날 력	歷代(역대)	歷史(역사)	歷任(역임)	歷程(역정)		
力 힘 력	力量(역량)	力不足(역부족)	力道(역도)	力點(역점)	力學(역학)	
曆 책력 력	曆法(역법)	曆書(역서)				
驛 역 역	驛前(역전)	驛務(역무)	驛長(역장)	驛傳(역전)		

D-25

독 음 讀音

譯 번역할 역	譯官(역관)	譯書(역서)	譯解(역해)			
亦 또 역	亦是(역시)	亦然(역연)				
役 부릴 역	役軍(역군)	役事(역사)	役割(역할)			
疫 전염병 역	疫病(역병)					
連 이을 련	連結(연결)	連續(연속)	連繫(연계)	連敗(연패)		
延 늘일 연	延期(연기)	延命(연명)	延長戰(연장전)			
硏 갈 연(:)	硏修(연수)	硏究(연구)	硏磨(연마)			
然 그럴 연	然則(연즉)	然後(연후)				
燃 탈 연	燃料(연료)	燃比(연비)	煙燈(연등)	燃燒(연소)		
煙 연기 연	煙氣(연기)	煙草(연초)	煙幕(연막)			
演 펼 연(:)	演士(연사)	演說(연설)	演劇(연극)	演技(연기)	演習(연습)	演藝(연예)
緣 인연 연	緣分(연분)	緣由(연유)	緣木求魚(연목구어)			
聯 연이을 련	聯想(연상)	聯盟(연맹)	聯合(연합)	聯政(연정)	聯立(연립)	
年 해 년	年老(연로)	年歲(연세)	年數(연수)	年長者(연장자)	年度(연도)	年初(연초)	年末(연말)
練 익힐 련(:)	練習(연습)	練修(연수)				
鍊 쇠불릴/단련할 련(:)	鍊磨(연마)	鍊武(연무)				
戀 그리워할/그릴 련(:)	戀歌(연가)	戀慕(연모)	戀愛(연애)	戀情(연정)		
宴 잔치 연(:)	宴會(연회)					
軟 연할 연(:)	軟骨(연골)	軟弱(연약)	軟性(연성)	軟質(연질)		
沿 물따라갈/따를 연(:)	沿革(연혁)	沿邊(연변)				
鉛 납 연	鉛筆(연필)	鉛版(연판)				
蓮 연꽃 련	蓮根(연근)	蓮葉(연엽)				
燕 제비 연(:)	燕尾服(연미복)					
列 벌릴 렬	列擧(열거)	列强(열강)	列島(열도)	列傳(열전)	列車(열차)	
烈 매울 렬	烈士(열사)	烈女(열녀)	烈火(열화)			
熱 더울 열	熱氣(열기)	熱帶(열대)	熱量(열량)	熱望(열망)	熱心(열심)	熱中(열중)	熱湯(열탕)
悅 기쁠 열	悅樂(열락)					
裂 찢어질 렬	裂傷(열상)					
念 생각 념(:)	念願(염원)	念頭(염두)	念慮(염려)	念佛(염불)		
染 물들 염(:)	染料(염료)	染色(염색)	染織(염직)			
炎 불꽃 염	炎天(염천)	炎夏(염하)				
鹽 소금 염	鹽分(염분)	鹽田(염전)	鹽素(염소)	鹽藏(염장)		
葉 잎 엽	葉書(엽서)	葉茶(엽차)	葉綠素(엽록소)	葉錢(엽전)		
令 하여금 령(:)	令監(영감)	令狀(영장)	令夫人(영부인)			
領 거느릴 령	領海(영해)	領收證(영수증)	領有(영유)			

D-25

독 음 讀音

靈 신령 령	靈歌(영가)	靈魂(영혼)				
嶺 고개 령	嶺南(영남)	嶺東(영동)				
映 비칠 영(:)	映畵(영화)	映窓(영창)	映彩(영채)	映像(영상)		
英 꽃부리 영	英語(영어)	英雄(영웅)	英才(영재)	英國(영국)		
營 경영할 영	營農(영농)	營業(영업)	營爲(영위)	營利(영리)	營養(영양)	營屬(영속)	營倉(영창)
永 길 영(:)	永生(영생)	永遠(영원)	永住(영주)	永久(영구)	永存(영존)	永續(영속)
迎 맞을 영	迎入(영입)	迎接(영접)	迎新(영신)			
榮 영화 영	榮華(영화)	榮光(영광)	榮轉(영전)	榮達(영달)	榮辱(영욕)	榮譽(영예)
影 그림자 영(:)	影像(영상)	影響(영향)				
豫 미리 예(:)	豫感(예감)	豫約(예약)	豫防(예방)	豫定(예정)	豫備(예비)	豫度(예탁)	豫測(예측)
藝 재주 예(:)	藝術(예술)	藝能(예능)	藝林(예림)			
禮 예도 례(:)	禮式(예식)	禮節(예절)	禮物(예물)	禮訪(예방)	禮法(예법)	
例 법식 례(:)	例外(예외)	例題(예제)	例文(예문)	例示(예시)	例法(예법)	例式(예식)
譽 기릴/명예 예(:)						
五 다섯 오(:)	五日(오일)	五福(오복)	五穀(오곡)	五臟(오장)		
悟 깨달을 오(:)	悟道(오도)					
午 낮 오(:)	午前(오전)	午後(오후)	午夜(오야)	午睡(오수)		
誤 그르칠 오(:)	誤記(오기)	誤答(오답)	誤發(오발)	誤報(오보)	誤算(오산)	
烏 까마귀 오	烏飛梨落(오비이락)					
玉 구슬 옥	玉篇(옥편)	玉石(옥석)	玉寶(옥보)			
屋 집 옥	屋外(옥외)	屋上(옥상)				
獄 옥 옥	獄苦(옥고)	獄死(옥사)	獄中(옥중)			
溫 따뜻할 온	溫度(온도)	溫室(온실)	溫和(온화)	溫氣(온기)	溫冷(온냉)	溫暖(온난)	溫情(온정)
瓦 기와 와(:)	瓦當(와당)	瓦全(와전)	瓦解(와해)			
緩 느릴 완(:)	緩曲(완곡)	緩急(완급)	緩慢(완만)	緩治(완치)	緩行(완행)	
完 완전할 완	完工(완공)	完成(완성)	完勝(완승)	完全(완전)	完決(완결)	完納(완납)
王 임금 왕	王家(왕가)	王國(왕국)	王立(왕립)	王室(왕실)	王孫(왕손)	王陵(왕릉)	王族(왕족)
往 갈 왕(:)	往復(왕복)	往來(왕래)	往年(왕년)			
外 바깥 외(:)	外貌(외모)	外觀(외관)	外交(외교)	外來(외래)	外孫(외손)	外食(외식)	外科(외과)
謠 노래 요						
要 요긴할 요(:)	要件(요건)	要領(요령)	要約(요약)	要望(요망)	要因(요인)	要緊(요긴)	要綱(요강)
	要點(요점)	要求(요구)	要請(요청)			
料 헤아릴 료(:)	料理(요리)	料金(요금)	料食(요식)			
曜 빛날 요(:)	曜日(요일)	曜靈(요령)				
浴 목욕할 욕	浴室(욕실)					

D-24

독 음 讀音

欲 하고자할 욕	欲情(욕정)					
慾 욕심 욕	慾望(욕망)	慾求(욕구)	慾心(욕심)			
辱 욕될 욕	辱說(욕설)					
龍 용 룡	龍宮(용궁)	龍顔(용안)	龍頭蛇尾(용두사미)	龍虎(용호)		
勇 날랠 용(:)	勇氣(용기)	勇力(용력)	勇士(용사)	勇退(용퇴)	勇斷(용단)	勇猛(용맹)
用 쓸 용(:)	用度(용도)	用道(용도)	用法(용법)	用件(용건)	用器(용기)	用務(용무)	用紙(용지)
容 얼굴 용	容忍(용인)	容量(용량)	容積(용적)	容易(용이)	容貌(용모)	
雨 비 우(:)	雨期(우기)	雨天(우천)	雨中(우중)	雨備(우비)		
牛 소 우	牛黃(우황)	牛乳(우유)	牛步(우보)			
右 오를/오른 우(:)	右心房(우심방)	右側(우측)	右翼(우익)			
郵 우편 우	郵便(우편)	郵送(우송)	郵票(우표)	郵政(우정)		
愚 어리석을 우	愚鈍(우둔)	愚弄(우롱)	愚直(우직)			
遇 만날 우(:)						
偶 짝 우(:)	偶像(우상)	偶然(우연)	偶發(우발)			
憂 근심 우	憂愁(우수)	憂慮(우려)				
優 넉넉할 우	優待(우대)	優秀(우수)	優等賞(우등상)	優勝(우승)	優劣(우열)	
友 벗 우(:)	友軍(우군)	友愛(우애)	友情(우정)	友邦(우방)		
羽 깃 우(:)	羽毛(우모)					
宇 집 우(:)	宇宙(우주)					
運 옮길 운(:)	運動(운동)	運命(운명)	運轉(운전)	運送(운송)	運行(운행)	運數(운수)
云 이를 운	云謂(운위)					
雲 구름 운	雲集(운집)	雲海(운해)	雲煙(운연)	雲雨(운우)	雲霧(운무)	
韻 운 운(:)	韻文(운문)	韻律(운율)	韻致(운치)	韻冊(운책)		
雄 수컷 웅	雄大(웅대)	雄飛(웅비)	雄壯(웅장)	雄志(웅지)	雄辯(웅변)	
原 언덕 원	原來(원래)	原料(원료)	原書(원서)	原因(원인)	原則(원칙)	原價(원가)	原始(원시)
願 원할 원(:)	願望(원망)					
源 근원 원	源泉(원천)					
元 으뜸 원	元老(원로)	元利金(원리금)	元始(원시)	元來(원래)	元首(원수)	元祖(원조)	元素(원소)
院 집 원	院長(원장)	院生(원생)				
園 동산 원	園藝(원예)					
遠 멀 원(:)	遠近(원근)	遠路(원로)	遠景(원경)	遠視(원시)	遠洋(원양)	
怨 원망할 원(:)	怨望(원망)	怨恨(원한)	怨聲(원성)			
員 인원 원						
圓 둥글 원	圓滿(원만)	圓形(원형)	圓覺寺(원각사)	圓熟(원숙)		
援 도울 원(:)	援軍(원군)	援兵(원병)	援助(원조)	援護(원호)		

D-24 독 음 讀音

月 달 월	月刊(월간)	月給(월급)	月例(월례)	月貰(월세)	月末(월말)	月賦(월부)
越 넘을 월	越權(월권)	越境(월경)	越等(월등)	越牆(월장)	越尺(월척)	
危 위태할 위	危害(위해)	危殆(위태)				
位 자리 위	位置(위치)	位階(위계)	位相(위상)			
委 맡길 위	委員(위원)	委任(위임)				
威 위엄 위	威力(위력)	威勢(위세)	威壓(위압)	威嚴(위엄)	威容(위용)	威脅(위협)
偉 클 위	偉大(위대)	偉力(위력)	偉人(위인)	偉業(위업)	偉容(위용)	
圍 에워쌀 위						
爲 하/할 위(:)	爲民(위민)	爲主(위주)	爲始(위시)	爲政者(위정자)		
僞 거짓 위	僞善(위선)	僞裝(위장)	僞證(위증)			
慰 위로할 위	慰勞(위로)	慰問(위문)	慰樂(위락)	慰安(위안)		
胃 밥통 위	胃壁(위벽)	胃臟(위장)	胃炎(위염)			
謂 이를 위						
衛 지킬 위	衛生(위생)	衛兵(위병)	衛星(위성)			
流 흐를 류	流動(유동)	流行(유행)	流水(유수)	流通(유통)	流配(유배)	流失(유실)
柳 버들 류(:)	柳眉(유미)					
留 머무를 류	留級(유급)	留念(유념)	留意(유의)	留宿(유숙)	留任(유임)	留置(유치)
類 무리 류(:)	類別(유별)	類推(유추)				
由 말미암을 유	由來(유래)	由緖(유서)				
油 기름 유	油畵(유화)	油性(유성)	油田(유전)			
有 있을 유(:)	有利(유리)	有給(유급)	有終(유종)	有識(유식)	有益(유익)	有害(유해)
乳 젖 유	乳兒(유아)	乳母(유모)	乳房(유방)			
遊 놀 유	遊說(유세)	遊園地(유원지)	遊戱(유희)	遊覽(유람)		
遺 남길 유	遺言(유언)	遺書(유서)	遺族(유족)	遺産(유산)	遺物(유물)	
儒 선비 유	儒敎(유교)	儒林(유림)	儒生(유생)			
裕 넉넉할 유(:)	裕福(유복)	裕足(유족)				
誘 꾈 유	誘發(유발)	誘引(유인)	誘惑(유혹)			
悠 멀 유	悠久(유구)	悠然(유연)				
幼 어릴 유	幼年(유년)	幼兒(유아)	幼弱(유약)	幼蟲(유충)		
維 벼리 유	維新(유신)	維持(유지)				
柔 부드러울 유	柔順(유순)	柔道(유도)				
幽 그윽할 유	幽靈(유령)	幽明(유명)	幽宅(유택)	幽閉(유폐)		
猶 오히려 유	猶不足(유부족)	猶豫(유예)				
六 여섯 륙	六日(육일)	六寸(육촌)	六角(육각)			
肉 고기 육	肉類(육류)	肉食(육식)	肉質(육질)	肉眼(육안)	肉體(육체)	

D-24

독 음 讀音

育 기를 육	育林(육림)	育兒(육아)	育成(육성)	育種(육종)	育苗(육묘)		
陸 뭍 륙	陸上(육상)	陸地(육지)	陸橋(육교)	陸軍(육군)			
輪 바퀴 륜	輪禍(윤화)	輪番(윤번)					
倫 인륜 륜	倫理(윤리)						
潤 불을 윤(:)	潤氣(윤기)	潤濕(윤습)	潤澤(윤택)				
律 법칙 률	律法(율법)	律動(율동)					
栗 밤 률	栗谷(율곡)						
率 비율 률/거느릴 솔	率直(솔직)	率先(솔선)					
隆 높을 륭	隆起(융기)	隆盛(융성)					
恩 은혜 은	恩功(은공)	恩德(은덕)	恩師(은사)	恩惠(은혜)			
銀 은 은	銀河水(은하수)	銀行(은행)	銀賞(은상)	銀髮(은발)	銀幕(은막)	銀盤(은반)	
隱 숨을 은	隱德(은덕)	隱語(은어)					
乙 새 을	乙巳(을사)						
音 소리 음	音讀(음독)	音色(음색)	音樂(음악)	音階(음계)	音聲(음성)	音律(음률)	音標(음표)
飮 마실 음(:)	飮料(음료)	飮食店(음식점)	飮酒(음주)	飮福(음복)	飮毒(음독)		
陰 그늘 음	陰陽(음양)	陰地(음지)	陰性(음성)	陰凶(음흉)	陰影(음영)	陰散(음산)	
淫 음란할 음	淫亂(음란)	淫貪(음탐)	淫畵(음화)	淫荒(음황)			
邑 고을 읍	邑內(읍내)	邑民(읍민)	邑長(읍장)	邑徵(읍징)			
應 응할 응(:)	應答(응답)	應用(응용)	應援(응원)	應募(응모)	應試(응시)		
意 뜻 의(:)	意圖(의도)	意外(의외)	意向(의향)	意義(의의)	意志(의지)	意識(의식)	意慾(의욕)
衣 옷 의	衣服(의복)	衣食住(의식주)	衣類(의류)	衣冠(의관)			
依 의지할 의	依據(의거)	依存(의존)	依舊(의구)	依他心(의타심)	依賴(의뢰)		
醫 의원 의	醫師(의사)	醫術(의술)	醫藥品(의약품)	醫院(의원)			
義 옳을 의(:)	義擧(의거)	義氣(의기)	義足(의족)	義士(의사)	義務(의무)	義理(의리)	
儀 거동 의	儀禮(의례)	儀式(의식)	儀典(의전)				
議 의논할 의(:)	議決(의결)	議論(의론)	議長(의장)	議員(의원)			
疑 의심할 의	疑心(의심)	疑念(의념)	疑慮(의려)	疑問(의문)	疑案(의안)	疑惑(의혹)	
二 두 이(:)	二次(이차)	二毛作(이모작)	二重唱(이중창)	二輪車(이륜차)			
以 써 이(:)	以內(이내)	以下(이하)	以心傳心(이심전심)				
李 오얏/성 리(:)	李花(이화)	李朝(이조)					
利 이할 리(:)	利器(이기)	利害打算(이해타산)	利己(이기)	利益(이익)	利權(이권)	利律(이율)	利子(이자)
里 마을 리(:)	里長(이장)	里程標(이정표)					
理 다스릴 리(:)	理念(이념)	理由(이유)	理致(이치)	理論(이론)	理髮(이발)		
耳 귀 이(:)	耳目口鼻(이목구비)	耳順(이순)	耳鳴(이명)				
離 떠날 리(:)	離別(이별)	離婚(이혼)	離陸(이륙)	離散(이산)			

D-24

독 음 讀音

移 옮길 이	移住(이주)	移民(이민)	移轉(이전)	移植(이식)		
異 다를 이(:)	異見(이견)	異端(이단)	異變(이변)	異色(이색)	異國(이국)	異性(이성)
裏 속 리(:)	裏書(이서)	裏面(이면)				
吏 관리/벼슬아치 리(:)	吏讀(이두)					
履 밟을 리(:)	履修(이수)	履行(이행)	履歷(이력)			
已 이미 이(:)	已往(이왕)	已甚(이심)				
泥 진흙 니	泥土(이토)					
益 더할 익	益蟲(익충)	益鳥(익조)	益友(익우)			
翼 날개 익						
人 사람 인	人間(인간)	人氣(인기)	人道(인도)	人命(인명)	人形(인형)	人事(인사)	人魚(인어)
	人才(인재)	人質(인질)	人便(인편)	人生(인생)	人體(인체)		
仁 어질 인	仁術(인술)	仁慈(인자)				
引 끌 인	引繼(인계)	引上(인상)	引火(인화)	引導(인도)	引率(인솔)	
印 도장 인	印度(인도)	印章(인장)	印朱(인주)			
因 인할 인	因習(인습)	因緣(인연)	因子(인자)			
忍 참을 인	忍耐(인내)	忍苦(인고)	忍辱(인욕)	忍從(인종)		
認 알 인	認識(인식)	認許(인허)	認定(인정)	認證(인증)	認可(인가)	
日 날 일	日課(일과)	日記(일기)	日氣(일기)	日程(일정)	日出(일출)	日當(일당)	日沒(일몰)
一 한 일	一夫(일부)	一心同體(일심동체)	一致團結(일치단결)			
逸 편안할 일	逸話(일화)	逸走(일주)	逸脫(일탈)	逸品(일품)		
林 수풀 림	林木(임목)	林野(임야)	林産物(임산물)			
臨 임할 림	臨迫(임박)	臨終(임종)	臨時(임시)			
壬 북방 임(:)	壬辰(임진)					
任 맡길 임(:)	任命(임명)	任用(임용)	任官(임관)	任期(임기)	任務(임무)	任員(임원)	任意(임의)
賃 품삯 임(:)	賃金(임금)	賃貸(임대)	賃借(임차)			
入 들 입	入口(입구)	入國(입국)	入社(입사)	入賞(입상)	入選(입선)	入室(입실)	入浴(입욕)
	入住(입주)	入學(입학)	入隊(입대)			
立 설 립	立國(입국)	立場(입장)	立冬(입동)	立春(입춘)	立夏(입하)	立脚(입각)	立體(입체)

D-23

독 음 讀音

自 스스로 자	自求(자구)	自律(자율)	自起(자기)	自己(자기)	自動車(자동차)	自立(자립)	自省(자성)
	自習(자습)	自信感(자신감)	自然(자연)	自由(자유)	自足(자족)	自主(자주)	
子 아들 자	子女(자녀)	子孫(자손)	子弟(자제)	子婦(자부)	子宮(자궁)		
字 글자 자	字幕(자막)	字母(자모)	字典(자전)	字形(자형)	字訓(자훈)		
姉 손위누이 자	姉妹(자매)	姉兄(자형)	姉母會(자모회)				
者 놈 자							
姿 모양 자(:)	姿勢(자세)	姿色(자색)	姿態(자태)	姿貌(자모)			
資 재물 자	資格(자격)	資質(자질)	資料(자료)	資本(자본)	資源(자원)	資産(자산)	
慈 사랑 자	慈悲(자비)	慈善(자선)	慈愛(자애)				
刺 찌를 자(:)/찌를 척	刺客(자객)						
紫 자줏빛 자	紫色(자색)	紫朱(자주)					
作 지을 작	作家(작가)	作歌(작가)	作曲(작곡)	作動(작동)	作業(작업)	作品(작품)	
昨 어제 작	昨今(작금)	昨年(작년)	昨日(작일)				
殘 남을 잔	殘在(잔재)	殘金(잔금)	殘額(잔액)	殘留(잔류)	殘忍(잔인)		
潛 잠길 잠	潛跡(잠적)	潛行(잠행)					
暫 잠깐 잠(:)	暫時(잠시)	暫間(잠간)	暫留(잠류)	暫許(잠허)			
雜 섞일 잡	雜穀(잡곡)	雜誌(잡지)	雜念(잡념)	雜談(잡담)	雜學(잡학)		
壯 장할 장(:)	壯士(장사)	壯元(장원)	壯烈(장렬)	壯談(장담)	壯骨(장골)		
裝 꾸밀 장	裝身具(장신구)	裝備(장비)	裝着(장착)	裝置(장치)			
莊 씩씩할 장	莊嚴(장엄)	莊重(장중)	莊園(장원)				
長 긴 장(:)	長男(장남)	長短(장단)	長身(장신)	長點(장점)	長期(장기)	長官(장관)	長久(장구)
帳 장막 장	帳幕(장막)	帳設(장설)	帳簿(장부)				
張 베풀 장	張力(장력)	張數(장수)	張皇(장황)				
章 글 장							
障 막을 장	障壁(장벽)	障害(장해)					
場 마당 장	場面(장면)	場所(장소)	場勢(장세)	場外(장외)			
將 장수 장(:)	將軍(장군)	將星(장성)	將帥(장수)	將來(장래)	將次(장차)	將校(장교)	
奬 장려할 장(:)	奬學金(장학금)	奬勵(장려)					
腸 창자 장	腸炎(장염)						
葬 장사지낼 장 (:)	葬地(장지)	葬禮式(장례식)					
粧 단장할 장							
掌 손바닥 장(:)	掌骨(장골)						
丈 어른 장(:)	丈人(장인)	丈母(장모)					

D-23

독 음 讀音

臟 오장 장(:)	臟器(장기)	臟物(장물)					
藏 감출 장(:)	藏書(장서)	藏置(장치)					
在 있을 재(:)	在京(재경)	在野(재야)	在室(재실)	在職(재직)			
再 두 재(:)	再考(재고)	再現(재현)	再活(재활)	再會(재회)	再修(재수)	再版(재판)	再選(재선)
才 재주 재	才能(재능)	才質(재질)	才致(재치)	才賢(재현)	才談(재담)		
材 재목 재	材質(재질)	材料(재료)	材木(재목)				
財 재물 재	財物(재물)	財産(재산)	財團(재단)	財數(재수)	財源(재원)	財政(재정)	財貨(재화)
災 재앙 재	災害(재해)	災難(재난)	災殃(재앙)	災禍(재화)			
栽 심을 재(:)	栽培(재배)						
載 실을 재(:)	載送(재송)	載筆(재필)					
裁 옷마를 재	裁斷(재단)	裁量(재량)	裁可(재가)	裁判(재판)			
爭 다툴 쟁	爭議(쟁의)	爭點(쟁점)	爭取(쟁취)	爭奪(쟁탈)			
低 낮을 저(:)	低級(저급)	低速(저속)	低質(저질)	低空(저공)			
底 밑 저(:)	底力(저력)	底邊(저변)	底意(저의)				
抵 막을 저(:)	抵抗(저항)	抵觸(저촉)	抵當(저당)				
貯 쌓을 저(:)	貯金(저금)	貯水池(저수지)	貯油(저유)	貯藏(저장)			
著 나타날 저(:)	著名(저명)	著述(저술)	著書(저서)	著作權(저작권)			
赤 붉을 적	赤色(적색)	赤信號(적신호)	赤外線(적외선)	赤字(적자)	赤旗(적기)	赤潮(적조)	
的 과녁 적	的中(적중)	的實(적실)					
賊 도적 적							
適 맞을 적	適當(적당)	適期(적기)	適用(적용)	適性(적성)	適切(적절)		
敵 대적할 적	敵國(적국)	敵軍(적군)	敵手(적수)	敵地(적지)	敵旗(적기)	敵對(적대)	敵襲(적습)
摘 딸 적	摘發(적발)	摘示(적시)	摘芽(적아)	摘要(적요)	摘載(적재)	摘出(적출)	摘書(적서)
積 쌓을 적	積金(적금)	積善(적선)	積雪(적설)	積立(적립)	積載(적재)	積滯(적체)	
績 길쌈 적							
蹟 자취 적							
籍 문서 적							
笛 피리 적							
寂 고요할 적	寂寂(적적)						
跡 자취 적							
田 밭 전	田園(전원)	田畓(전답)					
全 온전 전	全能(전능)	全面(전면)	全部(전부)	全體(전체)	全員(전원)	全屬(전속)	
典 법 전(:)	典刑(전형)	典雅(전아)					
展 펼 전(:)	展開(전개)	展示(전시)	展覽會(전람회)	展望(전망)			
電 번개 전(:)	電工(전공)	電氣(전기)	電車(전차)	電話(전화)	電算(전산)	電流(전류)	電壓(전압)

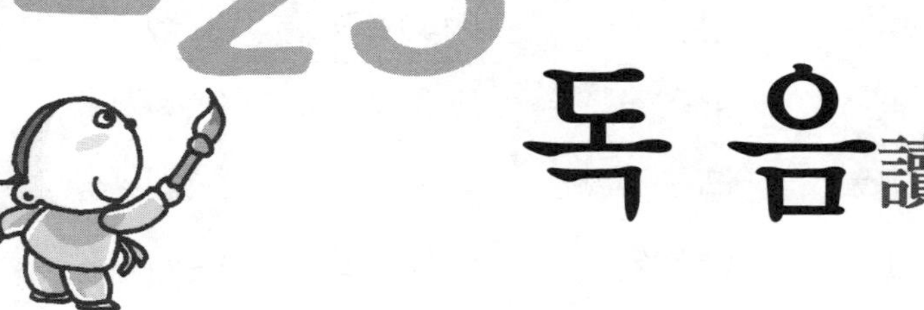

독 음 讀音

錢 돈 전(:)	錢票(전표)	錢主(전주)				
前 앞 전	前期(전기)	前面(전면)	前方(전방)	前後(전후)		
戰 싸움 전(:)	戰時(전시)	戰爭(전쟁)	戰術(전술)	戰略(전략)	戰死(전사)	
專 오로지 전	專攻(전공)	專門醫(전문의)	專務(전무)	專管(전관)	專屬(전속)	
傳 전할 전	傳來(전래)	傳說(전설)	傳達(전달)	傳承(전승)		
轉 구를 전(:)	轉出(전출)	轉勤(전근)	轉學(전학)	轉用(전용)	轉換(전환)	轉報(전보)	轉補(전보)
殿 전각 전(:)	殿閣(전각)	殿堂(전당)				
折 꺾을 절	折半(절반)	折枝(절지)				
絶 끊을 절	絶交(절교)	絶望(절망)	絶斷(절단)	絶對(절대)	絶妙(절묘)	絶緣(절연)	絶色(절색)
切 끊을 절/온통 체	切感(절감)	切開(절개)	切斷(절단)	切實(절실)	切親(절친)	切下(절하)
節 마디 절	節減(절감)	節制(절제)	節槪(절개)	節度(절도)	節約(절약)	節次(절차)	節電(절전)
占 점령할 점(:)/점칠 점	占斷(점단)	占星術(점성술)	占領(점령)	占居(점거)	占有(점유)	占據(점거)	占用(점용)
店 가게 점(:)	店主(점주)	店員(점원)	店房(점방)			
點 점 점(:)	點檢(점검)	點線(점선)	點字(점자)	點數(점수)	點火(점화)	點心(점심)
漸 점점 점(:)	漸減(점감)	漸增(점증)	漸次(점차)	漸進(점진)		
接 이을 접	接近(접근)	接着(접착)	接受(접수)	接續(접속)	接合(접합)	接觸(접촉)
定 정할 정(:)	定價(정가)	定規(정규)	定時(정시)	定式(정식)	定員(정원)	定度(정도)	定量(정량)
	定都(정도)	定着(정착)	定礎(정초)			
正 바를 정(:)	正價(정가)	正午(정오)	正直(정직)	正答(정답)	正當(정당)	正義(정의)	正誤(정오)
政 정사 정	政治(정치)	政界(정계)	政權(정권)	政局(정국)	政爭(정쟁)	政府(정부)
征 칠 정	征伐(정벌)	征服(정복)				
整 가지런할 정(:)	整理(정리)	整列(정렬)	整備(정비)	整然(정연)	整地(정지)	整頓(정돈)
情 뜻 정	情感(정감)	情景(정경)	情調(정조)	情談(정담)	情緖(정서)	情狀(정상)	情勢(정세)
精 정할 정	精神(정신)	精誠(정성)	精力(정력)	精米所(정미소)	精肉店(정육점)	精液(정액)
靜 고요할 정	靜肅(정숙)	靜坐(정좌)	靜觀(정관)	靜脈(정맥)	靜寂(정적)	靜物(정물)
程 한도/길 정	程度(정도)					
丁 고무래/장정 정	丁字(정자)					
亭 정자 정	亭閣(정각)	亭子(정자)				
停 머무를 정	停電(정전)	停止(정지)	停年(정년)	停車(정차)	停職(정직)	停戰(정전)	停學(정학)
頂 정수리 정	頂點(정점)	頂上(정상)				
廷 조정 정						
庭 뜰 정	庭園(정원)	庭球(정구)				
淨 깨끗할 정	淨潔(정결)	淨化(정화)	淨土(정토)			
貞 곧을 정	貞潔(정결)	貞淑(정숙)	貞節(정절)	貞操(정조)		
井 우물 정(:)	井底(정저)					

D-22

독 음 讀音

弟 아우 제(:)	弟子(제자)					
第 차례 제(:)	第三者(제삼자)	第一(제일)				
題 제목 제	題目(제목)	題名(제명)	題字(제자)	題號(제호)		
制 절제할 제(:)	制度(제도)	制服(제복)	制動(제동)	制約(제약)	制限(제한)	制御(제어)	制裁(제재)
製 지을 제(:)	製圖(제도)	製藥(제약)	製造(제조)	製鐵所(제철소)	製糖(제당)	製品(제품)
帝 임금 제(:)	帝王(제왕)	帝國(제국)				
除 덜 제	除去(제거)	除隊(제대)	除名(제명)	除籍(제적)	除雪(제설)	除夜(제야)	除草(제초)
祭 제사 제(:)	祭祀(제사)	祭官(제관)	祭器(제기)	祭禮(제례)	祭壇(제단)	
際 즈음/가 제						
提 끌 제	提供(제공)	提起(제기)	提示(제시)	提案(제안)	提議(제의)	提出(제출)	提請(제청)
諸 모두 제	諸國(제국)	諸島(제도)	諸侯(제후)	諸般(제반)	諸位(제위)	
齊 가지런할 제	齊唱(제창)					
濟 건널 제(:)	濟度(제도)	濟州(제주)				
祖 할아비 조	祖國(조국)	祖父母(조부모)	祖上(조상)	祖孫(조손)		
助 도울 조(:)	助言(조언)	助力(조력)	助演(조연)	助詞(조사)		
組 짤 조	組閣(조각)	組立(조립)	組成(조성)	組織(조직)	組合(조합)	
租 조세 조	租稅(조세)	租借(조차)				
朝 아침 조	朝禮(조례)	朝鮮(조선)	朝會(조회)	朝夕(조석)	朝飯(조반)	朝廷(조정)
潮 조수/밀물 조	潮水(조수)	潮流(조류)	潮差(조차)	潮力(조력)		
調 고를 조	調査(조사)	調練(조련)	調節(조절)	調整(조정)	調律(조율)	調和(조화)	調理(조리)
操 잡을 조(:)	操心(조심)	操作(조작)	操行(조행)	操縱(조종)		
燥 마를 조	燥渴(조갈)					
早 이를 조(:)	早起(조기)	早期(조기)	早産(조산)	早速(조속)	早熟(조숙)	早退(조퇴)
造 지을 조(:)	造景(조경)	造林(조림)	造成(조성)	造作(조작)	造花(조화)	造形(조형)
鳥 새 조	鳥類(조류)	鳥獸(조수)	鳥葬(조장)			
條 가지 조	條件(조건)	條理(조리)	條目(조목)	條例(조례)	條約(조약)	條項(조항)
照 비칠 조(:)	照度(조도)	照明(조명)	照準(조준)			
兆 억조 조						
足 발 족	足部(족부)	足掌(족장)	足指(족지)			
族 겨레 족	族屬(족속)	族譜(족보)	族閥(족벌)			
存 있을 존	存在(존재)	存立(존립)	存續(존속)	存否(존부)	存置(존치)	存廢(존폐)
尊 높을 존	尊敬(존경)	尊貴(존귀)	尊屬(존속)	尊重(존중)	尊嚴(존엄)	尊稱(존칭)
卒 마칠 졸	卒業(졸업)	卒兵(졸병)	卒徒(졸도)	卒逝(졸서)		
宗 마루 종	宗孫(종손)	宗族(종족)	宗會(종회)	宗親(종친)	宗敎(종교)	宗派(종파)	宗團(종단)
從 좇을 종(:)	從前(종전)	從來(종래)	從軍(종군)	從屬(종속)	從兄(종형)	

D-22

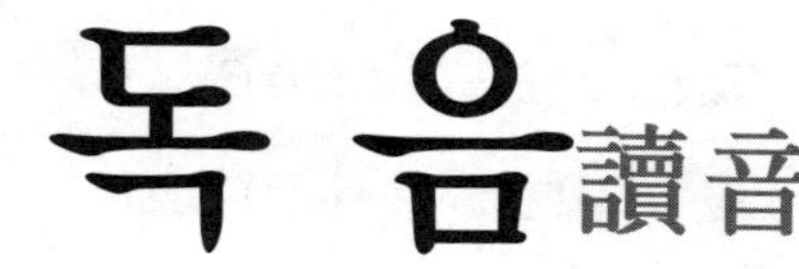

독 음 讀音

終 마칠 종	終結(종결)	終禮(종례)	終點(종점)	終了(종료)	終業(종업)	終映(종영)	終着(종착)
種 씨 종(:)	種類(종류)	種子(종자)	種別(종별)	種苗(종묘)			
鍾 쇠북 종	鐘閣(종각)	鐘塔(종탑)	鐘路(종로)	鐘鼓(종고)			
縱 세로 종	縱斷(종단)	縱帶(종대)	縱的(종적)	縱橫(종횡)			
左 왼 좌(:)	左右(좌우)	左傾(좌경)	左遷(좌천)	左翼(좌익)	左便(좌편)	左向左(좌향좌)	左派(좌파)
坐 앉을 좌(:)	坐骨(좌골)	坐禪(좌선)	坐視(좌시)	坐藥(좌약)			
座 자리 좌(:)	座席(좌석)	座中(좌중)	座談(좌담)				
罪 허물 죄(:)	罪過(죄과)	罪科(죄과)	罪惡(죄악)	罪罰(죄벌)			
晝 낮 주	晝間(주간)	晝夜(주야)					
走 달릴 주	走行(주행)	走者(주자)	走破(주파)				
酒 술 주(:)	酒類(주류)	酒量(주량)	酒幕(주막)	酒稅(주세)	酒席(주석)	酒宴(주연)	
主 주인/임금 주	主幹(주간)	主君(주군)	主管(주관)	主氣(주기)	主食(주식)	主語(주어)	主要(주요)
	主題(주제)	主觀(주관)	主催(주최)	主演(주연)			
注 부을 주(:)	注目(주목)	注油(주유)	注入(주입)	注視(주시)	注文(주문)	注意(주의)	注射(주사)
住 살 주(:)	住民(주민)	住所(주소)	住宅(주택)	住居(주거)			
柱 기둥 주	柱礎(주초)	柱石(주석)	柱聯(주련)				
州 고을 주	州郡(주군)	州牧(주목)					
宙 집 주(:)							
朱 붉을 주	朱紅(주홍)	朱黃(주황)	朱丹(주단)				
株 그루 주	株券(주권)	株主(주주)	株價(주가)	株式(주식)			
珠 구슬 주	珠玉(주옥)	珠算(주산)					
周 두루 주	周密(주밀)	周易(주역)	周知(주지)	周邊(주변)	周圍(주위)		
週 주일 주	週間(주간)	週期(주기)	週末(주말)	週刊(주간)	週報(주보)	週番(주번)	
洲 물가 주							
奏 아뢸 주(:)	奏樂(주악)	奏者(주자)	奏請(주청)	奏效(주효)			
鑄 쇠불릴 주	鑄鋼(주강)	鑄物(주물)	鑄造(주조)	鑄鐵(주철)	鑄錢(주전)	鑄貨(주화)	
竹 대 죽	竹簡(죽간)	竹刀(죽도)	竹鹽(죽염)				
準 준할 준(:)	準則(준칙)	準據(준거)	準例(준례)	準用(준용)	準備(준비)	準法(준법)	
重 무거울 중(:)	重地(중지)	重量(중량)	重要(중요)	重複(중복)	重責(중책)	重任(중임)	重役(중역)
中 가운데 중	中立(중립)	中指(중지)	中止(중지)	中秋(중추)	中古品(중고품)	中央(중앙)	中部(중부)
仲 버금 중(:)	仲兄(중형)	仲介(중개)	仲裁(중재)	仲秋(중추)			
衆 무리 중(:)	衆生(중생)	衆論(중론)	衆智(중지)				
卽 곧 즉	卽刻(즉각)	卽時(즉시)	卽席(즉석)	卽決(즉결)	卽審(즉심)	卽效(즉효)	卽興(즉흥)
證 증거 증	證據(증거)	證券(증권)	證書(증서)	證言(증언)			
蒸 찔 증	蒸氣(증기)	蒸發(증발)	蒸散(증산)	蒸濕(증습)			

독 음 讀音

症 증세 증(:)	症狀(증상)	症勢(증세)	症候(증후)			
曾 일찍 증	曾前(증전)	曾往(증왕)	曾孫(증손)	曾祖(증조)		
憎 미울 증	憎惡(증오)	憎怨(증원)				
增 더할 증	增强(증강)	增額(증액)	增産(증산)	增設(증설)	增資(증자)	增進(증진)	增幅(증폭)
知 알 지	知覺(지각)	知己(지기)	知能(지능)	知識(지식)	知性(지성)	知面(지면)
智 지혜/슬기 지	智略(지략)	智德體(지덕체)	智慧(지혜)			
紙 종이 지	紙面(지면)					
地 따 지	地面(지면)	地名(지명)	地圖(지도)	地氣(지기)	地獄(지옥)	地盤(지반)	地球(지구)
池 못 지						
指 가리킬 지	指向(지향)	指定(지정)	指針(지침)	指稱(지칭)	指紋(지문)	指壓(지압)
持 가질 지	持論(지론)	持病(지병)				
之 갈 지						
止 그칠 지	止揚(지양)	止血(지혈)				
支 지탱할 지	支持(지지)	支局(지국)	支配(지배)	支店(지점)	支所(지소)	支給(지급)	支障(지장)
枝 가지 지	枝葉(지엽)	枝肉(지육)				
至 이를 지	至極(지극)	至急(지급)	至當(지당)	至毒(지독)	至論(지론)	至嚴(지엄)
志 뜻 지	志望(지망)	志願(지원)	志操(지조)	志士(지사)	志向(지향)	
誌 기록할 지	誌面(지면)	誌上(지상)	誌石(지석)			
直 곧을 직	直角(직각)	直面(직면)	直線(직선)	直航(직항)	直行(직행)	直後(직후)	直感(직감)
	直觀(직관)	直接(직접)	直結(직결)			
織 짤 직	織物(직물)	織造(직조)				
職 직분 직	職級(직급)	職業(직업)	職員(직원)	職位(직위)	職印(직인)	職種(직종)	職責(직책)
珍 보배 진	珍貴(진귀)	珍味(진미)	珍品(진품)			
眞 참 진	眞實(진실)	眞理(진리)	眞談(진담)	眞面目(진면목)	眞善美(진선미)	眞僞(진위)	眞價(진가)
鎭 진압할 진(:)	鎭靜(진정)	鎭壓(진압)	鎭火(진화)	鎭痛(진통)		
進 나아갈 진(:)	進路(진로)	進化(진화)	進度(진도)	進取的(진취적)	進學(진학)	
盡 다할 진(:)	盡力(진력)	盡心(진심)				
辰 별 진/때 신	辰韓(진한)					
振 떨칠 진(:)	振動(진동)	振作(진작)	振幅(진폭)	振興(진흥)		
震 우레 진(:)	震怒(진노)	震度(진도)	震動(진동)	震幅(진폭)		
陳 베풀 진(:)/묵을 진	陳述(진술)	陳列(진열)	陳腐(진부)			
陣 진칠 진	陣營(진영)	陣地(진지)				
質 바탕 질	質量(질량)	質問(질문)	質朴(질박)	質權(질권)	質議(질의)	質素(질소)
疾 병 질	疾苦(질고)	疾病(질병)	疾視(질시)	疾走(질주)	疾風(질풍)	疾患(질환)
秩 차례 질	秩序(질서)					

독 음 讀音

유형별 기출문제 실전연습 3급 II

集 모을 집	集團(집단)	集合(집합)	集會(집회)	集計(집계)	集結(집결)	集約(집약)
執 잡을 집	執權(집권)	執念(집념)	執務(집무)	執事(집사)	執着(집착)	執筆(집필)
徵 부를 징	徵兵(징병)	徵用(징용)	徵收(징수)			

D-21

독 음 讀音

ㅊ · ㅌ · ㅍ 으로 시작되는 漢字語

車 수레 거/차	車道(차도)	車主(차주)	車窓(차창)	車費(차비)	車路(차로)	
差 다를 차	差減(차감)	差別(차별)	差等(차등)	差益(차익)	差異(차이)	差額(차액)	差押(차압)
次 버금 차	次男(차남)	次官(차관)	次長(차장)	次例(차례)	次席(차석)	
此 이 차	此際(차제)	此後(차후)	此日(차일)			
借 빌/빌릴 차(:)	借邊(차변)	借入(차입)	借用(차용)			
着 붙을 착	着陸(착륙)	着席(착석)	着手(착수)	着實(착실)	着地(착지)	着眼(착안)	着用(착용)
錯 어긋날 착	錯覺(착각)	錯亂(착란)	錯視(착시)	錯雜(착잡)	錯列(착렬)	錯誤(착오)	
贊 도울 찬(:)	贊同(찬동)	贊反(찬반)	贊否(찬부)	贊成(찬성)	贊助(찬조)	贊票(찬표)	
讚 기릴 찬(:)	讚歌(찬가)	讚美(찬미)	讚揚(찬양)	讚嘆(찬탄)			
察 살필 찰						
參 참여할 참/석 삼	參加(참가)	參見(참견)	參考(참고)	參與(참여) /	參百萬(삼백만)	
窓 창 창	窓門(창문)	窓口(창구)	窓戶紙(창호지)			
昌 창성할 창(:)	昌盛(창성)	昌運(창운)				
唱 부를 창(:)	唱法(창법)	唱劇(창극)	唱歌(창가)	唱曲(창곡)		
倉 곳집 창(:)	倉庫(창고)	倉卒(창졸)				
創 비롯할 창(:)	創立(창립)	創案(창안)	創始(창시)	創作(창작)	創造(창조)	創刊號(창간호)	創業者(창업자)
蒼 푸를 창	蒼空(창공)	蒼白(창백)	蒼天(창천)			
採 캘 채(:)	採取(채취)	採石(채석)	採用(채용)			
彩 채색 채(:)	彩色(채색)	彩畵(채화)				
菜 나물 채(:)	菜麻(채마)	菜蔬(채소)	菜色(채색)	菜食(채식)		
債 빚 채(:)	債券(채권)	債務(채무)				
冊 책 책	冊房(책방)	冊床(책상)	冊子(책자)	冊封(책봉)		
責 꾸짖을 책	責望(책망)	責任(책임)	責務(책무)			
策 꾀 책	策動(책동)	策略(책략)	策定(책정)			
處 곳 처(:)	處所(처소)	處理(처리)	處女(처녀)	處斷(처단)	處罰(처벌)	處刑(처형)	處暑(처서)
妻 아내 처	妻家(처가)	妻弟(처제)				
尺 자 척	尺度(척도)					
拓 넓힐 척	拓土(척토)					
戚 친척 척	戚分(척분)	戚屬(척속)	戚姪(척질)			
斥 물리칠 척	斥邪(척사)	斥逐(척축)	斥候(척후)			
千 일천 천	千軍(천군)	千金(천금)	千萬(천만)	千字文(천자문)		
川 내 천	川邊(천변)					
天 하늘 천	天氣(천기)	天命(천명)	天然(천연)	天災地變(천재지변)	天地(천지)	天堂(천당)	天主教(천주교)

D-21

독 음 讀音

泉 샘 천	泉水(천수)					
淺 얕을 천(:)	淺近(천근)	淺慮(천려)	淺才(천재)	淺薄(천박)	淺學(천학)	
踐 밟을 천(:)	踐修(천수)	踐極(천극)	踐約(천약)	踐言(천언)		
賤 천할 천(:)	賤待(천대)	賤民(천민)	賤視(천시)	賤職(천직)	賤技(천기)	
遷 옮길 천(:)	遷都(천도)	遷動(천동)				
鐵 쇠 철	鐵鋼(철강)	鐵道(철도)	鐵路(철로)	鐵骨(철골)	鐵筋(철근)	鐵絲(철사) · 鐵板(철판)
哲 밝을 철	哲學(철학)	哲人(철인)				
徹 통할 철	徹骨(철골)	徹底(철저)	徹夜(철야)			
靑 푸를 청	靑旗(청기)	靑年(청년)	靑雲(청운)	靑春(청춘)	靑綠(청록)	靑龍(청룡) · 靑銅(청동)
淸 맑을 청	淸明(청명)	淸算(청산)	淸風(청풍)	淸潔(청결)	淸掃(청소)	淸貧(청빈) · 淸純(청순)
請 청할 청	請負(청부)	請約(청약)	請求(청구)	請願(청원)	請託(청탁)	請婚(청혼)
聽 들을 청	聽覺(청각)	聽力(청력)	聽衆(청중)	聽取(청취)		
廳 관청 청	廳舍(청사)	廳長(청장)				
體 몸 체	體溫(체온)	體質(체질)	體育(체육)	體格(체격)	體操(체조)	體系(체계) · 體級(체급)
替 바꿀 체	替費地(체비지)					
滯 막힐 체	滯納(체납)	滯留(체류)	滯症(체증)			
草 풀 초	草家(초가)	草根(초근)	草綠(초록)	草木(초목)	草原(초원)	草書(초서) · 草案(초안)
初 처음 초	初行(초행)	初級(초급)	初代(초대)	初任(초임)	初步(초보)	初等(초등)
超 뛰어넘을 초	超過(초과)	超越(초월)	超然(초연)	超能力(초능력)		
礎 주춧돌 초	礎石(초석)					
肖 닮을/같을 초	肖像(초상)					
招 부를 초	招來(초래)	招請狀(초청장)	招聘(초빙)			
觸 닿을 촉	觸覺(촉각)	觸感(촉감)	觸發(촉발)			
促 재촉할 촉	促求(촉구)	促迫(촉박)	促進(촉진)			
寸 마디 촌(:)	寸刻(촌각)	寸數(촌수)	寸劇(촌극)	寸志(촌지)	寸評(촌평)	
村 마을 촌(:)	村夫(촌부)	村落(촌락)	村長(촌장)			
銃 총 총	銃劍(총검)	銃器(총기)	銃擊(총격)	銃殺(총살)	銃彈(총탄)	
總 다 총(:)	總長(총장)	總務(총무)	總數(총수)	總點(총점)	總裁(총재)	總額(총액) · 總合(총합)
聰 귀밝을 총	聰氣(총기)	聰敏(총민)	聰明(총명)			
最 가장 최(:)	最多(최다)	最善(최선)	最古(최고)	最新(최신)	最惡(최악)	最低(최저) · 最適(최적)
催 재촉할 최(:)	催眠(최면)	催淚彈(최루탄)				
秋 가을 추	秋夕(추석)	秋風落葉(추풍낙엽)	秋季(추계)	秋穀(추곡)	秋收(추수)	
推 밀 추/퇴	推戴(추대)	推進(추진)	推究(추구)	推理(추리)	推測(추측)	推薦(추천)
追 쫓을/따를 추	追加(추가)	追擊(추격)	追求(추구)	追窮(추궁)	追放(추방)	追憶(추억) · 追從(추종)
祝 빌 축	祝歌(축가)	祝福(축복)	祝願(축원)	祝典(축전)	祝辭(축사)	

D-21

독 음 讀音

築 쌓을 축	築造(축조)	築城(축성)	築臺(축대)	築堤(축제)	築港(축항)	
縮 줄일 축	縮小(축소)	縮約(축약)	縮刷(축쇄)			
畜 짐승 축	畜舍(축사)	畜産(축산)	畜生(축생)			
蓄 모을 축	蓄財(축재)	蓄積(축적)				
春 봄 춘	春色(춘색)	春夏秋冬(춘하추동)	春季(춘계)	春夢(춘몽)	春麥(춘맥)	
出 날 출	出家(출가)	出講(출강)	出動(출동)	出馬(출마)	出席(출석)	出納(출납)	出典(출전)
	出戰(출전)	出現(출현)	出荷(출하)			
充 채울 충	充當(충당)	充分(충분)	充實(충실)	充足(충족)	充滿(충만)	充電器(충전기)	充員(충원)
忠 충성 충	忠誠(충성)	忠臣(충신)	忠實(충실)	忠義(충의)	忠告(충고)	忠直(충직)
蟲 벌레 충	蟲齒(충치)					
衝 찌를 충	衝激(충격)	衝突(충돌)	衝動(충동)	衝然(충연)		
取 가질 취(:)	取得(취득)	取材(취재)	取消(취소)	取筆(취필)		
趣 뜻 취(:)	趣味(취미)	趣意(취의)	趣向(취향)			
就 나아갈 취(:)	就業(취업)	就職(취직)	就任(취임)	就眠(취면)	就寢(취침)	
醉 취할 취(:)	醉客(취객)	醉氣(취기)	醉眠(취면)	醉中(취중)	醉興(취흥)	
吹 불 취(:)	吹鳴(취명)	吹笛(취적)	吹奏(취주)			
測 헤아릴 측	測量(측량)	測定(측정)	測地(측지)			
側 곁 측	側近(측근)	側面(측면)				
層 층 층	層數(층수)	層階(층계)				
治 다스릴 치	治國(치국)	治世(치세)	治安(치안)	治積(치적)	治粧(치장)	
致 이를 치(:)/지	致命打(치명타)	致富(치부)	致死(치사)	致賀(치하)	致辭(치사)	
置 둘 치(:)	置重(치중)	置簿(치부)				
齒 이 치	齒科(치과)	齒藥(치약)	齒石(치석)	齒列(치열)	齒牙(치아)	
値 값 치						
稚 어릴 치	稚氣(치기)	稚拙(치졸)				
恥 부끄러울 치	恥部(치부)	恥辱(치욕)				
則 법칙 칙/곧 즉						
親 친할 친	親舊(친구)	親近(친근)	親書(친서)	親庭(친정)	親族(친족)	親筆(친필)	親交(친교)
	親切(친절)	親睦(친목)	親密(친밀)			
七 일곱 칠	七夕(칠석)	七寶(칠보)				
漆 옻 칠	漆器(칠기)	漆毒(칠독)	漆黑(칠흑)	漆板(칠판)		
侵 침노할 침	侵攻(침공)	侵犯(침범)	侵伐(침벌)	侵略(침략)		
寢 잘 침(:)	寢具(침구)	寢室(침실)	寢臺(침대)	寢席(침석)	寢食(침식)	
浸 잠길 침(:)	浸水(침수)	浸種(침종)	浸出(침출)	浸透(침투)		
針 바늘 침(:)	針線(침선)	針母(침모)	針形(침형)			

D-21

독 음讀音

沈 잠길 침/성 심	沈默(침묵)	沈痛(침통)	沈沒(침몰)	沈滯(침체)		
稱 일컬을 칭	稱讚(칭찬)	稱頌(칭송)	稱號(칭호)			
快 쾌할 쾌	快感(쾌감)	快擧(쾌거)	快樂(쾌락)	快適(쾌적)	快活(쾌활)	快晴(쾌청) · 快哉(쾌재)
他 다를 타	他區(타구)	他姓(타성)	他意(타의)	他國(타국)	他律(타율)	
打 칠 타(:)	打擊(타격)	打倒(타도)	打率(타율)	打算(타산)	打鐘(타종)	打破(타파) · 打樂器(타악기)
卓 높을 탁	卓子(탁자)	卓見(탁견)	卓絶(탁절)	卓筆(탁필)	卓球(탁구)	卓上空論(탁상공론)
炭 숯 탄(:)	炭鑛(탄광)	炭車(탄차)	炭脈(탄맥)	炭素(탄소)		
彈 탄알 탄(:)	彈藥(탄약)	彈力(탄력)	彈性(탄성)	彈丸(탄환)	彈壓(탄압)	彈劾(탄핵)
歎 탄식할 탄(:)	歎服(탄복)	歎息(탄식)	歎願(탄원)			
脫 벗을 탈	脫穀(탈곡)	脫漏(탈루)	脫稅(탈세)	脫黨(탈당)	脫落(탈락)	脫出(탈출)
奪 빼앗을 탈	奪取(탈취)	奪還(탈환)				
探 찾을 탐	探求(탐구)	探問(탐문)	探訪(탐방)	探査(탐사)	探知(탐지)	探索(탐색) · 探險(탐험)
塔 탑 탑	塔碑(탑비)					
湯 끓을 탕(:)	湯藥(탕약)	湯液(탕액)				
太 클 태	太古(태고)	太極旗(태극기)	太陽(태양)	太平(태평)	太祖(태조)	太初(태초)
態 모습 태(:)	態度(태도)	態勢(태세)				
泰 클 태	泰山(태산)	泰然(태연)				
殆 거의 태	殆半(태반)					
宅 집 택/댁	宅配(택배)	宅地(택지) / 宅內(댁내)				
擇 가릴 택	擇日(택일)	擇善(택선)	擇地(택지)			
澤 못 택						
土 흙 토	土地(토지)	土俗(토속)	土質(토질)	土豪(토호)	土産品(토산품)	
吐 토할 토(:)	吐氣(토기)	吐出(토출)	吐露(토로)			
討 칠 토(:)	討議(토의)	討論(토론)	討伐(토벌)	討破(토파)		
兔 토끼 토	兔月(토월)					
通 통할 통	通過(통과)	通關(통관)	通讀(통독)	通路(통로)	通風(통풍)	通學(통학) · 通報(통보)
	通稱(통칭)	通達(통달)	通貨(통화)	通話(통화)		
痛 아플 통(:)	痛哭(통곡)	痛憤(통분)	痛症(통증)	痛快(통쾌)	痛嘆(통탄)	
統 거느릴 통(:)	統監(통감)	統計(통계)	統一(통일)	統率(통솔)	統治(통치)	
退 물러날 퇴(:)	退却(퇴각)	退去(퇴거)	退勤(퇴근)	退職(퇴직)	退院(퇴원)	退役(퇴역) · 退學(퇴학)
投 던질 투	投稿(투고)	投棄(투기)	投射(투사)	投藥(투약)	投賣(투매)	投資(투자) · 投票(투표)
鬪 싸움 투	鬪技(투기)	鬪牛(투우)	鬪爭(투쟁)	鬪志(투지)	鬪犬(투견)	鬪魂(투혼)
透 사무칠 투	透明(투명)	透寫(투사)	透徹(투철)	透映(투영)	透視(투시)	
特 특별할 특	特使(특사)	特性(특성)	特種(특종)	特出(특출)	特許(특허)	特別(특별) · 特檢(특검)
	特級(특급)	特殊(특수)	特講(특강)	特技(특기)		

독 음 讀音

波 물결 파	波高(파고)	波長(파장)	波紋(파문)	波及(파급)		
破 깨뜨릴 파(:)	破格(파격)	破鏡(파경)	破壞(파괴)	破棄(파기)	破産(파산)	
派 갈래 파	派遣(파견)	派送(파송)	派兵(파병)	派閥(파벌)		
版 판목 판	版畵(판화)	版行(판행)				
板 널 판	板權(판권)	板書(판서)	板子(판자)	板材(판재)	板紙(판지)	
判 판단할 판	判斷(판단)	判決(판결)	判事(판사)	判示(판시)	判定(판정)	判例(판례)
八 여덟 팔	八角(팔각)	八寸(팔촌)	八等身(팔등신)	八旬(팔순)		
敗 패할 패(:)	敗色(패색)	敗亡(패망)	敗北(패배)	敗因(패인)	敗殘(패잔)	敗走(패주) / 敗訴(패소)
便 편할 편(:)/똥오줌 변	便安(편안)	便紙(편지)	便覽(편람)	便利(편리) / 便器(변기)	便秘(변비)	便所(변소)
片 조각 편(:)	片道(편도)	片紙(편지)	片舟(편주)			
偏 치우칠 편	偏見(편견)	偏食(편식)	偏愛(편애)	偏憎(편증)	偏差(편차)	偏頗(편파) / 偏執(편집)
篇 책 편						
編 엮을 편	編曲(편곡)	編成(편성)	編著(편저)			
平 평평할 평	平面(평면)	平原(평원)	平野(평야)	平等(평등)	平和(평화)	平準化(평준화) 平凡(평범)
評 평할 평(:)	評論(평론)	評價(평가)	評點(평점)	評判(평판)	評語(평어)	評決(평결)
閉 닫을 폐(:)	閉校(폐교)	閉業(폐업)	閉店(폐점)	閉會(폐회)		
肺 허파 폐(:)	肺病(폐병)	肺炎(폐염)	肺氣量(폐기량)			
廢 폐할/버릴 폐(:)	廢刊(폐간)	廢鑛(폐광)	廢校(폐교)	廢業(폐업)	廢車(폐차)	
弊 해질 폐(:)	弊家(폐가)	弊端(폐단)	弊社(폐사)	弊習(폐습)		
布 베/펼 포(:),보시 보(:)	布告(포고)	布敎(포교)	布木(포목)			
包 쌀 포(:)	包容(포용)	包圍(포위)	包裝(포장)	包含(포함)		
胞 세포 포(:)	胞子(포자)	胞門(포문)				
砲 대포 포(:)	砲擊(포격)	砲隊(포대)	砲手(포수)			
暴 사나울 폭/모질 포(:)	暴君(폭군)	暴炎(폭염)	暴雨(폭우)	暴風(폭풍) / 暴棄(포기)	暴惡(포악)	
爆 불터질 폭	爆發(폭발)	爆彈(폭탄)	爆藥(폭약)	爆音(폭음)	爆笑(폭소)	
浦 개 포(:)	浦口(포구)	浦港(포항)				
捕 잡을 포(:)	捕卒(포졸)	捕捉(포착)	捕獲(포획)			
表 겉 표	表記(표기)	表決(표결)	表情(표정)	表面(표면)	表音(표음)	表裏(표리) 表現(표현)
票 표 표	票決(표결)					
標 표할 표	標語(표어)	標示(표시)	標題(표제)	標準(표준)	標識(표지)	標榜(표방) 標的(표적)
品 물건 품(:)	品貴(품귀)	品切(품절)	品性(품성)	品種(품종)	品格(품격)	品階(품계) 品位(품위)
風 바람 풍	風習(풍습)	風向(풍향)	風速(풍속)	風車(풍차)	風船(풍선)	風景畵(풍경화)
楓 단풍 풍						
豊 풍년 풍	豊年(풍년)	豊作(풍작)	豊富(풍부)	豊滿(풍만)	豊盛(풍성)	豊凶(풍흉)
疲 피곤할 피	疲困(피곤)	疲勞(피로)	疲弊(피폐)			

D-21

독 음 讀音

유형별 기출문제 실전연습 3급Ⅱ

避 피할 피(:)	避身(피신)	避難(피난)	避暑(피서)	避脫(피탈)	
皮 가죽 피	皮帶(피대)	皮革(피혁)			
彼 저 피(:)	彼我(피아)	彼岸(피안)	彼此(피차)		
被 입을 피(:)	被告(피고)	被擊(피격)	被服(피복)	被害(피해)	
筆 붓 필	筆記(필기)	筆體(필체)	筆法(필법)	筆談(필담)	筆致(필치)
必 반드시 필	必讀(필독)	必勝(필승)	必然(필연)	必修(필수)	必要(필요)
畢 마칠 필	畢竟(필경)	畢納(필납)	畢業(필업)		

D-20

독 음 讀音

ㅎ 으로 시작되는 漢字語

下 아래 하(:)	下校(하교)	下旬(하순)	下車(하차)	下級(하급)	下落(하락)	下野(하야)
河 물 하	河口(하구)	河馬(하마)	河舟(하주)	河床(하상)	河海(하해)	
何 어찌 하	何故(하고)	何等(하등)	何必(하필)			
夏 여름 하(:)	夏海(하해)	夏季(하계)	夏期(하기)	夏節(하절)	夏至(하지)	夏服(하복)
賀 하례할 하(:)	賀客(하객)	賀禮(하례)				
學 배울 학	學期(학기)	學校(학교)	學費(학비)	學說(학설)	學科(학과)	學術(학술)
鶴 학 학	鶴舞(학무)	鶴壽(학수)	鶴望(학망)			
恨 한 한(:)	恨歎(한탄)					
限 한할 한(:)	限界(한계)	限定(한정)	限度(한도)			
寒 찰 한	寒氣(한기)	寒流(한류)	寒暖(한난)	寒帶(한대)	寒冷(한랭)	寒波(한파)
閑 한가할 한	閑暇(한가)	閑良(한량)	閑散(한산)	閑寂(한적)	閑談(한담)	
漢 한수/한나라 한(:)	漢江(한강)	漢文(한문)	漢字語(한자어)	漢城(한성)	漢陽(한양)	
韓 한국 한(:)	韓服(한복)	韓牛(한우)	韓國(한국)	韓食(한식)	韓美(한미)	韓醫院(한의원)
汗 땀 한(:)	汗蒸(한증)					
割 벨 할	割當(할당)	割據(할거)	割腹(할복)	割引(할인)	割增(할증)	
含 머금을 함	含量(함량)	含笑(함소)	含有(함유)	含蓄(함축)		
陷 빠질 함(:)	陷落(함락)	陷沒(함몰)	陷害(함해)			
合 합할 합	合班(합반)	合席(합석)	合格(합격)	合當(합당)	合流(합류)	合宿(합숙)
抗 겨룰 항(:)	抗菌(항균)	抗拒(항거)	抗命(항명)	抗爭(항쟁)	抗議(항의)	
航 배 항(:)	航海(항해)	航空(항공)	航路(항로)	航速(항속)		
降 내릴 강(:)/항복할 항	降雨(강우) /	降服(항복)	降將(항장)			
恒 항상 항	恒常(항상)	恒時(항시)	恒溫(항온)	恒用(항용)	恒久的(항구적)	
項 항목 항(:)	項目(항목)	項鎖(항쇄)				
港 항구 항(:)	港口(항구)	港都(항도)				
海 바다 해(:)	海軍(해군)	海岸(해안)	海外(해외)	海草(해초)	海域(해역)	海賊(해적)
害 해할 해(:)	害毒(해독)	害惡(해악)	害蟲(해충)			
解 풀 해(:)	解決(해결)	解法(해법)	解說(해설)	解答(해답)	解釋(해석)	
核 씨 핵	核心(핵심)	核實驗(핵실험)	核武器(핵무기)			
行 다닐 행/항렬 항	行動(행동)	行先地(행선지)	行步(행보)	行進(행진)	行實(행실)	行脚(행각)
幸 다행 행(:)	幸福(행복)	幸運(행운)				
向 향할 향(:)	向上(향상)	向方(향방)	向背(향배)	向後(향후)		
香 향기 향	香氣(향기)	香料(향료)	香水(향수)	香爐(향로)		
鄕 시골 향	鄕土(향토)	鄕里(향리)	鄕約(향약)	鄕校(향교)	鄕愁(향수)	

D-20

독 음 讀音

響 울릴 향(:)	響應(향응)					
許 허락할 허	許可(허가)	許多(허다)	許容(허용)			
虛 빌 허	虛空(허공)	虛妄(허망)	虛事(허사)	虛辭(허사)	虛實(허실)	虛點(허점)
憲 법 헌(:)	憲法(헌법)	憲政(헌정)	憲兵(헌병)	憲章(헌장)		
獻 드릴 헌(:)	獻金(헌금)	獻納(헌납)	獻物(헌물)	獻身(헌신)	獻血(헌혈)	
險 험할 험(:)	險難(험난)	險談(험담)	險路(험로)	險狀(험상)	險惡(험악)	
驗 시험 험(:)						
革 가죽 혁	革帶(혁대)	革新(혁신)				
現 나타날 현(:)	現代(현대)	現實(현실)	現在(현재)	現金(현금)	現狀(현상)	
顯 나타날 현(:)	顯考(현고)	顯貴(현귀)	顯忠日(현충일)	顯著(현저)		
賢 어질 현	賢明(현명)	賢者(현자)	賢人(현인)	賢淑(현숙)		
玄 검을 현	玄妙(현묘)	玄室(현실)	玄關(현관)	玄孫(현손)	玄米(현미)	
懸 달 현(:)	懸谷(현곡)	懸隔(현격)	懸案(현안)	懸賞金(현상금)		
血 피 혈	血管(혈관)	血脈(혈맥)	血眼(혈안)	血戰(혈전)	血統(혈통)	血糖(혈당)	血壓(혈압)
穴 굴 혈	穴居(혈거)	穴處(혈처)				
協 화할 협	協助(협조)	協定(협정)	協議(협의)	協贊(협찬)	協會(협회)	協奏(협주)
脅 위협할 협	脅迫(협박)	脅約(협약)	脅制(협제)	脅奪(협탈)		
兄 형 형	兄夫(형부)	兄弟(형제)				
刑 형벌 형	刑罰(형벌)	刑事(형사)	刑法(형법)	刑期(형기)		
形 모양 형	形體(형체)	形便(형편)	形態(형태)	形成(형성)	形狀(형상)	
衡 저울대 형	衡平(형평)					
惠 은혜 혜(:)	惠存(혜존)	惠澤(혜택)				
慧 슬기로울 혜(:)	慧根(혜근)	慧智(혜지)	慧聖(혜성)	慧眼(혜안)	慧敏(혜민)	
戶 집 호(:)	戶主(호주)	戶當(호당)	戶數(호수)			
呼 부를 호	呼出(호출)	呼名(호명)	呼吸(호흡)	呼訴(호소)	呼稱(호칭)	呼應(호응)
好 좋을 호(:)	好感(호감)	好氣(호기)	好意(호의)	好評(호평)	好材(호재)	好況(호황)
號 이름 호(:)	號數(호수)	號令(호령)	號外(호외)			
護 도울 호(:)	護國(호국)	護送(호송)	護喪(호상)	護衛(호위)	護憲(호헌)	
胡 되 호	胡人(호인)	胡床(호상)	胡壽(호수)			
湖 호수 호	湖南(호남)	湖水(호수)	湖西(호서)			
虎 범 호(:)	虎口(호구)	虎患(호환)	虎班(호반)			
浩 넓을 호(:)	浩氣(호기)					
豪 호걸 호	豪傑(호걸)	豪言(호언)	豪族(호족)			
或 혹 혹	或是(혹시)	或如(혹여)	或者(혹자)	或間(혹간)		
惑 미혹할 혹						

D-20

독 음 讀音

婚 혼인할 혼	婚期(혼기)	婚禮(혼례)	婚需(혼수)	婚事(혼사)	婚談(혼담)	婚配(혼배)	婚處(혼처)
混 섞을 혼(:)	混合(혼합)	混線(혼선)	混聲(혼성)	混色(혼색)	混宿(혼숙)	混雜(혼잡)	混濁(혼탁)
魂 넋 혼	魂靈(혼령)	魂神(혼신)					
忽 갑자기 홀	忽然(홀연)	忽待(홀대)					
紅 붉을 홍	紅茶(홍차)	紅疫(홍역)					
弘 클 홍	弘報(홍보)	弘益(홍익)	弘道(홍도)				
畵 그림 화(:)/그을 획	畵家(화가)	畵壇(화단)	畵法(화법)	畵面(화면) /	畵順(획순)		
華 빛날 화	華麗(화려)	華氏(화씨)	華燭(화촉)				
和 화할 화	和答(화답)	和音(화음)	和合(화합)	和平(화평)	和解(화해)	和色(화색)	和睦(화목)
化 될 화(:)	化石(화석)	化粧(화장)	化合(화합)	化身(화신)	化學(화학)		
花 꽃 화	花草(화초)	花粉(화분)	花壇(화단)	花園(화원)	花環(화환)		
貨 재물 화(:)	貨物(화물)	貨幣(화폐)					
話 말씀 화	話術(화술)	話頭(화두)	話法(화법)	話題(화제)			
火 불 화(:)	火因(화인)	火車(화차)	火爐(화로)	火災(화재)	火藥(화약)	火曜日(화요일)	火傷(화상)
禍 재앙 화(:)	禍根(화근)	禍因(화인)					
確 굳을 확	確固(확고)	確實(확실)	確然(확연)	確保(확보)	確信(확신)	確認(확인)	確率(확률)
患 근심 환(:)	患部(환부)	患者(환자)	患苦(환고)	患亂(환란)			
環 고리 환	環境(환경)	環狀(환상)	環帶(환대)				
還 돌아올 환	還甲(환갑)	還元(환원)	還收(환수)	還俗(환속)	還國(환국)		
歡 기쁠 환	歡迎(환영)	歡待(환대)	歡聲(환성)	歡談(환담)	歡樂(환락)	歡送(환송)	歡喜(환희)
換 바꿀 환(:)	換氣(환기)	換言(환언)	換金(환금)	換率(환율)			
活 살 활	活氣(활기)	活動(활동)	活路(활로)	活用(활용)	活字(활자)	活魚(활어)	活躍(활약)
況 상황 황(:)							
荒 거칠 황	荒野(황야)	荒廢(황폐)					
黃 누를 황	黃金(황금)	黃土(황토)	黃牛(황우)	黃色(황색)	黃人種(황인종)	黃銅(황동)	黃昏(황혼)
皇 임금 황	皇帝(황제)	皇室(황실)	皇妃(황비)				
灰 재 회	灰色(회색)						
回 돌 회	回復(회복)	回答(회답)	回想(회상)	回轉(회전)	回顧(회고)		
會 모일 회(:)	會談(회담)	會食(회식)	會見(회견)	會社(회사)	會費(회비)	會員(회원)	會話(회화)
懷 품을 회	懷抱(회포)	懷疑(회의)	懷柔(회유)				
悔 뉘우칠 회(:)	悔改(회개)	悔心(회심)	悔恨(회한)				
獲 얻을 획	獲得(획득)						
劃 그을 획	劃數(획수)	劃策(획책)					
橫 가로 횡	橫財(횡재)	橫領(횡령)	橫暴(횡포)	橫隊(횡대)	橫列(횡렬)	橫斷(횡단)	
效 본받을 효(:)	效果(효과)	效能(효능)	效率(효율)	效驗(효험)			

독 음讀音

孝 효도 효(:)	孝道(효도)	孝心(효심)	孝子(효자)	孝婦(효부)	孝誠(효성)		
厚 두터울 후(:)	厚德(후덕)	厚待(후대)	厚意(후의)	厚謝(후사)			
後 뒤 후(:)	後門(후문)	後世(후세)	後食(후식)	後患(후환)	後面(후면)	後方(후방)	後來(후래)
候 기후 후(:)	候補(후보)						
訓 가르칠 훈(:)	訓練(훈련)	訓示(훈시)	訓話(훈화)	訓育(훈육)	訓手(훈수)	訓讀(훈독)	訓令(훈령)
揮 휘두를 휘	揮筆(휘필)	揮發油(휘발유)					
休 쉴 휴	休戰(휴전)	休紙(휴지)	休暇(휴가)	休刊(휴간)	休息(휴식)	休講(휴강)	休眠(휴면)
凶 흉할 흉	凶家(흉가)	凶年(흉년)	凶物(흉물)	凶作(흉작)	凶計(흉계)		
胸 가슴 흉	胸腹(흉복)	胸部(흉부)	胸像(흉상)	胸圍(흉위)			
黑 검을 흑	黑白(흑백)	黑心(흑심)	黑子(흑자)	黑板(흑판)	黑人種(흑인종)	黑幕(흑막)	
吸 마실 흡	吸氣(흡기)	吸煙(흡연)	吸入(흡입)	吸着(흡착)	吸血(흡혈)		
興 일 흥(:)	興盛(흥성)	興亡(흥망)	興業(흥업)	興味(흥미)	興奮(흥분)		
希 바랄 희	希望(희망)	希求(희구)	希願(희원)				
稀 드물 희	稀貴(희귀)	稀微(희미)	稀薄(희박)	稀少(희소)	稀釋(희석)		
喜 기쁠 희	喜悲(희비)	喜劇(희극)	喜笑(희소)	喜悅(희열)			
戲 놀이 희	戲曲(희곡)	戲劇(희극)	戲弄(희롱)	戲畫(희화)			

D-19

독 음 讀音

| 독음 쓰기 기출 예상문제 |

독음(讀音) 쓰기는 한자(漢字)나 한자어(漢字語)의 음을 한글로 적는 것입니다. 한자능력검정시험에서 가장 높은 비율로 출제되는 유형으로서 본문에 나온 '한자어 독음 익히기' 문제를 비롯해 생활에서 접하는 한자어들을 평소에 반복 연습해두면 많은 도움이 될 것입니다. 'ㄱ, ㄴ, ㄷ…' 순서대로 제시된 문제들을 풀어보면서 앞장에서 미처 익히지 못한 단어들의 음을 익히세요.

독음 쓰기 문제를 풀 때에는 다음과 같은 사항에 주의하세요.

첫째, 독음(讀音)을 쓸 때에는 반드시 정확한 표기법으로 또박또박 써야 합니다. 국어 표기법에 어긋나는 글자는 오답으로 처리하니 조심하세요. 예를 들어 '記入'을 '기입'으로 쓰지 않고 '기잉'으로 쓰면 틀리게 됩니다.

둘째, 두음법칙(頭音法則:우리말에 첫머리에 'ㄹ'이나 'ㄴ'이 오는 것을 꺼리는 현상)에 유의하세요. 예를 들어 '락(樂:즐거울 락)'의 경우, '同樂'으로 출제되면 '동락'이라고 쓰면 되지만 '樂園'으로 출제되면 반드시 '낙원'으로 답을 써야 합니다. '락원'으로 써서 오답으로 처리되지 않도록 조심하세요. 두음법칙은 일상 언어생활에서도 매우 중요하니 반드시 정확하게 익히세요.

셋째, 평소에 발음하는 대로 표기를 하세요. 예를 들어 '十月'이 출제되면 반드시 '시월'이라고 표기해야 합니다. 간혹 '십월'이라고 써서 틀리는 경우가 있습니다.

위와 같은 실수는 앞장에 나온 '한자어 독음 익히기' 연습을 평소에 충실히 하면 해결될 수가 있습니다. 단어 익히기를 연습할 때는 단순하게 답만 쓰려고 하지 말고 천천히 뜻풀이를 생각하면서 ( ) 안의 독음을 쓰세요. 또한 생활에서 사용되는 한자의 대부분은 형성(形聲) 문자로 이루어져 있기에 아무리 복잡해도 그 글자 안에 음이 들어 있는 경우가 많습니다. 예를 들면 'エ(장인 공)'이 들어간 功, 恐, 控, 攻, 空, 貢, 鞏 등의 한자는 모두 '공'으로 발음되는 경우가 많습니다.

Ⅰ. 다음 漢字語의 讀音을 쓰시오.

(1) 可否 (　　) (2) 家寶 (　　) (3) 架構 (　　) (4) 覺悟 (　　) (5) 閣僚 (　　)
(6) 簡便 (　　) (7) 懇切 (　　) (8) 減縮 (　　) (9) 剛柔 (　　) (10) 蓋瓦 (　　)
(11) 距離 (　　) (12) 擊滅 (　　) (13) 決裁 (　　) (14) 契機 (　　) (15) 告訴 (　　)
(16) 困辱 (　　) (17) 寡默 (　　) (18) 壞滅 (　　) (19) 橋梁 (　　) (20) 巧拙 (　　)
(21) 窮迫 (　　) (22) 菌絲 (　　) (23) 機微 (　　) (24) 踏襲 (　　) (25) 到付 (　　)
(26) 徒配 (　　) (27) 洞燭 (　　) (28) 磨損 (　　) (29) 妄靈 (　　) (30) 孟浪 (　　)

Ⅱ. 다음 漢字語의 讀音을 쓰시오.

(1) 樂譜 (　　) (2) 欄干 (　　) (3) 耐震 (　　) (4) 老衰 (　　) (5) 祿爵 (　　)
(6) 腦裏 (　　) (7) 陵墓 (　　) (8) 端緒 (　　) (9) 斷髮 (　　) (10) 唐突 (　　)
(11) 代納 (　　) (12) 賣却 (　　) (13) 勉勵 (　　) (14) 明快 (　　) (15) 謀陷 (　　)
(16) 無限 (　　) (17) 紋樣 (　　) (18) 味覺 (　　) (19) 密獵 (　　) (20) 半徑 (　　)
(21) 倍率 (　　) (22) 排除 (　　) (23) 邊境 (　　) (24) 別添 (　　) (25) 保險 (　　)
(26) 複製 (　　) (27) 福券 (　　) (28) 封鎖 (　　) (29) 浮揚 (　　) (30) 敗北 (　　)

D-19

독 음讀音

III. 다음 漢字語의 讀音을 쓰시오.

(1) 奔忙 ( )　(2) 悲慘 ( )　(3) 備蓄 ( )　(4) 氷壁 ( )　(5) 思索 ( )
(6) 仕途 ( )　(7) 査閱 ( )　(8) 邪惡 ( )　(9) 削除 ( )　(10) 殺到 ( )
(11) 賞狀 ( )　(12) 商魂 ( )　(13) 狀啓 ( )　(14) 索漠 ( )　(15) 署理 ( )
(16) 宣誓 ( )　(17) 善隣 ( )　(18) 旋盤 ( )　(19) 說客 ( )　(20) 星座 ( )
(21) 細則 ( )　(22) 稅收 ( )　(23) 洗腦 ( )　(24) 掃射 ( )　(25) 蘇鐵 ( )
(26) 訴追 ( )　(27) 損壞 ( )　(28) 刷新 ( )　(29) 秀麗 ( )　(30) 需給 ( )

IV. 다음 漢字語의 讀音을 쓰시오.

(1) 垂範 ( )　(2) 熟眠 ( )　(3) 純綿 ( )　(4) 崇慕 ( )　(5) 濕式 ( )
(6) 承諾 ( )　(7) 施惠 ( )　(8) 試乘 ( )　(9) 身邊 ( )　(10) 芽椄 ( )
(11) 惡寒 ( )　(12) 壓縮 ( )　(13) 液體 ( )　(14) 略稱 ( )　(15) 約條 ( )
(16) 陽曆 ( )　(17) 糧穀 ( )　(18) 憶念 ( )　(19) 抑壓 ( )　(20) 役割 ( )
(21) 連繫 ( )　(22) 鍊磨 ( )　(23) 悅樂 ( )　(24) 染織 ( )　(25) 鹽藏 ( )
(26) 營屬 ( )　(27) 影響 ( )　(28) 溫暖 ( )　(29) 緩慢 ( )　(30) 要緊 ( )

V. 다음 漢字語의 讀音을 쓰시오.

(1) 曜靈 ( )　(2) 郵便 ( )　(3) 優劣 ( )　(4) 雲煙 ( )　(5) 圓熟 ( )
(6) 越牆 ( )　(7) 由緒 ( )　(8) 猶豫 ( )　(9) 潤澤 ( )　(10) 邑徵 ( )
(11) 依賴 ( )　(12) 理髮 ( )　(13) 履歷 ( )　(14) 忍耐 ( )　(15) 字幕 ( )
(16) 姿貌 ( )　(17) 潛跡 ( )　(18) 壯烈 ( )　(19) 帳簿 ( )　(20) 獎勵 ( )
(21) 栽培 ( )　(22) 敵襲 ( )　(23) 轉換 ( )　(24) 漸減 ( )　(25) 征伐 ( )
(26) 製藥 ( )　(27) 齊唱 ( )　(28) 租借 ( )　(29) 燥渴 ( )　(30) 族屬 ( )

VI. 다음 漢字語의 讀音을 쓰시오.

(1) 終了 ( )　(2) 縱橫 ( )　(3) 柱礎 ( )　(4) 鑄鋼 ( )　(5) 竹鹽 ( )
(6) 重複 ( )　(7) 證據 ( )　(8) 症候 ( )　(9) 增幅 ( )　(10) 指壓 ( )
(11) 支障 ( )　(12) 陳腐 ( )　(13) 徵收 ( )　(14) 差押 ( )　(15) 讚嘆 ( )
(16) 採取 ( )　(17) 債券 ( )　(18) 戚姪 ( )　(19) 斥邪 ( )　(20) 鐵筋 ( )
(21) 徹底 ( )　(22) 滯症 ( )　(23) 肖像 ( )　(24) 招聘 ( )　(25) 促迫 ( )
(26) 總額 ( )　(27) 催眠 ( )　(28) 推薦 ( )　(29) 縮刷 ( )　(30) 出荷 ( )

D-19

독 음 讀音

VII. 다음 漢字語의 讀音을 쓰시오.

(1) 衝突 (   )   (2) 醉興 (   )   (3) 吹奏 (   )   (4) 治粧 (   )   (5) 置簿 (   )
(6) 漆黑 (   )   (7) 浸透 (   )   (8) 沈滯 (   )   (9) 炭脈 (   )   (10) 奪還 (   )
(11) 探險 (   )   (12) 塔碑 (   )   (13) 宅配 (   )   (14) 土豪 (   )   (15) 痛憤 (   )
(16) 投棄 (   )   (17) 透寫 (   )   (18) 破壞 (   )   (19) 判決 (   )   (20) 敗訴 (   )
(21) 便秘 (   )   (22) 偏頗 (   )   (23) 肺炎 (   )   (24) 弊端 (   )   (25) 暴惡 (   )
(26) 捕捉 (   )   (27) 標識 (   )   (28) 疲弊 (   )   (29) 皮革 (   )   (30) 筆致 (   )

VIII. 다음 漢字語의 讀音을 쓰시오.

(1) 畢納 (   )   (2) 荷役 (   )   (3) 鶴壽 (   )   (4) 寒冷 (   )   (5) 閑寂 (   )
(6) 割據 (   )   (7) 汗蒸 (   )   (8) 陷沒 (   )   (9) 項鎖 (   )   (10) 解釋 (   )
(11) 行脚 (   )   (12) 響應 (   )   (13) 險狀 (   )   (14) 顯著 (   )   (15) 懸隔 (   )
(16) 脅奪 (   )   (17) 衡平 (   )   (18) 慧敏 (   )   (19) 護憲 (   )   (20) 忽待 (   )
(21) 畵順 (   )   (22) 貨幣 (   )   (23) 確率 (   )   (24) 荒廢 (   )   (25) 懷疑 (   )
(26) 胸腹 (   )   (27) 吸着 (   )   (28) 黑幕 (   )   (29) 興奮 (   )   (30) 希望 (   )

훈 음 訓音

2. 훈음訓音

| 훈음 쓰기 기출 예상문제 |

훈(訓)·음(音) 쓰기는 글자의 '뜻과 음'을 함께 쓰는 것을 말합니다. 독음쓰기 다음으로 높은 비중을 차지합니다. 표기된 훈과 음은 한국어문교육회 선정 학습지침서에 나온 대표 훈과 음을 따랐습니다. 따라서 배정 한자를 익힐 때 정확한 훈과 음으로 익혀야 합니다. 최근 기출문제 유형을 분석하여 문제를 출제하였으니 제시된 문제 위주로 공부하시기 바랍니다.

주의할 점은 반드시 정확한 표기법으로 원래의 음(音)을 써야 한다는 것입니다. 예를 들어, '北'을 '북녁 북'이라 하지 않고 '북녁 북'이라고 하면 틀립니다. 또한 '女'를 '계집 녀'라 하지 않고 '계집 여'라고 써서 틀리는 경우도 있습니다.

Ⅰ. 다음 漢字의 訓과 音을 쓰시오.

(1) 價 (   )   (2) 假 (   )   (3) 覺 (   )   (4) 幹 (   )   (5) 鑑 (   )
(6) 綱 (   )   (7) 槪 (   )   (8) 據 (   )   (9) 傑 (   )   (10) 檢 (   )
(11) 擊 (   )   (12) 堅 (   )   (13) 訣 (   )   (14) 境 (   )   (15) 階 (   )
(16) 庫 (   )   (17) 穀 (   )   (18) 貢 (   )   (19) 寡 (   )   (20) 寬 (   )
(21) 壞 (   )   (22) 較 (   )   (23) 構 (   )   (24) 屈 (   )   (25) 卷 (   )
(26) 規 (   )   (27) 勤 (   )   (28) 錦 (   )   (29) 給 (   )   (30) 寄 (   )

Ⅱ. 다음 漢字의 訓과 音을 쓰시오.

(1) 端 (   )   (2) 擔 (   )   (3) 踏 (   )   (4) 黨 (   )   (5) 隊 (   )
(6) 逃 (   )   (7) 陶 (   )   (8) 督 (   )   (9) 突 (   )   (10) 銅 (   )
(11) 豆 (   )   (12) 燈 (   )   (13) 絡 (   )   (14) 漠 (   )   (15) 滿 (   )
(16) 望 (   )   (17) 賣 (   )   (18) 盟 (   )   (19) 眠 (   )   (20) 滅 (   )
(21) 鳴 (   )   (22) 模 (   )   (23) 牧 (   )   (24) 沒 (   )   (25) 墓 (   )
(26) 茂 (   )   (27) 茂 (   )   (28) 紋 (   )   (29) 勿 (   )   (30) 微 (   )

Ⅲ. 다음 漢字의 訓과 音을 쓰시오.

(1) 拍 (   )   (2) 班 (   )   (3) 髮 (   )   (4) 妨 (   )   (5) 倍 (   )
(6) 伯 (   )   (7) 繁 (   )   (8) 罰 (   )   (9) 範 (   )   (10) 碧 (   )
(11) 辯 (   )   (12) 病 (   )   (13) 補 (   )   (14) 複 (   )   (15) 封 (   )
(16) 負 (   )   (17) 附 (   )   (18) 紛 (   )   (19) 奮 (   )   (20) 秘 (   )
(21) 卑 (   )   (22) 肥 (   )   (23) 氷 (   )   (24) 仕 (   )   (25) 邪 (   )
(26) 散 (   )   (27) 森 (   )   (28) 詳 (   )   (29) 索 (   )   (30) 恕 (   )

D-18

훈 음 訓音

IV. 다음 漢字의 訓과 音을 쓰시오.

(1) 釋 (　　) (2) 旋 (　　) (3) 設 (　　) (4) 誠 (　　) (5) 稅 (　　)
(6) 蘇 (　　) (7) 續 (　　) (8) 損 (　　) (9) 頌 (　　) (10) 刷 (　　)
(11) 衰 (　　) (12) 需 (　　) (13) 輸 (　　) (14) 肅 (　　) (15) 巡 (　　)
(16) 術 (　　) (17) 襲 (　　) (18) 乘 (　　) (19) 施 (　　) (20) 識 (　　)
(21) 飾 (　　) (22) 愼 (　　) (23) 審 (　　) (24) 雙 (　　) (25) 氏 (　　)
(26) 阿 (　　) (27) 岸 (　　) (28) 壓 (　　) (29) 仰 (　　) (30) 液 (　　)

V. 다음 漢字의 訓과 音을 쓰시오.

(1) 略 (　　) (2) 良 (　　) (3) 樣 (　　) (4) 壤 (　　) (5) 御 (　　)
(6) 憶 (　　) (7) 慮 (　　) (8) 勵 (　　) (9) 域 (　　) (10) 曆 (　　)
(11) 延 (　　) (12) 聯 (　　) (13) 悅 (　　) (14) 染 (　　) (15) 念 (　　)
(16) 嶺 (　　) (17) 營 (　　) (18) 豫 (　　) (19) 譽 (　　) (20) 悟 (　　)
(21) 屋 (　　) (22) 要 (　　) (23) 慾 (　　) (24) 勇 (　　) (25) 郵 (　　)
(26) 韻 (　　) (27) 原 (　　) (28) 越 (　　) (29) 慰 (　　) (30) 留 (　　)

VI. 다음 漢字의 訓과 音을 쓰시오.

(1) 裕 (　　) (2) 悠 (　　) (3) 陸 (　　) (4) 潤 (　　) (5) 率 (　　)
(6) 隆 (　　) (7) 隱 (　　) (8) 陰 (　　) (9) 應 (　　) (10) 儀 (　　)
(11) 李 (　　) (12) 移 (　　) (13) 履 (　　) (14) 翼 (　　) (15) 認 (　　)
(16) 逸 (　　) (17) 臨 (　　) (18) 姉 (　　) (19) 昨 (　　) (20) 殘 (　　)
(21) 暫 (　　) (22) 莊 (　　) (23) 奬 (　　) (24) 臟 (　　) (25) 裁 (　　)
(26) 爭 (　　) (27) 抵 (　　) (28) 適 (　　) (29) 籍 (　　) (30) 錢 (　　)

VII. 다음 漢字의 訓과 音을 쓰시오.

(1) 跡 (　　) (2) 專 (　　) (3) 折 (　　) (4) 漸 (　　) (5) 接 (　　)
(6) 程 (　　) (7) 廷 (　　) (8) 制 (　　) (9) 提 (　　) (10) 組 (　　)
(11) 燥 (　　) (12) 尊 (　　) (13) 縱 (　　) (14) 座 (　　) (15) 晝 (　　)
(16) 柱 (　　) (17) 準 (　　) (18) 蒸 (　　) (19) 憎 (　　) (20) 池 (　　)
(21) 誌 (　　) (22) 織 (　　) (23) 振 (　　) (24) 陳 (　　) (25) 秩 (　　)
(26) 徵 (　　) (27) 差 (　　) (28) 讚 (　　) (29) 察 (　　) (30) 蒼 (　　)

D-18

훈 음 訓音

VIII. 다음 漢字의 訓과 音을 쓰시오.

(1) 參 (　　　) 　(2) 昌 (　　　) 　(3) 菜 (　　　) 　(4) 策 (　　　) 　(5) 拓 (　　　)
(6) 踐 (　　　) 　(7) 哲 (　　　) 　(8) 廳 (　　　) 　(9) 肖 (　　　) 　(10) 觸 (　　　)
(11) 總 (　　　) 　(12) 催 (　　　) 　(13) 追 (　　　) 　(14) 縮 (　　　) 　(15) 衝 (　　　)
(16) 吹 (　　　) 　(17) 測 (　　　) 　(18) 値 (　　　) 　(19) 寢 (　　　) 　(20) 稱 (　　　)
(21) 快 (　　　) 　(22) 打 (　　　) 　(23) 彈 (　　　) 　(24) 塔 (　　　) 　(25) 殆 (　　　)
(26) 擇 (　　　) 　(27) 討 (　　　) 　(28) 痛 (　　　) 　(29) 鬪 (　　　) 　(30) 特 (　　　)

IX. 다음 漢字의 訓과 音을 쓰시오.

(1) 派 (　　　) 　(2) 判 (　　　) 　(3) 便 (　　　) 　(4) 評 (　　　) 　(5) 弊 (　　　)
(6) 胞 (　　　) 　(7) 爆 (　　　) 　(8) 標 (　　　) 　(9) 豊 (　　　) 　(10) 疲 (　　　)
(11) 畢 (　　　) 　(12) 賀 (　　　) 　(13) 限 (　　　) 　(14) 割 (　　　) 　(15) 陷 (　　　)
(16) 恒 (　　　) 　(17) 解 (　　　) 　(18) 核 (　　　) 　(19) 幸 (　　　) 　(20) 響 (　　　)
(21) 憲 (　　　) 　(22) 驗 (　　　) 　(23) 顯 (　　　) 　(24) 脅 (　　　) 　(25) 慧 (　　　)
(26) 護 (　　　) 　(27) 豪 (　　　) 　(28) 或 (　　　) 　(29) 混 (　　　) 　(30) 忽 (　　　)

X. 다음 漢字의 訓과 音을 쓰시오.

(1) 洪 (　　　) 　(2) 貨 (　　　) 　(3) 確 (　　　) 　(4) 歡 (　　　) 　(5) 況 (　　　)
(6) 灰 (　　　) 　(7) 懷 (　　　) 　(8) 獲 (　　　) 　(9) 橫 (　　　) 　(10) 效 (　　　)
(11) 厚 (　　　) 　(12) 揮 (　　　) 　(13) 黑 (　　　) 　(14) 吸 (　　　) 　(15) 興 (　　　)
(16) 稀 (　　　) 　(17) 鋼 (　　　) 　(18) 徑 (　　　) 　(19) 桂 (　　　) 　(20) 菌 (　　　)
(21) 泥 (　　　) 　(22) 貸 (　　　) 　(23) 渡 (　　　) 　(24) 凍 (　　　) 　(25) 裂 (　　　)
(26) 雷 (　　　) 　(27) 漏 (　　　) 　(28) 麥 (　　　) 　(29) 盤 (　　　) 　(30) 譜 (　　　)

XI. 다음 漢字의 訓과 音을 쓰시오.

(1) 祈 (　　　) 　(2) 緊 (　　　) 　(3) 諾 (　　　) 　(4) 羅 (　　　) 　(5) 暖 (　　　)
(6) 蘭 (　　　) 　(7) 覽 (　　　) 　(8) 朗 (　　　) 　(9) 耐 (　　　) 　(10) 冷 (　　　)
(11) 寧 (　　　) 　(12) 爐 (　　　) 　(13) 錄 (　　　) 　(14) 腦 (　　　) 　(15) 賴 (　　　)
(16) 陵 (　　　) 　(17) 賦 (　　　) 　(18) 斜 (　　　) 　(19) 桑 (　　　) 　(20) 燒 (　　　)
(21) 鎖 (　　　) 　(22) 濕 (　　　) 　(23) 炎 (　　　) 　(24) 紫 (　　　) 　(25) 奏 (　　　)
(26) 枝 (　　　) 　(27) 滯 (　　　) 　(28) 偏 (　　　) 　(29) 衡 (　　　) 　(30) 胸 (　　　)

D-17

반의어 反義語

3. 반의어反義語

| 반의어 익히기 |

A. 반의결합어

加 ↔ 減(가감)　(더하다 ↔ 떨어내다)

可 ↔ 否(가부)　(그렇다 ↔ 아니다)

甘 ↔ 苦(감고)　(달다 ↔ 쓰다)

江 ↔ 山(강산)　(강 ↔ 산)

剛 ↔ 柔(강유)　(굳세다 ↔ 부드럽다)

强 ↔ 弱(강약)　(강하다 ↔ 약하다)

開 ↔ 閉(개폐)　(열다 ↔ 닫다)

客 ↔ 主(객주)　(손님 ↔ 주인)

去 ↔ 來(거래)　(가다 ↔ 오다)

輕 ↔ 重(경중)　(가볍다 ↔ 무겁다)

京 ↔ 鄕(경향)　(서울 ↔ 지방)

古 ↔ 今(고금)　(옛날 ↔ 오늘날)

苦 ↔ 樂(고락)　(괴롭다 ↔ 즐겁다)

高 ↔ 低(고저)　(높다 ↔ 낮다)

曲 ↔ 直(곡직)　(굽다 ↔ 곧다)

功 ↔ 過(공과)　(공 ↔ 허물)

公 ↔ 私(공사)　(공적 ↔ 사적)

攻 ↔ 守(공수)　(공격하다 ↔ 지키다)

教 ↔ 學(교학)　(가르치다 ↔ 배우다)

國 ↔ 家(국가)　(나라 ↔ 집)

貴 ↔ 賤(귀천)　(귀하다 ↔ 천하다)

勤 ↔ 怠(근태)　(부지런하다 ↔ 게으르다)

禁 ↔ 許(금허)　(금지하다 ↔ 허락하다)

起 ↔ 伏(기복)　(일어나다 ↔ 엎드리다)

吉 ↔ 凶(길흉)　(길하다 ↔ 흉하다)

暖 ↔ 冷(난랭)　(따뜻하다 ↔ 차다)

難 ↔ 易(난이)　(어렵다 ↔ 쉽다)

男 ↔ 女(남녀)　(남자 ↔ 여자)

南 ↔ 北(남북)　(남쪽 ↔ 북쪽)

內 ↔ 外(내외)　(안 ↔ 바깥)

勞 ↔ 使(노사)　(일하다 ↔ 부리다)

老 ↔ 少(노소)　(늙다 ↔ 젊다)

多 ↔ 少(다소)　(많다 ↔ 적다)

單 ↔ 複(단복)　(홑 ↔ 겹겹)

旦 ↔ 夕(단석)　(아침 ↔ 저녁)

斷 ↔ 續(단속)　(끊다 ↔ 잇다)

當 ↔ 落(당락)　(당선되다 ↔ 떨어지다)

大 ↔ 小(대소)　(크다 ↔ 작다)

東 ↔ 西(동서)　(동쪽 ↔ 서쪽)

冬 ↔ 夏(동하)　(겨울 ↔ 여름)

同 ↔ 異(동이)　(같다 ↔ 다르다)

動 ↔ 靜(동정)　(움직이다 ↔ 고요하다)

得 ↔ 失(득실)　(얻다 ↔ 잃다)

登 ↔ 下(등하)　(오르다 ↔ 내려오다)

賣 ↔ 買(매매)　(팔다 ↔ 사다)

明 ↔ 暗(명암)　(밝다 ↔ 어둡다)

母 ↔ 女(모녀)　(어머니 ↔ 딸)

問 ↔ 答(문답)　(묻다 ↔ 답하다)

物 ↔ 心(물심)　(물건 ↔ 마음)

發 ↔ 着(발착)　(출발하다 ↔ 도착하다)

本 ↔ 末(본말)　(근본 ↔ 끝)

父 ↔ 母(부모)　(아버지 ↔ 어머니)

夫 ↔ 婦(부부)　(남편 ↔ 아내)

父 ↔ 子(부자)　(아버지 ↔ 아들)

不 ↔ 正(부정)　(아니다 ↔ 바르다)

浮 ↔ 沈(부침)　(뜨다 ↔ 가라앉다)

貧 ↔ 富(빈부)　(가난하다 ↔ 부유하다)

氷 ↔ 炭(빙탄)　(얼음 ↔ 숯)

死 ↔ 活(사활)　(죽다 ↔ 살다)

山 ↔ 川(산천)　(산 ↔ 시내)

山 ↔ 河(산하)　(산 ↔ 하천)

山 ↔ 海(산해)　(산 ↔ 바다)

上 ↔ 下(상하)　(위 ↔ 아래)

生 ↔ 死(생사)　(살다 ↔ 죽다)

善 ↔ 惡(선악)　(착하다 ↔ 악하다)

先 ↔ 後(선후)　(앞 ↔ 뒤)

成 ↔ 敗(성패)　(이루다 ↔ 실패하다)

盛 ↔ 衰(성쇠)　(성하다 ↔ 쇠하다)

送 ↔ 迎(송영)　(보내다 ↔ 맞이하다)

手 ↔ 足(수족)　(손 ↔ 발)

水 ↔ 火(수화)　(물 ↔ 불)

首 ↔ 尾(수미)　(머리 ↔ 꼬리)

授 ↔ 受(수수)　(주다 ↔ 받다)

順 ↔ 逆(순역)　(순종하다 ↔ 거스르다)

乘 ↔ 降(승강)　(오르다 ↔ 내리다)

勝 ↔ 敗(승패)　(이기다 ↔ 실패하다)

始 ↔ 末(시말)　(처음 ↔ 끝)

始 ↔ 終(시종)　(시작하다 ↔ 마치다)

是 ↔ 非(시비)　(옳다 ↔ 그르다)

新 ↔ 舊(신구)　(새 것 ↔ 옛 것)

心 ↔ 身(심신)　(몸 ↔ 마음)

深 ↔ 淺(심천)　(깊다 ↔ 얕다)

D-17

반의어 反義語

安 ↔ 危(안위) (편안하다 ↔ 위태롭다)	祖 ↔ 孫(조손) (할아버지 ↔ 손자)	黑 ↔ 白(흑백) (검다 ↔ 희다)
愛 ↔ 憎(애증) (사랑하다 ↔ 미워하다)	尊 ↔ 卑(존비) (높다 ↔ 낮다)	興 ↔ 亡(흥망) (흥하다 ↔ 망하다)
哀 ↔ 歡(애환) (슬프다 ↔ 기쁘다)	左 ↔ 右(좌우) (왼쪽 ↔ 오른쪽)	喜 ↔ 悲(희비) (흥하다 ↔ 망하다)
抑 ↔ 揚(억양) (누르다 ↔ 오르다)	主 ↔ 客(주객) (주인 ↔ 손님)	
言 ↔ 行(언행) (말 ↔ 행동)	晝 ↔ 夜(주야) (낮 ↔ 밤)	## B. 반의한자어
榮 ↔ 辱(영욕) (영화롭다 ↔ 욕되다)	眞 ↔ 假(진가) (참 ↔ 거짓)	可決(가결) ↔ 否決(부결)
溫 ↔ 冷(온랭) (따뜻하다 ↔ 차다)	眞 ↔ 僞(진위) (참 ↔ 거짓)	架空(가공) ↔ 實在(실재)
緩 ↔ 急(완급) (느리다 ↔ 급하다)	進 ↔ 退(진퇴) (나아가다 ↔ 물러나다)	加熱(가열) ↔ 冷却(냉각)
往 ↔ 來(왕래) (가다 ↔ 오다)	集 ↔ 散(집산) (모으다 ↔ 흩어지다)	假像(가상) ↔ 實像(실상)
優 ↔ 劣(우열) (낫다 ↔ 못하다)	天 ↔ 地(천지) (하늘 ↔ 땅)	感情(감정) ↔ 異性(이성)
遠 ↔ 近(원근) (멀다 ↔ 가깝다)	淸 ↔ 濁(청탁) (맑다 ↔ 흐리다)	剛健(강건) ↔ 柔弱(유약)
有 ↔ 無(유무) (있다 ↔ 없다)	草 ↔ 木(초목) (풀 ↔ 나무)	强硬(강경) ↔ 柔軟(유연)
幽 ↔ 明(유명) (저승 ↔ 이승)	春 ↔ 秋(춘추) (봄 ↔ 가을)	開幕(개막) ↔ 閉幕(폐막)
陸 ↔ 海(육해) (육지 ↔ 바다)	出 ↔ 納(출납) (나가다 ↔ 들이다)	開放(개방) ↔ 閉鎖(폐쇄)
陰 ↔ 陽(음양) (그늘 ↔ 볕)	出 ↔ 入(출입) (나가다 ↔ 들어가다)	個別(개별) ↔ 全體(전체)
異 ↔ 同(이동) (다르다 ↔ 같다)	出 ↔ 沒(출몰) (나타나다 ↔ 사라지다)	槪說(개설) ↔ 詳說(상설)
離 ↔ 合(이합) (떠나다 ↔ 모이다)	取 ↔ 捨(취사) (가지다 ↔ 버리다)	客觀(객관) ↔ 主觀(주관)
利 ↔ 害(이해) (이롭다 ↔ 해롭다)	親 ↔ 疏(친소) (친하다 ↔ 소원하다)	客體(객체) ↔ 主體(주체)
因 ↔ 果(인과) (원인 ↔ 결과)	沈 ↔ 浮(침부) (가라앉다 ↔ 뜨다)	巨大(거대) ↔ 微小(미소)
日 ↔ 月(일월) (해 ↔ 달)	表 ↔ 裏(표리) (겉 ↔ 속)	巨富(거부) ↔ 極貧(극빈)
子 ↔ 女(자녀) (아들 ↔ 딸)	皮 ↔ 骨(피골) (가죽 ↔ 뼈)	拒絶(거절) ↔ 承諾(승낙)
自 ↔ 他(자타) (자신 ↔ 타인)	彼 ↔ 我(피아) (저 ↔ 나)	建設(건설) ↔ 破壞(파괴)
長 ↔ 短(장단) (길다 ↔ 짧다)	彼 ↔ 此(피차) (저것 ↔ 이것)	乾燥(건조) ↔ 濕潤(습윤)
長 ↔ 幼(장유) (어른 ↔ 어린이)	豊 ↔ 凶(풍흉) (풍년 ↔ 흉년)	傑作(걸작) ↔ 拙作(졸작)
戰 ↔ 和(전화) (싸우다 ↔ 화해하다)	合 ↔ 班(합반) (합하다 ↔ 나누다)	儉約(검약) ↔ 浪費(낭비)
前 ↔ 後(전후) (앞 ↔ 뒤)	虛 ↔ 實(허실) (비다 ↔ 알차다)	結果(결과) ↔ 原因(원인)
正 ↔ 反(정반) (바르다 ↔ 반대)	賢 ↔ 愚(현우) (어질다 ↔ 어리석다)	輕減(경감) ↔ 加重(가중)
正 ↔ 誤(정오) (바르다 ↔ 그르다)	兄 ↔ 弟(형제) (형 ↔ 아우)	經度(경도) ↔ 緯度(위도)
朝 ↔ 夕(조석) (아침 ↔ 저녁)	禍 ↔ 福(화복) (재앙 ↔ 복)	輕微(경미) ↔ 重大(중대)

반의어 反義語

輕率(경솔) ↔ 愼重(신중)	暖流(난류) ↔ 寒流(한류)	薄德(박덕) ↔ 厚德(후덕)
輕視(경시) ↔ 重視(중시)	濫讀(남독) ↔ 精讀(정독)	薄情(박정) ↔ 多情(다정)
契約(계약) ↔ 解約(해약)	濫用(남용) ↔ 節約(절약)	反抗(반항) ↔ 服從(복종)
高雅(고아) ↔ 卑俗(비속)	朗讀(낭독) ↔ 默讀(묵독)	放心(방심) ↔ 操心(조심)
固定(고정) ↔ 流動(유동)	內容(내용) ↔ 形式(형식)	背恩(배은) ↔ 報恩(보은)
高調(고조) ↔ 低調(저조)	老鍊(노련) ↔ 未熟(미숙)	白髮(백발) ↔ 紅顔(홍안)
供給(공급) ↔ 需要(수요)	弄談(농담) ↔ 眞談(진담)	凡常(범상) ↔ 非常(비상)
空想(공상) ↔ 現實(현실)	能動(능동) ↔ 被動(피동)	別居(별거) ↔ 同居(동거)
官尊(관존) ↔ 民卑(민비)	多元(다원) ↔ 一元(일원)	保守(보수) ↔ 進步(진보)
光明(광명) ↔ 暗黑(암흑)	單純(단순) ↔ 複雜(복잡)	本業(본업) ↔ 副業(부업)
巧妙(교묘) ↔ 拙劣(졸렬)	單式(단식) ↔ 複式(복식)	富貴(부귀) ↔ 貧賤(빈천)
拘禁(구금) ↔ 釋放(석방)	短縮(단축) ↔ 延長(연장)	富裕(부유) ↔ 貧窮(빈궁)
拘束(구속) ↔ 放免(방면), 釋放(석방)	大乘(대승) ↔ 小乘(소승)	否認(부인) ↔ 是認(시인)
求心(구심) ↔ 遠心(원심)	對話(대화) ↔ 獨白(독백)	紛爭(분쟁) ↔ 和解(화해)
君子(군자) ↔ 小人(소인)	都心(도심) ↔ 郊外(교외)	不運(불운) ↔ 幸運(행운)
屈服(굴복) ↔ 抵抗(저항)	獨創(독창) ↔ 模倣(모방)	非番(비번) ↔ 當番(당번)
權利(권리) ↔ 義務(의무)	動機(동기) ↔ 結果(결과)	非凡(비범) ↔ 平凡(평범)
急性(급성) ↔ 慢性(만성)	登場(등장) ↔ 退場(퇴장)	悲哀(비애) ↔ 歡喜(환희)
及第(급제) ↔ 落第(낙제)	莫强(막강) ↔ 柔弱(유약)	卑賤(비천) ↔ 高貴(고귀)
急行(급행) ↔ 緩行(완행)	漠然(막연) ↔ 確然(확연)	卑稱(비칭) ↔ 敬稱(경칭)
肯定(긍정) ↔ 否定(부정)	忘却(망각) ↔ 記憶(기억)	邪道(사도) ↔ 正道(정도)
旣決(기결) ↔ 未決(미결)	滅亡(멸망) ↔ 隆興(융흥)	死後(사후) ↔ 生前(생전)
奇拔(기발) ↔ 平凡(평범)	名譽(명예) ↔ 恥辱(치욕)	削減(삭감) ↔ 添加(첨가)
飢餓(기아) ↔ 飽食(포식)	無能(무능) ↔ 有能(유능)	詳論(상론) ↔ 槪論(개론)
緊密(긴밀) ↔ 疏遠(소원)	物質(물질) ↔ 精神(정신)	散文(산문) ↔ 韻文(운문)
吉兆(길조) ↔ 凶兆(흉조)	未熟(미숙) ↔ 成熟(성숙)	相逢(상봉) ↔ 離別(이별)
樂觀(낙관) ↔ 悲觀(비관)	微風(미풍) ↔ 强風(강풍)	詳述(상술) ↔ 略述(약술)
落第(낙제) ↔ 及第(급제)	密集(밀집) ↔ 散在(산재)	上昇(상승) ↔ 下降(하강)
樂天(낙천) ↔ 厭世(염세)	薄待(박대) ↔ 歡待(환대)	喪失(상실) ↔ 獲得(획득)

D-17

반의어 反義語

生家(생가) ↔ 養家(양가)	依他(의타) ↔ 自立(자립)	縮小(축소) ↔ 擴大(확대)
生食(생식) ↔ 火食(화식)	異端(이단) ↔ 正統(정통)	恥辱(치욕) ↔ 榮光(영광)
緖論(서론) ↔ 結論(결론)	裏面(이면) ↔ 表面(표면)	沈下(침하) ↔ 浮上(부상)
徐行(서행) ↔ 疾行(질행)	人爲(인위) ↔ 自然(자연)	快樂(쾌락) ↔ 苦痛(고통)
先天(선천) ↔ 後天(후천)	立體(입체) ↔ 平面(평면)	快勝(쾌승) ↔ 慘敗(참패)
成熟(성숙) ↔ 未熟(미숙)	自動(자동) ↔ 手動(수동)	退化(퇴화) ↔ 進化(진화)
消極(소극) ↔ 積極(적극)	自律(자율) ↔ 他律(타율)	敗北(패배) ↔ 勝利(승리)
所得(소득) ↔ 損失(손실)	自意(자의) ↔ 他意(타의)	包含(포함) ↔ 除外(제외)
疏遠(소원) ↔ 親近(친근)	慈親(자친) ↔ 嚴親(엄친)	割引(할인) ↔ 割增(할증)
收入(수입) ↔ 支出(지출)	暫時(잠시) ↔ 恒常(항상)	合法(합법) ↔ 違法(위법)
輸出(수출) ↔ 輸入(수입)	丈人(장인) ↔ 丈母(장모)	好材(호재) ↔ 惡材(악재)
瞬間(순간) ↔ 永遠(영원)	長壽(장수) ↔ 短命(단명)	好轉(호전) ↔ 惡化(악화)
巡行(순행) ↔ 逆行(역행)	將帥(장수) ↔ 兵卒(병졸)	好況(호황) ↔ 不況(불황)
承諾(승낙) ↔ 拒否(거부)	低俗(저속) ↔ 高尙(고상)	忽待(홀대) ↔ 厚待(후대)
乘車(승차) ↔ 下車(하차)	敵對(적대) ↔ 友好(우호)	懷疑(회의) ↔ 確信(확신)
新刊(신간) ↔ 舊刊(구간)	絶對(절대) ↔ 相對(상대)	休刊(휴간) ↔ 復刊(복간)
新郞(신랑) ↔ 新婦(신부)	漸進(점진) ↔ 急進(급진)	興奮(흥분) ↔ 安定(안정), 鎭靜(진정)
洋弓(양궁) ↔ 國弓(국궁)	靜肅(정숙) ↔ 騷亂(소란)	喜悅(희열) ↔ 悲哀(비애)
陽曆(양력) ↔ 陰曆(음력)	正午(정오) ↔ 子正(자정)	
連敗(연패) ↔ 連勝(연승)	定着(정착) ↔ 漂流(표류)	
榮譽(영예) ↔ 屈辱(굴욕)	齊唱(제창) ↔ 獨唱(독창)	
靈魂(영혼) ↔ 肉體(육체)	弔客(조객) ↔ 賀客(하객)	
豫審(예심) ↔ 結審(결심)	縱斷(종단) ↔ 橫斷(횡단)	
外戚(외척) ↔ 親戚(친척)	主役(주역) ↔ 助役(조역)	
偶然(우연) ↔ 必然(필연)	眞實(진실) ↔ 虛僞(허위)	
韻文(운문) ↔ 散文(산문)	質疑(질의) ↔ 應答(응답)	
危殆(위태) ↔ 安全(안전)	執權(집권) ↔ 失權(실권)	
幼年(유년) ↔ 壯年(장년)	創刊(창간) ↔ 廢刊(폐간)	
恩惠(은혜) ↔ 怨恨(원한)	抽象的(추상적) ↔ 具體的(구체적)	

D-16

반의어 反義語

| 반의어 쓰기 기출 예상문제 |

주어진 한자(漢字)의 정확한 뜻을 파악한 후에 제시된 글자와 뜻이 반대되는 글자를 찾는 문제입니다. 평소 한자(漢字)를 익힐 때, 훈(訓)과 음(音)을 정확하게 익히는 연습을 하세요. 그리고 유형으로 제시된 단어들은 뜻을 생각하면서 익히세요. 앞장에 제시된 단어들은 원음을 쓰지 않고 두음법칙에 의해 발음되는 음을 위주로 표기하였습니다.
'반의어' 유형에 나오는 문제는 한정되어 있습니다. 앞장에 나온 '반의어 익히기'의 단어들을 반복 연습하면 이 유형은 어렵지 않게 풀 수 있는 문제들입니다. 최근 기출문제 유형을 분석하여 문제를 출제하였으니 제시된 문제 위주로 공부하기 바랍니다.

[A형]

Ⅰ. 다음 각 글자와 意味上 對立되는 漢字를 적어 單語를 完成하시오.

(1) 加 ↔ ( )　　(2) 剛 ↔ ( )　　(3) ( ) ↔ 來　　(4) ( ) ↔ 樂　　(5) 攻 ↔ ( )
(6) ( ) ↔ 怠　　(7) ( ) ↔ 許　　(8) 暖 ↔ ( )　　(9) ( ) ↔ 易　　(10) 勞 ↔ ( )

Ⅱ. 다음 각 글자와 意味上 對立되는 漢字를 적어 單語를 完成하시오.

(1) ( ) ↔ 複　　(2) ( ) ↔ 續　　(3) 同 ↔ ( )　　(4) 動 ↔ ( )　　(5) ( ) ↔ 着
(6) ( ) ↔ 沈　　(7) 善 ↔ ( )　　(8) 成 ↔ ( )　　(9) ( ) ↔ 衰　　(10) ( ) ↔ 降

Ⅲ. 다음 각 글자와 意味上 對立되는 漢字를 적어 單語를 完成하시오.

(1) ( ) ↔ 終　　(2) 深 ↔ ( )　　(3) ( ) ↔ 危　　(4) ( ) ↔ 憎　　(5) 榮 ↔ ( )
(6) 緩 ↔ ( )　　(7) 優 ↔ ( )　　(8) ( ) ↔ 陽　　(9) ( ) ↔ 害　　(10) 因 ↔ ( )

Ⅳ. 다음 각 글자와 意味上 對立되는 漢字를 적어 單語를 完成하시오.

(1) ( ) ↔ 幼　　(2) ( ) ↔ 誤　　(3) 尊 ↔ ( )　　(4) ( ) ↔ 夜　　(5) ( ) ↔ 僞
(6) 淸 ↔ ( )　　(7) ( ) ↔ 納　　(8) 取 ↔ ( )　　(9) 表 ↔ ( )　　(10) ( ) ↔ 我

Ⅴ. 다음 각 글자와 意味上 對立되는 漢字를 적어 單語를 完成하시오.

(1) ( ) ↔ 凶　　(2) 虛 ↔ ( )　　(3) 賢 ↔ ( )　　(4) 禍 ↔ ( )　　(5) ( ) ↔ 悲
(6) 哀 ↔ ( )　　(7) ( ) ↔ 伏　　(8) ( ) ↔ 炭　　(9) 抑 ↔ ( )　　(10) ( ) ↔ 落

D-16

반의어 反義語

B형

Ⅰ. 다음 각 글자와 意味上 對立되는 漢字를 적어 單語를 完成하시오.

(1) 可決 ↔ (　)　　(2) (　) ↔ 實像　　(3) 强硬 ↔ (　)　　(4) (　) ↔ 閉鎖　　(5) (　) ↔ 主體
(6) (　) ↔ 承諾　　(7) (　) ↔ 拙作　　(8) (　) ↔ 緯度　　(9) 契約 ↔ (　)　　(10) (　) ↔ 需要

Ⅱ. 다음 각 글자와 意味上 對立되는 漢字를 적어 單語를 完成하시오.

(1) (　) ↔ 釋放　　(2) (　) ↔ 義務　　(3) (　) ↔ 慢性　　(4) (　) ↔ 飽食　　(5) 落第 ↔ (　)
(6) 暖流 ↔ (　)　　(7) 老鍊 ↔ (　)　　(8) (　) ↔ 眞談　　(9) 短縮 ↔ (　)　　(10) 登場 ↔ (　)

Ⅲ. 다음 각 글자와 意味上 對立되는 漢字를 적어 單語를 完成하시오.

(1) (　) ↔ 記憶　　(2) 微風 ↔ (　)　　(3) (　) ↔ 散在　　(4) 薄德 ↔ (　)　　(5) 背恩 ↔ (　)
(6) 本業 ↔ (　)　　(7) 紛爭 ↔ (　)　　(8) 不運 ↔ (　)　　(9) 削減 ↔ (　)　　(10) 詳述 ↔ (　)

Ⅳ. 다음 각 글자와 意味上 對立되는 漢字를 적어 單語를 完成하시오.

(1) (　) ↔ 火食　　(2) 先天 ↔ (　)　　(3) (　) ↔ 積極　　(4) 瞬間 ↔ (　)　　(5) (　) ↔ 下車
(6) (　) ↔ 陰曆　　(7) 豫審 ↔ (　)　　(8) (　) ↔ 必然　　(9) 長壽 ↔ (　)　　(10) (　) ↔ 壯年

Ⅴ. 다음 각 글자와 意味上 對立되는 漢字를 적어 單語를 完成하시오.

(1) 絶對 ↔ (　)　　(2) (　) ↔ 獨唱　　(3) 主役 ↔ (　)　　(4) 質疑 ↔ (　)　　(5) (　) ↔ 擴大
(6) 快樂 ↔ (　)　　(7) 敗北 ↔ (　)　　(8) (　) ↔ 違法　　(9) 休刊 ↔ (　)　　(10) (　) ↔ 鎭靜

D-15

완성형 完成型

4. 완성형完成型

| 한자성어漢字成語 완성형 익히기 |

*완성형은 고사성어(故事成語) 위주로 공부할 것.

加減乘除(가감승제)	덧셈, 뺄셈, 곱셈, 나눗셈을 아울러 이르는 말
家內工業(가내공업)	집 안에서 단순한 기술과 도구를 사용하여 작은 규모로 운영되는 수공업
佳人薄命(가인박명)	아름다운 여자는 팔자가 기구함
家庭教育(가정교육)	가정에서 집안 어른들이 자식들에게 주는 영향이나 가르침
刻骨難忘(각골난망)	은혜가 마음 속 깊이 새겨져 잊을 수가 없음
各人各色(각인각색)	사람마다 모두 다름
角者無齒(각자무치)	한 사람이 모든 재주나 복을 겸하지 못함
刻舟求劍(각주구검)	옛 사물에 구애되어 시세에 어둡고 융통성이 없음
肝膽相照(간담상조)	서로 마음을 터놓고 사귐
幹線道路(간선도로)	원줄기가 되는 주요 도로
敢不生心(감불생심)	감히 엄두도 내지 못함
甘言利說(감언이설)	남의 비위를 맞추는 달콤한 말과 그럴듯하게 꾸민 말
甘泉先竭(감천선갈)	물맛이 좋은 샘은 찾는 사람이 많아서 다른 샘보다 먼저 마름
甲男乙女(갑남을녀)	평범한 사람들
江湖煙波(강호연파)	강이나 호수 위에 안개처럼 이는 잔물결
改過遷善(개과천선)	지난날의 허물을 고치고 착하게 됨
蓋世之才(개세지재)	세상을 뒤덮을 만큼 뛰어난 재주
居安思危(거안사위)	편안하게 살면서도 앞으로 닥칠 위태로움을 생각함
見利思義(견리사의)	이익을 보면 그것이 의리에 맞는지 아닌지를 먼저 생각함
犬馬之勞(견마지로)	개와 말의 수고로움. 윗사람에 대해 바치는 자신의 노력을 겸손하게 이르는 말
見物生心(견물생심)	어떤 물건을 보면 그것을 가지고 싶은 욕심이 생김
見危授命(견위수명)	나라가 위태로운 것을 보면 목숨을 바침
堅忍不拔(견인불발)	굳게 참고 버티어 마음이 흔들리지 아니함
結者解之(결자해지)	자기가 저지른 일은 자기가 해결해야 함
結草報恩(결초보은)	죽어 혼령이 되어서도 은혜를 잊지 않고 갚는 것을 말함
輕擧妄動(경거망동)	경솔하게 함부로 행동함
經國濟世(경국제세)	나라를 잘 다스리어 도탄에 빠진 백성을 구제함
傾國之色(경국지색)	나라를 기울게 할 만한 미인
驚天動地(경천동지)	하늘을 놀라게 하고 땅을 움직일 정도로 놀라움
敬天愛人(경천애인)	하늘을 공경하고 사람을 사랑함
鷄卵有骨(계란유골)	계란에도 뼈가 있다는 말. 늘 일이 안되는 사람이 모처럼 좋은 기회를 만났으나 역시 잘 안될 때를 이르는 말
古代神話(고대신화)	국가의 기원이나, 유사 이전의 민족사 이야기
高等動物(고등동물)	복잡한 체제를 갖춘 동물
孤立無援(고립무원)	고립되어 구원을 받을 데가 없음

D-15

완성형 完成型

高速道路(고속도로)	차의 빠른 통행을 위하여 만든 차전용 도로
故事成語(고사성어)	옛날부터 전해 오는 내력 있는 일을 나타낸 어구
姑息之計(고식지계)	우선 당장 편한 것만을 택하는 꾀나 방법
苦肉之計(고육지계)	적을 속이기 위해 자신의 희생을 무릅쓰고 꾸미는 계책
孤掌難鳴(고장난명)	혼자서는 일을 이루기가 어려움
苦盡甘來(고진감래)	쓴 것이 다하면 단 것이 온다는 말로, 고생 끝에 낙이 온다는 말
高枕安眠(고침안면)	베개를 높이 하여 편히 잔다는 뜻으로 근심 없이 잘 지냄
曲學阿世(곡학아세)	진리에 어그러진 학문으로 세상 사람에게 아첨함
骨肉相殘(골육상잔)	같은 친족끼리 해치며 싸우는 일
公共場所(공공장소)	공중이 함께 사용하는 곳
共同生活(공동생활)	여러 사람이 모여서 서로 협력하여 사는 생활
公立學校(공립학교)	지방 공공단체가 설립하여 운영하는 학교
公明正大(공명정대)	하는 일이나 행동이 사사로움이 없이 떳떳하고 바름
空前絶後(공전절후)	전에도 없었고 앞으로도 있을 수 없음
過猶不及(과유불급)	정도를 지나침은 미치지 못한 것과 같음
冠婚喪祭(관혼상제)	관례 · 혼례 · 상례 · 제례를 아울러 이르는 말
矯角殺牛(교각살우)	소의 뿔을 바로잡으려다가 소를 죽인다는 뜻으로, 잘못된 점을 고치려다가 그 방법이나 정도가 지나쳐 오히려 일을 그르치게 됨을 이르는 말
巧言令色(교언영색)	남에게 아첨하는 말과 태도
交友以信(교우이신)	벗을 사귈 때는 믿음으로써 해야 한다는 뜻
交通信號(교통신호)	교차로나 횡단보도, 건널목 따위에서 사람이나 차량이 질서있게 길을 가도록 표시를 나타냄
交通安全(교통안전)	교통질서와 법규를 잘 지켜 사고를 미연에 예방함
教學相長(교학상장)	가르치고 배우는 것은 서로를 성장하게 함
九曲肝腸(구곡간장)	깊은 마음 속
口蜜腹劍(구밀복검)	말은 정답게 하나 속으로는 해칠 생각이 있음
九死一生(구사일생)	여러 차례 죽을 고비를 넘기고 겨우 살아남
口尙乳臭(구상유취)	나이가 어리고 경험이 없어 언행이 유치함
九牛一毛(구우일모)	많은 가운데 섞인 아주 적은 것을 비유한 말
國民年金(국민연금)	일정 기간이나 죽을 때까지 해마다 지급되는 일정액의 돈
國泰民安(국태민안)	나라가 태평하고 백성이 편안함
群鷄一鶴(군계일학)	여럿 가운데서 가장 뛰어난 사람
君子不器(군자불기)	군자는 일정한 틀에 얽매이지 않음
群雄割據(군웅할거)	여러 영웅이 각기 한 지방씩 차지하고 위세를 부림
窮餘之策(궁여지책)	궁색한 나머지 생각해 낸 계책
權謀術數(권모술수)	목적을 이루기 위해 남을 속이는 온갖 꾀
權不十年(권불십년)	권세가 오래가지 못함을 이르는 말
勸善懲惡(권선징악)	착한 일을 권장하고 악한 일을 징계함
克己復禮(극기복례)	자기의 욕심을 누르고 예의범절을 따름
近墨者黑(근묵자흑)	좋지 못한 사람과 가까이 하면 그 사람과 같게 됨

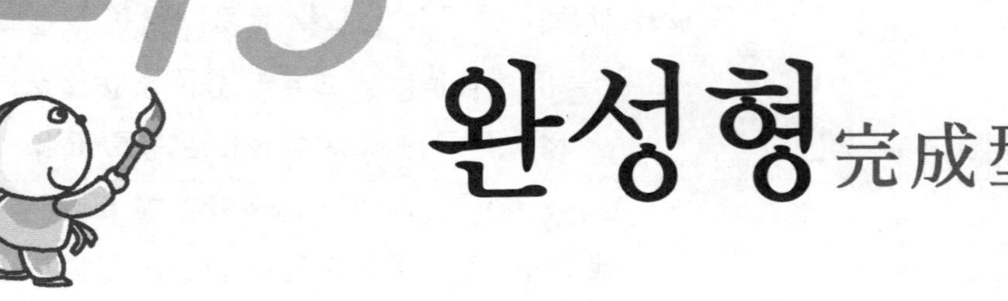

金科玉條 (금과옥조)	소중히 여기고 꼭 지켜야 할 법률
金蘭之交 (금란지교)	좋은 벗끼리 마음을 같이하면 쇠를 자를 만한 힘과 난초 같은 향기가 생긴다는 말로 극친한 벗을 뜻함
錦上添花 (금상첨화)	좋고 아름다운 것에 더 좋은 것을 더함
錦衣夜行 (금의야행)	비단옷을 입고 밤에 돌아다닌다는 뜻으로 아무 보람 없는 일을 의미함
錦衣玉食 (금의옥식)	비단옷과 옥 같은 밥. 사치스런 생활이나 부유한 생활을 이르는 말
錦衣還鄕 (금의환향)	비단옷을 입고 고향에 돌아온다는 뜻으로, 출세를 하여 고향에 돌아가거나 돌아옴을 비유적으로 이르는 말
金枝玉葉 (금지옥엽)	임금의 가족을 높여 부르는 말. 혹은 귀여운 자식을 뜻함
氣高萬丈 (기고만장)	일이 뜻대로 잘 될 때 기뻐하거나 성을 낼 때 기운이 펄펄 나는 것
起死回生 (기사회생)	죽을 뻔하다가 다시 살아나 회복 됨
奇想天外 (기상천외)	보통 사람이 쉽게 짐작할 수 없을 만큼 엉뚱하고 기발한 생각
奇巖怪石 (기암괴석)	기이하게 생긴 바위와 괴상하게 생긴 돌
落花流水 (낙화유수)	떨어지는 꽃과 흐르는 물로, 가는 봄의 정경을 나타냄
亂臣賊子 (난신적자)	나라를 어지럽히는 신하와 어버이를 해치는 자식
難兄難弟 (난형난제)	누가 더 낫다고 할 수 없을 정도로 서로 비슷함
南男北女 (남남북녀)	남쪽 지방은 남자가 잘나고 북쪽 지방은 여자가 아름다움
男女老少 (남녀노소)	남자와 여자, 늙은이와 젊은이
男女有別 (남녀유별)	남자와 여자 사이에 분별이 있어야 함을 이르는 말
男尊女卑 (남존여비)	사회적 지위나 권리에 있어 남자를 여자보다 우대하고 존중하는 일
男中一色 (남중일색)	남자의 얼굴이 뛰어나게 잘생긴 것을 일컬음
內憂外患 (내우외환)	나라 안팎의 여러 가지 어려움
內柔外剛 (내유외강)	겉으로는 강하게 보이나 속은 부드러움
怒甲移乙 (노갑이을)	엉뚱한 곳에 화풀이함. 한강에서 뺨맞고 종로에서 화풀이함
怒發大發 (노발대발)	몹시 노하거나 성을 냄
綠水靑山 (녹수청산)	푸른 물과 푸른 산
論功行賞 (논공행상)	공을 논하여 거기에 알맞은 상을 내린다는 뜻
累卵之危 (누란지위)	계란을 쌓아 놓은 듯한 위험한 상태
能小能大 (능소능대)	작은 일, 큰일에 모두 능함
多聞多讀 (다문다독)	많이 듣고 많이 읽음
多多益善 (다다익선)	많으면 많을수록 좋다는 말
多才多能 (다재다능)	재주가 많고 능력도 풍부하다는 뜻
代代孫孫 (대대손손)	오래도록 내려오는 여러 대
大明天地 (대명천지)	아주 환하게 밝은 세상
大書特筆 (대서특필)	특히 드러나게 큰 글자로 적음
大義名分 (대의명분)	사람으로서 마땅히 지키고 행하여야 할 도리나 본분
大韓民國 (대한민국)	우리나라의 이름
單刀直入 (단도직입)	요점 등을 곧바로 말함
斷腸 (단장)	창자가 끊어질 듯한 슬픔이나 괴로움
堂狗風月 (당구풍월)	서당 개 삼년이면 풍월을 읊음
大驚失色 (대경실색)	몹시 놀라 얼굴빛이 하얗게 변함

D-15

완성형 完成型

大器晚成(대기만성)	크게 될 사람은 오랫동안 공적을 쌓아 늦게 이루어짐
大同小異(대동소이)	거의 같고 조금 다름
獨不將軍(독불장군)	남의 의견을 묵살하고 저 혼자 모든 일을 처리하는 사람
東家食西家宿(동가식서가숙)	떠돌아다니며 이 집 저 집에서 얻어먹고 지냄
同價紅裳(동가홍상)	같은 값이면 다홍치마
同苦同樂(동고동락)	괴로움과 즐거움을 함께함
東問西答(동문서답)	묻는 말에 대하여 아주 딴판인 엉뚱한 대답을 함
同病相憐(동병상련)	같은 병을 앓는 사람끼리 서로 가엾게 여긴다는 뜻으로, 어려운 처지에 있는 사람끼리 서로 가엾게 여김
東奔西走(동분서주)	이리저리 바쁘게 돌아다님
同床異夢(동상이몽)	겉으로는 같이 행동하면서 속으로는 딴 생각을 함
同生共死(동생공사)	같이 살고 같이 죽음
東西古今(동서고금)	동양이나 서양, 옛날이나 오늘날을 통틀어 일컬음
東西南北(동서남북)	동쪽, 서쪽, 남쪽, 북쪽 사방을 가리킴
同姓同本(동성동본)	성씨와 본이 모두 같음
同時多發(동시다발)	같은 시간이나 시기에 여럿이 일어남
登龍門(등용문)	입신출세에 연결되는 어려운 관문을 뜻함
燈下不明(등하불명)	가까이에 있는 것을 오히려 잘 모름을 이름
燈火可親(등화가친)	등불을 가까이하여 글 읽기에 좋은 시절
馬耳東風(마이동풍)	남의 의견이나 충고의 말을 귀담아 듣지 않고 흘려버림
莫上莫下(막상막하)	더 낫고 더 못함의 차이가 거의 없음
莫逆之友(막역지우)	허물없이 지내는 친구
萬頃蒼波(만경창파)	한없이 넓고 넓은 바다
萬古不變(만고불변)	오랜 세월을 두고 변하지 아니함
萬國信號(만국신호)	배와 배 사이 또는 배와 육지 사이의 연락을 위하여 국제적으로 쓰는 신호
萬里長天(만리장천)	아득히 높고 먼 하늘
晚時之歎(만시지탄)	때가 늦었음을 안타까워하는 탄식
望洋之歎(망양지탄)	어떤 일에 힘이 미치지 못함을 안타까워하는 탄식
買占賣惜(매점매석)	값이 오를 것을 예상하여, 어떤 상품을 한꺼번에 많이 사두고 팔지 않으려 하는 일
孟母斷機(맹모단기)	맹자가 학업을 중단하자 그 어머니가 짜던 베를 자름으로써 아들을 훈계한 일
孟母三遷(맹모삼천)	맹자의 어머니가 맹자를 교육시키기 위해 세 번 집을 옮긴 일
明鏡止水(명경지수)	맑은 거울과 고요한 물. 잡념과 가식과 헛된 욕심 없이 맑고 깨끗한 마음
名山大川(명산대천)	이름난 산과 내
名實相符(명실상부)	이름과 실상이 꼭 맞음
明心寶鑑(명심보감)	어린이들의 인격 수양을 위한 한문 교양서
明若觀火(명약관화)	불을 보듯 분명하고 뻔함
目不識丁(목불식정)	눈으로 보고도 丁자를 모름. 무식함을 이르는 말
武陵桃源(무릉도원)	세상과 따로 떨어진 별천지를 비유하여 이르는 말
無味乾燥(무미건조)	재미나 멋이 없이 메마름
無所不知(무소부지)	없는 곳, 모르는 것이 없음

D-15

완성형 完成型

文房四友(문방사우)	종이, 붓, 먹, 벼루의 네 가지를 이름
門外漢(문외한)	어떤 일에 전문적인 지식이 없거나 관계가 없는 사람
聞一知十(문일지십)	'하나를 들으면 열을 안다' 는 뜻으로 매우 총명한 사람을 뜻함
門前成市(문전성시)	문 앞이 시장을 이룰 정도로 사람이 많음
物我一體(물아일체)	외물과 자아, 객관과 주관, 또는 물질계와 정신계가 어울려 하나가 됨
微官末職(미관말직)	지위가 아주 낮은 벼슬
薄利多賣(박리다매)	이익을 적게 보고 많이 파는 것
博學多識(박학다식)	학식이 넓고 아는 것이 많음
反對給付(반대급부)	어떤 일에 대응하여 얻게 되는 이익
半信半疑(반신반의)	얼마쯤 믿으면서도 한편으로는 의심함
拔本塞源(발본색원)	폐단의 근원을 뽑아서 없애버림
傍若無人(방약무인)	곁에 사람이 없는 것같이 거리낌 없이 함부로 행동함
背水之陣(배수지진)	병사들이 물러나지 못하도록 물을 등지고 진을 침. 물러나지 않고 목숨을 걸고 싸움
背恩忘德(배은망덕)	남에게 받은 은덕을 잊고 배반함
百家爭鳴(백가쟁명)	많은 학자들이 자유롭게 논쟁하는 일
百計無策(백계무책)	온갖 꾀를 다 써 보아도 뾰족한 수가 없음
白骨難忘(백골난망)	죽어 백골이 된다하여도 은혜를 잊을 수 없음
百年佳約(백년가약)	젊은 남녀가 부부가 되어 평생을 같이 지낼 것을 굳게 다짐하는 아름다운 언약
百年大計(백년대계)	먼 장래를 내다보고 세우는 계획
百年河淸(백년하청)	황하가 항상 흐려 맑을 때가 없는 것처럼 아무리 오래 기다려도 이루어지지 않음
百萬大軍(백만대군)	아주 많은 병사로 조직된 군대를 이르는 말
百萬長者(백만장자)	재산이 아주 많은 사람이나 큰 부자
白面書生(백면서생)	글만 읽고 세상일에는 조금도 경험이 없는 사람
百聞不如一見(백문불여일견)	여러 번 듣는 것보다 실제로 한 번 보는 것이 더 나음
百發百中(백발백중)	백 번 쏘아 백 번 맞힌다는 뜻으로 계획이나 예측이 생각대로 잘 들어맞음을 이르는 말
白衣民族(백의민족)	예로부터 흰옷을 즐겨 입는 데서 한민족을 이르는 말
白日場(백일장)	시문(詩文) 짓기를 겨루는 공개행사
百戰百勝(백전백승)	싸울 때마다 모조리 이김
百折不屈(백절불굴)	어떠한 어려움에도 굴하지 않음을 이르는 말
百害無益(백해무익)	해롭기만 하고 하나도 이로운 바가 없음
別有天地(별유천지)	인간세계에서 벗어난 신비하고 복된 세상
父母兄弟(부모형제)	아버지, 어머니, 형, 아우로 가족을 이르는 말
父子有親(부자유친)	아버지와 아들 사이에는 친함이 있어야 한다
父傳子傳(부전자전)	대대로 아버지가 아들에게 전함
不知其數(부지기수)	너무 많아서 그 수효를 알 수 없음
夫唱婦隨(부창부수)	남편이 주장하고 아내가 이에 잘 따름
附和雷同(부화뇌동)	줏대 없이 남의 의견에 따라 움직임
北窓三友(북창삼우)	거문고, 술, 시를 아울러 일컫는 말
不可思議(불가사의)	상식으로는 생각할 수 없는 이상야릇한 일

D-14

완성형 完成型

不老長生(불로장생)	늙지 아니하고 오래 삶
不立文字(불립문자)	말이나 글에 의지하지 않는다는 말
不問可知(불문가지)	묻지 않아도 능히 알 수 있음
不問曲直(불문곡직)	옳고 그른 것을 묻지 않음
不服申請(불복신청)	부당한 행정처분의 취소나 변경을 관계기관에 청구하는 일
不要不急(불요불급)	꼭 필요하거나 급하지 아니함
不遠千里(불원천리)	천리를 멀다고 여기지 아니함
非命橫死(비명횡사)	뜻밖의 사고를 당하여 제 명대로 살지 못하고 죽음
非一非再(비일비재)	한두 번이 아님
氷山一角(빙산일각)	대부분이 숨겨져 있고 외부에 나타나 있는 것은 극히 일부분
三綱五倫(삼강오륜)	유교의 도덕에서 기본이 되는 세 가지의 강령과 지켜야 할 다섯 가지의 도리
士農工商(사농공상)	선비, 농부, 상공업자, 상인 등 모든 계급의 백성
四面楚歌(사면초가)	사방이 모두 초나라 노래라는 뜻으로 적에게 둘러 싸여 있는 고립무원의 상태
四面春風(사면춘풍)	사람들에게 두루두루 좋게 대하는 것
四方八方(사방팔방)	여기저기 모든 방향이나 방면
死生決斷(사생결단)	죽고 사는 것을 생각하지 않고 끝장을 냄
四書三經(사서삼경)	논어, 맹자, 중용, 대학과 시경, 서경, 주역을 이름
事必歸正(사필귀정)	모든 시비(是非)와 곡직(曲直)은 결국 바른 길로 돌아옴
四海兄弟(사해형제)	온 세상 사람들이 모두 형제와 같다는 뜻
死後藥方文(사후약방문)	때를 놓치고 난 뒤에 기울이는 헛된 노력을 이르는 말
山高水長(산고수장)	산은 높이 솟아 있고 물은 길게 흐른다는 말
山戰水戰(산전수전)	산에서의 싸움과 물에서의 싸움. 세상의 온갖 일
山川草木(산천초목)	산과 내와 풀과 나무
殺身成仁(살신성인)	옳은 일을 위하여 자기 몸을 희생함
森羅萬象(삼라만상)	우주에 있는 온갖 사물과 현상
三三五五(삼삼오오)	서넛 또는 대여섯 명씩 무리지어 다니는 것
三旬九食(삼순구식)	삼십 일 동안 아홉 끼니밖에 먹지 못한다는 뜻으로, 몹시 가난함을 이르는 말
三十六計(삼십육계)	몸을 안전하게 하기 위해서는 도망치는 것이 최상책
三人成虎(삼인성호)	근거 없는 말이라도 여러 사람이 말하면 곧이듣게 됨을 이르는 말
三位一體(삼위일체)	세 가지 것이 하나로 통일되는 일
三尺童子(삼척동자)	철없는 어린아이
三遷之敎(삼천지교)	맹자의 어머니가 맹자를 가르치기 위하여 집을 세 번 옮김
相扶相助(상부상조)	서로서로 도움
相乘作用(상승작용)	여러 요인이 함께 겹쳐 작용하여 하나씩 작용할 때보다 더 크게 효과를 나타내는 현상
桑田碧海(상전벽해)	뽕나무 밭이 변해서 푸른 바다가 된다는 뜻으로 세상일의 변천이 심함
上下左右(상하좌우)	위, 아래, 왼쪽, 오른쪽으로 모든 방향을 이름
上行下效(상행하효)	윗사람의 언행을 아랫사람이 본받음
塞翁之馬(새옹지마)	인생의 길흉화복은 알 수 없다는 뜻
生不如死(생불여사)	사는 것이 죽는 것만 못하다하여 몹시 곤란한 지경을 일컬음

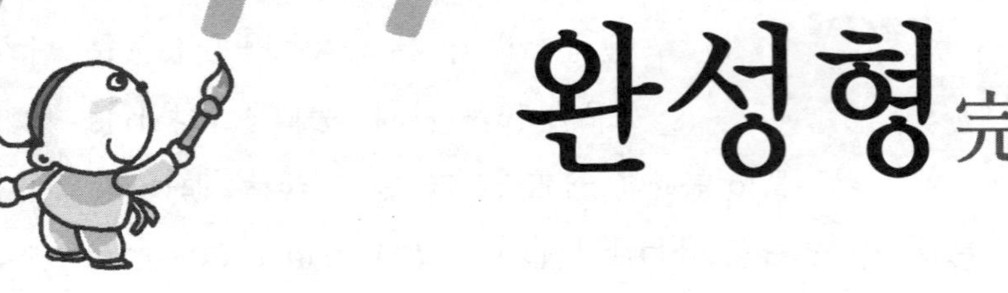

D-14

완성형 完成型

生年月日(생년월일)	태어난 해와 태어난 달과 날
生老病死(생로병사)	나고 늙고 병들고 죽는 네 가지 고통
生面不知(생면부지)	서로 만나 본 일이 없어 도무지 알지 못함
生死苦樂(생사고락)	삶과 죽음, 괴로움과 즐거움을 이름
先見之明(선견지명)	닥쳐올 일을 미리 내다보고 아는 것
先公後私(선공후사)	공적인 일을 먼저 하고 사사로운 일은 뒤로 미룸
善男善女(선남선녀)	착한 남자와 착한 여자
雪上加霜(설상가상)	난처한 일이나 불행이 잇달아 일어남
說往說來(설왕설래)	어떤 일의 시비를 따지느라 말로 옥신각신함
世界平和(세계평화)	전 세계가 평온하고 화목함
世上萬事(세상만사)	세상에서 일어나는 온갖 일
歲寒三友(세한삼우)	겨울철의 소나무, 대나무, 매화를 말함
束手無策(속수무책)	손을 묶은 것처럼 어찌할 도리가 없어 꼼짝 못함
送舊迎新(송구영신)	묵은해를 보내고 새해를 맞이함
首丘初心(수구초심)	고향을 그리워하는 마음을 이르는 말
壽福康寧(수복강녕)	오래 살고 복을 누리며 건강하고 평안함
手不釋卷(수불석권)	손에서 책을 놓지 않음
水魚之交(수어지교)	물이 없으면 살 수 없는 물고기와 물의 관계라는 뜻으로, 아주 친밀하여 떨어질 수 없는 사이
守株待兔(수주대토)	노력 없이 성공을 바람
脣亡齒寒(순망치한)	가까운 사이 중의 하나가 망하면 나머지 하나도 그 영향을 받음
時間問題(시간문제)	이미 결과가 드러나서 조만간 저절로 해결될 문제
市民社會(시민사회)	자유롭고 평등한 개인의 이성적 결합으로 이루어진 사회
是是非非(시시비비)	옳은 것은 옳고 그른 것을 그르다고 공정하게 판단함
始終一貫(시종일관)	일 따위를 처음부터 끝까지 한결같이 함
識字憂患(식자우환)	학식이 있는 것이 도리어 화를 부름
新聞記者(신문기자)	신문에 실을 자료를 수집, 취재, 집필, 편집하는 사람
信賞必罰(신상필벌)	상벌(賞罰)을 규정대로 분명하게 함을 이르는 말
身言書判(신언서판)	인물 평가의 기준으로 삼던 몸, 말씨, 글씨, 판단력을 이름
神出鬼沒(신출귀몰)	귀신처럼 나타났다가 없어져 그 변화를 짐작할 수가 없음
身土不二(신토불이)	'몸과 땅은 둘이 아니다' 는 뜻으로 자기 나라에서 생산되는 농산물을 먹어야 한다는 뜻
實事求是(실사구시)	사실에 근거하여 진리나 진상을 탐구하는 일
實學思想(실학사상)	실생활에 유익됨을 목표로 실사구시와 이용후생에 관하여 연구하던 학문
深思熟考(심사숙고)	깊이 잘 생각함
十年知己(십년지기)	오래 전부터 사귀어온 친구
十中八九(십중팔구)	열 가운데 아홉이나 열
十長生(십장생)	장생불사한다는 해, 산, 물, 돌, 구름, 소나무, 불로초, 거북이, 학, 사슴의 열 가지
我田引水(아전인수)	제 논에 물대기란 뜻으로 자기에게만 이롭게 함을 뜻함
惡事千里(악사천리)	나쁜 일은 그 소문이 멀리까지 금방 알려진다는 뜻
安居危思(안거위사)	편안하고 무사한 때일수록 어려운 일이 닥칠 때를 생각하여 미리 대비함

D-14

완성형 完成型

安心立命 (안심입명)	하찮은 일에 흔들리지 않는 경지
安分知足 (안분지족)	편한 마음으로 제 분수를 지키며 만족할 줄을 앎
安貧樂道 (안빈낙도)	가난함 가운데서도 편안한 마음으로 분수를 지키며 도를 지킴
眼下無人 (안하무인)	사람됨이 교만하여 남을 업신여김
愛國愛族 (애국애족)	나라와 민족을 사랑함
野生動物 (야생동물)	산이나 들에서 저절로 나서 자라는 동물
藥房甘草 (약방감초)	어떤 일에나 빠짐없이 끼어드는 사람이나 사물을 이름
弱肉强食 (약육강식)	약한 것이 강한 것에게 먹힌다는 뜻으로, 생존경쟁의 치열함을 이름
羊頭狗肉 (양두구육)	양의 머리를 내걸고 개고기를 팖. 겉으로는 그럴듯하게 내세우나 속은 변변하지 않음
梁上君子 (양상군자)	도둑을 점잖게 부르는 말
良藥苦口 (양약고구)	몸에 좋은 약은 입에 쓰다는 말
漁父之利 (어부지리)	양자가 다투는 바람에 엉뚱한 자가 이익을 보게 됨
語不成說 (어불성설)	하는 말이 조금도 이치에 맞지 않음
言行一致 (언행일치)	하는 말과 행동이 같음
言語道斷 (언어도단)	어이가 없어 말이 나오지 않을 정도라는 말
如履薄氷 (여리박빙)	봄날 살얼음을 밟고 가는 것과 같이 위험함
易地思之 (역지사지)	처지를 바꾸어 생각함
緣木求魚 (연목구어)	나무에 올라가 물고기를 구한다는 말로, 되지도 않을 엉뚱한 소망을 비유하여 이르는 말
年中行事 (연중행사)	해마다 일정한 시기를 정하여 놓고 하는 행사
炎涼世態 (염량세태)	권세가 있을 때는 붙잡고 권세가 없어지면 푸대접하는 세속의 인심
五里霧中 (오리무중)	안개 속에서 방향을 잡지 못하는 것처럼 어떤 일에 대해 갈피를 잡지 못함
烏飛梨落 (오비이락)	우연한 일치로 억울하게 혐의를 받거나 난처한 입장이 됨
吾鼻三尺 (오비삼척)	자기 사정이 급하여 남을 돌아볼 겨를이 없음
傲霜孤節 (오상고절)	서릿발이 심한 속에서도 굴하지 아니하고 외로이 지키는 절개
五十步百步 (오십보백보)	약간의 차이는 있으나 본질적으로는 같다는 말
烏合之卒 (오합지졸)	갑자기 모아 훈련이 되지 않은 군사
溫故知新 (온고지신)	옛 것을 연구하여 거기서 새로운 지식이나 도리를 찾아냄
外柔內剛 (외유내강)	겉으로 보기에는 부드러워 보이나 속은 강함
樂山樂水 (요산요수)	산을 좋아하고 물을 좋아함
龍頭蛇尾 (용두사미)	용의 머리에 뱀의 꼬리라는 말로, 처음에는 좋으나 나중에는 나빠짐
憂國之士 (우국지사)	나랏일을 근심하고 염려하는 사람
愚問賢答 (우문현답)	어리석은 질문에 대한 현명한 대답
偶像崇拜 (우상숭배)	신 이외의 사람이나 물체를 신앙의 대상으로 숭배하는 일
優柔不斷 (우유부단)	우물쭈물 망설이기만 하고 결단성이 없음
牛耳讀經 (우이독경)	둔한 사람은 아무리 일러도 알아듣지 못함을 이르는 말
月下老人 (월하노인)	부부의 인연을 맺어준다는 전설 속의 노인
危機一髮 (위기일발)	위기의 순간이 머리카락 하나의 간격만큼 가까이 다가옴
威風堂堂 (위풍당당)	남을 압도할 만큼 풍채가 의젓하고 떳떳함
有口無言 (유구무언)	입이 있어도 할말이 없음

D-14

완성형 完成型

類萬不同(유만부동)	분수에 맞지 않거나 정도에 넘침
有名無實(유명무실)	이름만 있을 뿐 실속이 없음
有備無患(유비무환)	미리 준비가 되어 있으면 전혀 걱정이 없다는 뜻
類類相從(유유상종)	비슷한 사람끼리 서로 오가며 사귐
悠悠自適(유유자적)	속세를 떠나 편안하게 삶
隱忍自重(은인자중)	마음속으로 참으며 몸가짐을 신중히 함
陰德陽報(음덕양보)	남이 모르게 덕행을 쌓은 사람에게는 반드시 그 보답이 있음을 이르는 말
以卵擊石(이란격석)	달걀로 돌을 친다는 말로, 턱없이 약한 것으로 강한 것을 당해 내려는 어리석음을 비유하여 이르는 말
耳目口鼻(이목구비)	귀, 눈, 입, 코
以心傳心(이심전심)	마음에서 마음으로 전함
已往之事(이왕지사)	이미 지나간 일
以熱治熱(이열치열)	열은 열로써 다스린다는 말
泥田鬪狗(이전투구)	진흙탕에서 싸우는 개라는 뜻으로, 자기의 이익을 위하여 비열하게 다툼을 이르는 말
二八靑春(이팔청춘)	열여섯 살 무렵의 꽃다운 청춘
異口同聲(이구동성)	여러 사람의 말이 한결 같음
因果應報(인과응보)	과거 또는 전생의 선악에 따라 뒷날 길흉화복의 갚음을 받음
人面獸心(인면수심)	마음이나 행동이 몹시 흉악한 사람
人命在天(인명재천)	사람이 죽고 사는 것은 하늘에 매여 있음
人事不省(인사불성)	자기 몸에 벌어지는 일을 모를 만큼 정신을 잃은 상태
人死留名(인사유명)	사람은 죽어 이름을 남김
人山人海(인산인해)	사람이 많이 모인 상태
仁義禮智(인의예지)	유교의 네 덕목으로, 어짊·의로움·예의·지혜
仁者無敵(인자무적)	어진 사람에게는 적이 없음
人之常情(인지상정)	사람이면 누구나 가지는 보통의 마음
人海戰術(인해전술)	지상군을 많이 투입하여 적을 압도하려는 전술
一刻千金(일각천금)	매우 짧은 시간도 천금과 같이 귀중함을 이르는 말
一擧兩得(일거양득)	한 가지 일로써 두 가지의 이익을 얻음
日久月深(일구월심)	날이 오래고 달이 깊어간다는 뜻. 즉 시간이 지날수록 더욱 간절해짐
一口二言(일구이언)	한 입으로 두 말을 한다는 뜻. 이랬다 저랬다 함을 이르는 말
一問一答(일문일답)	한 번 물음에 대하여 한 번 대답함
一網打盡(일망타진)	한 번 그물을 쳐서 고기를 다 잡는다는 뜻으로, 어떤 무리를 한꺼번에 모조리 다 잡음
一脈相通(일맥상통)	처지나 생각이 서로 통함을 이르는 말
一面如舊(일면여구)	처음 만나 사귀었으나 오래 사귄 것처럼 친밀함
一方通行(일방통행)	사람이나 차량을 도로의 한쪽 방향으로만 통행시키는 일
一罰百戒(일벌백계)	한 가지 죄를 무거운 벌로 다스림으로써 여러 사람에게 경계심을 갖도록 함
一絲不亂(일사불란)	질서가 정연하여 조금도 흐트러진 데나 어지러운 데가 없음
一心同體(일심동체)	여러 사람이 한 사람처럼 뜻을 합하여 굳게 결합하는 일
一衣帶水(일의대수)	한 가닥의 띠를 사이에 둔 관계. 좁고 긴밀한 상태
一以貫之(일이관지)	하나의 이치로써 모든 것을 꿰뚫음

D-14

완성형 完成型

一日三省(일일삼성)	하루에 세 가지의 일로 자신을 성찰함
一日三秋(일일삼추)	하루가 삼 년 같다는 뜻으로, 몹시 애태우며 기다림
一長一短(일장일단)	장점도 있고 단점도 있음
一場春夢(일장춘몽)	헛된 영화나 덧없는 일
一朝一夕(일조일석)	하루 아침 하루 저녁
一觸卽發(일촉즉발)	조금만 건드려도 폭발할 것 같은 몹시 위험한 상태
日就月將(일취월장)	학문이나 기술이 날로 달로 자라거나 발전해 나아감
一片丹心(일편단심)	한 조각 붉은 마음. 곧 진정에서 우러나는 마음
臨機應變(임기응변)	그때그때의 상황에 따라 적당히 대처함
臨時變通(임시변통)	갑자기 터진 일을 우선 간단하게 둘러맞추어 처리함
臨戰無退(임전무퇴)	전쟁에 나아가서 물러서지 않음을 이르는 말
立身揚名(입신양명)	사회적으로 인정을 받고 이름을 세상에 알림
立身出世(입신출세)	입신하여 사회적으로 높은 위치에 오르거나 유명해짐
自强不息(자강불식)	스스로 최선을 다하여 힘쓰고 가다듬어 쉬지 아니함
自激之心(자격지심)	자기 스스로 미흡하게 여기는 마음
自古以來(자고이래)	예로부터 내려오면서
自給自足(자급자족)	자기에게 필요한 것을 자기가 생산하여 충당함
自問自答(자문자답)	스스로 묻고 스스로 대답함
自生植物(자생식물)	산이나 강 등에서 저절로 나는 식물
自手成家(자수성가)	스스로의 힘으로 어엿한 한 살림을 이룩하는 일
子孫萬代(자손만대)	오래도록 내려오는 여러 대
自我實現(자아실현)	자기의 본질을 도덕적으로 완성하려는 것
自業自得(자업자득)	자기가 저지른 일의 결과를 자신이 받음
自由自在(자유자재)	자기 마음대로 할 수 있음
自暴自棄(자포자기)	자기 자신을 함부로 하고 포기함
自畵自讚(자화자찬)	자기가 한 일을 스스로 자랑함
作心三日(작심삼일)	품은 마음이 사흘을 못 감
張三李四(장삼이사)	장씨의 셋째 아들과 이씨의 넷째 아들. 즉 평범한 사람
長幼有序(장유유서)	어른과 어린이 사이에는 엄격한 차례가 있고 복종해야 할 질서가 있음을 뜻함
適材適所(적재적소)	어떤 일을 함에 있어서 알맞은 인재에게 알맞은 임무를 맡기는 일
電光石火(전광석화)	'번갯불과 부싯돌의 불' 이란 뜻으로, 극히 짧은 시간을 이름
前代未聞(전대미문)	매우 놀라운 일로서 이제까지는 들어본 일이 없음
前途有望(전도유망)	앞으로 잘될 희망이 있음
前無後無(전무후무)	전에도 없었고 앞으로도 없음
全心全力(전심전력)	온 마음과 온 힘
漸入佳境(점입가경)	들어갈수록 점점 재미가 있음
轉禍爲福(전화위복)	재앙이 바뀌어 도리어 복이 됨
切齒腐心(절치부심)	몹시 분하여 이를 갈고 속을 썩임
頂門一鍼(정문일침)	정수리에 침을 놓는다는 뜻으로 남의 잘못이나 급소를 찔러 훈계함

D-13

완성형 完成型

朝變夕改(조변석개)	아침저녁으로 뜯어 고침
朝三暮四(조삼모사)	간사한 꾀로 남을 속여 농락함
助長(조장)	도와서 성장시킨다는 뜻이나 일을 그릇된 방향으로 도움
鳥足之血(조족지혈)	새 발의 피. 극히 적은 분량을 비유함
種豆得豆(종두득두)	콩 심은 데 콩 난다는 뜻
縱橫無盡(종횡무진)	자유자재로 행동하여 거침이 없는 상태
坐不安席(좌불안석)	침착하게 자리에 가만히 앉아 있지 못함
坐井觀天(좌정관천)	우물 안에 앉아서 하늘을 본다는 것으로, 사람의 견문이 매우 좁음을 이름
左之右之(좌지우지)	제 마음대로 휘두르거나 다룸
左衝右突(좌충우돌)	왼쪽 사람을 찌르고 오른쪽 사람에게 부딪힘. 아무에게나 함부로 맞닥뜨림
晝耕夜讀(주경야독)	낮에는 밭 갈고 밤에는 책을 봄. 어려운 여건 속에서도 꿋꿋이 공부함
走馬看山(주마간산)	달리는 말에서 본다는 뜻으로 대충 보고 지나감을 의미함
晝夜長川(주야장천)	밤낮으로 쉬지 않고 연달아 흐름
酒池肉林(주지육림)	술로 연못을 이루고 고기로 숲을 이룬다는 뜻으로, 호사스러운 술잔치를 이르는 말
竹馬故友(죽마고우)	어릴 때부터 같이 놀며 자란 오랜 벗을 이르는 말
衆寡不敵(중과부적)	적은 수효로는 많은 수효에 맞서지 못함
衆口難防(중구난방)	여러 사람의 입은 막기 어렵다는 말
指鹿爲馬(지록위마)	사슴을 가리켜 말이라 한 고사에서 유래되어 거짓된 것을 끝까지 우겨 남을 속이려는 것을 뜻함
支離滅裂(지리멸렬)	체계가 없이 마구 흩어져 갈피를 잡을 수 없이 됨
至誠感天(지성감천)	정성이 지극하면 하늘도 감동한다
地上天國(지상천국)	이 세상에서 이룩되는 자유롭고 풍요로우며 행복한 사회
知彼知己(지피지기)	적의 사정과 나의 사정을 자세히 앎
知行合一(지행합일)	지식과 행동이 하나가 됨
進退兩難(진퇴양난)	이러지도 저러지도 못해 입장이 곤란함
進退維谷(진퇴유곡)	앞으로 나아가려 해도 뒤로 물러나려 해도 오직 골짜기뿐임. 나아갈 길도 물러설 길도 없어 궁지에 몰림
此日彼日(차일피일)	이날 저날 하고 자꾸 기한을 미루는 모양
天高馬肥(천고마비)	하늘은 높고 말이 살찐다는 뜻으로 가을을 비유함
千萬多幸(천만다행)	아주 다행함
天壤之差(천양지차)	하늘과 땅같이 엄청난 차이
千載一遇(천재일우)	천 년에 한 번 만날 정도로 좀처럼 만나기 어려운 좋은 기회
天地神明(천지신명)	조화를 맡은 신령
千差萬別(천차만별)	여러 가지 사물이 모두 차이가 있고 구별이 있음
千態萬象(천태만상)	모든 사물이 제각기 다른 모습을 하고 있음을 이르는 말
千篇一律(천편일률)	사물이 모두 판에 박은 듯함을 이르는 말
天下第一(천하제일)	세상에 견줄 만한 것이 없을 정도로 최고임
徹頭徹尾(철두철미)	처음부터 끝까지 철저하게
靑山流水(청산유수)	막힘없이 말을 잘함
靑天白日(청천백일)	하늘이 맑게 갠 대낮
靑出於藍(청출어람)	제자가 스승보다 나음을 이르는 말

D-13

완성형 完成型

淸風明月(청풍명월)	맑은 바람과 밝은 달
草家三間(초가삼간)	아주 작은 집을 이름
草根木皮(초근목피)	풀뿌리와 나무껍질이라는 뜻으로, 맛이나 영양가치가 없는 거친 음식을 비유적으로 이르는 말
草綠同色(초록동색)	이름은 다르나 따지고 보면 한 가지 것이라는 말
草食動物(초식동물)	풀을 주로 먹고 사는 동물
初志一貫(초지일관)	처음에 세운 뜻을 끝까지 밀고 나감
寸鐵殺人(촌철살인)	한 치의 쇠붙이로 사람을 죽인다는 뜻으로 짧은 경구로 사람을 감동시키는 것을 말함
秋風落葉(추풍낙엽)	가을에 떨어지는 낙엽과 같이 어떤 형세나 세력이 갑자기 기울어짐
春夏秋冬(춘하추동)	봄, 여름, 가을, 겨울
出將入相(출장입상)	나가서는 장수요, 들어와서는 재상으로 문무를 겸비함
忠言逆耳(충언역이)	바른 말은 귀로 듣기에 거슬리지만 자신을 이롭게 함
他山之石(타산지석)	남의 하찮은 언행도 자신을 수양하는 데에 도움이 되는 것을 말함
卓上空論(탁상공론)	실현성이 없는 헛된 이론
貪官汚吏(탐관오리)	탐욕스럽고 부정한 관리
泰然自若(태연자약)	마음에 어떠한 충동을 받아도 움직임이 없이 천연스러움
太平聖代(태평성대)	어진 임금이 다스리는 태평한 시대
土木工事(토목공사)	땅과 하천 따위를 고쳐 만드는 공사
特別活動(특별활동)	학교 교육 과정에서 교과 학습이외의 교육 활동
破顔大笑(파안대소)	얼굴의 표정을 깨뜨릴 만큼 매우 크게 웃음
破竹之勢(파죽지세)	대나무를 쪼개는 기세처럼 거침없이 쳐들어가는 기세
八道江山(팔도강산)	팔도의 강산으로 우리나라 전체의 강산을 이르는 말
八方美人(팔방미인)	여러 가지를 다 잘하는 사람
敗家亡身(패가망신)	가산을 다 써서 없애고 몸을 망침
抱腹絕倒(포복절도)	배를 잡고 넘어질 정도로 몹시 웃음
表裏不同(표리부동)	마음이 음흉하고 불량하여 겉과 속이 다름
風樹之嘆(풍수지탄)	효도를 다하지 못한 채 어버이를 여읜 자식의 슬픔
風前燈火(풍전등화)	바람 앞의 등불로 매우 위태로운 상황
皮骨相接(피골상접)	살가죽과 뼈가 맞붙을 정도로 몹시 마름
匹夫匹婦(필부필부)	평범한 보통 사람
下等動物(하등동물)	진화 정도가 낮아 몸의 구조가 단순한 원시적인 동물
鶴首苦待(학수고대)	학의 머리처럼 목을 길게 빼고 애타게 기다림
漢江投石(한강투석)	한강에 돌 던지기로, 아무리 애써도 보람이 없음을 말함
咸興差使(함흥차사)	심부름 가서 돌아오지 않거나 소식이 없음
行方不明(행방불명)	간 곳이나 방향을 모름
虛禮虛飾(허례허식)	정성도 없이 겉으로만 번드르르하게 꾸밈
虛張聲勢(허장성세)	실속도 없으면서 허세만 부림
賢母良妻(현모양처)	어진 어머니이면서 착한 아내
螢雪之功(형설지공)	갖은 고생을 하며 부지런히 학문을 닦는 공
形形色色(형형색색)	모양과 빛깔 등이 서로 다른 여러 가지

D-13

완성형 完成型

虎死留皮(호사유피)	호랑이는 죽어서 가죽을 남긴다는 뜻으로, 사람은 죽어서 명예를 남겨야 함을 이르는 말
浩然之氣(호연지기)	사물에서 해방되어 자유스럽고 유쾌한 마음
呼兄呼弟(호형호제)	친형제처럼 가깝게 지내는 사이를 이르는 말
弘益人間(홍익인간)	널리 인간을 이롭게 함
花朝月夕(화조월석)	꽃 피는 아침과 달 밝은 밤이라는 뜻으로 경치가 좋은 시절
橫斷步道(횡단보도)	사람이 건너다닐 수 있도록 안전표지나 도로표지를 설치하여 차도 위에 마련한 길
厚顔無恥(후안무치)	뻔뻔스러워 부끄러움이 없음
訓民正音(훈민정음)	백성을 가르치는 바른 소리라는 뜻으로 세종이 창제한 우리나라 글자
確固不動(확고부동)	확실하게 굳어 흔들리지 않음
會者定離(회자정리)	만나면 반드시 헤어진다는 말로, 인생의 무상함을 이르는 말
興亡盛衰(흥망성쇠)	흥하고 망함과 성하고 쇠함
興盡悲來(흥진비래)	즐거운 일이 다하면 슬픈 일이 온다는 말로, 세상일이 돌고돎을 이르는 말

완성형 完成型

| 사자성어 완성형 쓰기 기출 예상문제 |

한자(漢字)의 뜻을 풀어서 정확한 한자어를 완성하는 유형입니다. 주로 일상생활에서 많이 쓰이는 사자성어(四字成語)로 된 낱말들 중 한 글자씩 ( )로 비워놓고 한자로 직접 쓰는 문제로 출제됩니다. 이 유형은 출제 범위가 워낙 광범위하여 반복해서 익히는 수밖에 없습니다. 특히 고사성어 위주로 출제가 많이 되고 있으니 유의하기 바랍니다. '완성형 단어 익히기'에 나온 한자성어들을 익힐 때는 글자 고유의 뜻을 생각하면서 해석하고 반복하여 익히기 바랍니다.

Ⅰ. 다음 ( )에 알맞은 漢字를 써 넣어 四字成語를 完成하시오.

(1) 佳人薄( )　　(2) ( )骨難忘　　(3) 角者( )齒　　(4) 肝膽( )照　　(5) 改( )遷善
(6) 刻舟( )劍　　(7) ( )天動地　　(8) ( )息之計　　(9) 曲學( )世　　(10) 矯( )殺牛

Ⅱ. 다음 ( )에 알맞은 漢字를 써 넣어 漢字成語를 完成하시오.

(1) 甲男( )女　　(2) 蓋世之( )　　(3) 居( )思危　　(4) 犬馬之( )　　(5) 結草( )恩
(6) 鷄卵有( )　　(7) ( )掌難鳴　　(8) 苦( )甘來　　(9) 過猶不( )　　(10) ( )言令色

Ⅲ. 다음 ( )에 알맞은 漢字를 써 넣어 漢字成語를 完成하시오.

(1) 九曲( )腸　　(2) 口蜜( )劍　　(3) ( )鷄一鶴　　(4) ( )不十年　　(5) ( )衣夜行
(6) 錦衣( )鄕　　(7) 內( )外剛　　(8) ( )卵之危　　(9) 多多( )善　　(10) ( )狗風月

Ⅳ. 다음 ( )에 알맞은 漢字를 써 넣어 漢字成語를 完成하시오.

(1) 同( )紅裳　　(2) 同( )相憐　　(3) 同床異( )　　(4) 燈火可( )　　(5) 莫( )之友
(6) ( )時之歎　　(7) ( )洋之嘆　　(8) 孟母三( )　　(9) 明( )觀火　　(10) 目不( )丁

Ⅴ. 다음 ( )에 알맞은 漢字를 써 넣어 漢字成語를 完成하시오.

(1) 拔本( )源　　(2) 背水之( )　　(3) 百年( )淸　　(4) 夫( )婦隨　　(5) ( )和雷同
(6) 氷山一( )　　(7) 四面楚( )　　(8) 事必( )正　　(9) 殺身( )仁　　(10) 三( )九食

D-13

완성형 完成型

VI. 다음 ( )에 알맞은 漢字를 써 넣어 漢字成語를 完成하시오.

(1) 桑田( )海　　(2) 塞翁之( )　　(3) 雪上( )霜　　(4) 束手無( )　　(5) 首( )初心
(6) 手不( )卷　　(7) ( )亡齒寒　　(8) 我田( )水　　(9) 安分知( )　　(10) 羊( )狗肉

VII. 다음 ( )에 알맞은 漢字를 써 넣어 漢字成語를 完成하시오.

(1) 漁父之( )　　(2) ( )地思之　　(3) ( )木求魚　　(4) ( )涼世態　　(5) 五( )霧中
(6) 烏飛梨( )　　(7) ( )故知新　　(8) 有備無( )　　(9) 因( )應報　　(10) 一( )春夢

VIII. 다음 ( )에 알맞은 漢字를 써 넣어 漢字成語를 完成하시오.

(1) 日就月( )　　(2) 自强不( )　　(3) ( )心三日　　(4) 前( )未聞　　(5) 漸入( )境
(6) ( )禍爲福　　(7) 朝變夕( )　　(8) ( )井觀天　　(9) ( )耕夜讀　　(10) 進( )兩難

IX. 다음 ( )에 알맞은 漢字를 써 넣어 漢字成語를 完成하시오.

(1) 千載一( )　　(2) ( )出於藍　　(3) 寸( )殺人　　(4) 風( )之嘆　　(5) 咸興( )使
(6) 螢雪( )功　　(7) 興亡( )衰　　(8) 興( )悲來　　(9) ( )然之氣　　(10) ( )者定離

D-12

동의어 同義語

5. 동의어同義語

| 동의어 단어 익히기 |

ㄱ 으로 시작되는 漢字語

歌 = 曲(가곡) : 노래 = 곡조
家 = 室(가실) : 집 = 집
歌 = 樂(가악) : 노래 = 풍류
家 = 屋(가옥) : 집 = 집
歌 = 謠(가요) : 노래 = 노래
價 = 値(가치) : 값 = 값
家 = 宅(가택) : 집 = 집
覺 = 悟(각오) : 깨닫다 = 깨닫다
監 = 視(감시) : 보다 = 보다
康 = 寧(강녕) : 편안하다 = 편안하다
開 = 拓(개척) : 열다 = 열다
巨 = 大(거대) : 크다 = 크다
居 = 住(거주) : 살다 = 살다
健 = 康(건강) : 굳세다 = 편안하다
乾 = 燥(건조) : 마르다 = 마르다
堅 = 固(견고) : 굳다 = 굳다
謙 = 讓(겸양) : 겸손하다 = 사양하다
境 = 界(경계) : 지경 = 지경
經 = 歷(경력) : 지나다 = 지나다
輕 = 微(경미) : 가볍다 = 작다
競 = 爭(경쟁) : 다투다 = 다투다
階 = 段(계단) : 섬돌 = 층계
計 = 算(계산) : 세다 = 셈
繼 = 續(계속) : 잇다 = 잇다
契 = 約(계약) : 맺다 = 맺다
孤 = 獨(고독) : 외롭다 = 홀로
考 = 慮(고려) : 생각하다 = 생각하다
攻 = 擊(공격) : 치다 = 치다
恭 = 敬(공경) : 공손하다 = 공경하다
供 = 給(공급) : 이바지하다 = 주다

共 = 同(공동) : 한가지 = 한가지
供 = 與(공여) : 이바지하다 = 주다
空 = 虛(공허) : 비다 = 비다
過 = 去(과거) : 지나다 = 가다
過 = 失(과실) : 허물 = 과실
果 = 實(과실) : 실과 = 열매
過 = 誤(과오) : 허물 = 그르치다
誇 = 張(과장) : 자랑하다 = 베풀다
官 = 吏(관리) : 벼슬 = 벼슬아치
觀 = 徹(관철) : 꿰다 = 통하다
貫 = 通(관통) : 꿰뚫다 = 통하다
橋 = 脚(교각) : 다리 = 다리
敎 = 訓(교훈) : 가르치다 = 가르치다
具 = 備(구비) : 갖추다 = 갖추다
拘 = 束(구속) : 잡다 = 묶다
救 = 濟(구제) : 구하다 = 건너다
區 = 劃(구획) : 나누다 = 긋다
郡 = 邑(군읍) : 고을 = 고을
勸 = 誘(권유) : 권하다 = 꾀다
鬼 = 神(귀신) : 귀신 = 귀신
歸 = 還(귀환) : 돌아가다 = 돌아오다
極 = 端(극단) : 다하다 = 끝
根 = 本(근본) : 뿌리 = 근본
急 = 速(급속) : 급하다 = 빠르다
紀 = 綱(기강) : 벼리 = 벼리
機 = 械(기계) : 틀 = 형틀
奇 = 怪(기괴) : 기이하다 = 기이하다
企 = 圖(기도) : 꾀하다 = 그림
技 = 術(기술) : 재주 = 재주
技 = 藝(기예) : 재주 = 재주

ㄴ·ㄷ·ㅁ 으로 시작되는 漢字語

樓 = 閣(누각) : 다락 = 누각
斷 = 絕(단절) : 끊다 = 끊다
談 = 話(담화) : 말씀 = 말씀
大 = 太(대태) : 크다 = 크다

D-12

동의어 同義語

到 = 達(도달) : 이르다 = 도달하다
道 = 路(도로) : 길 = 길
度 = 式(도식) : 법도 = 법
盜 = 賊(도적) : 훔치다 = 도적
到 = 着(도착) : 이르다 = 도착하다
逃 = 避(도피) : 달아나다 = 피하다
圖 = 畵(도화) : 그림 = 그림
洞 = 郡(동군) : 고을 = 고을
頭 = 腦(두뇌) : 머리 = 뇌
末 = 端(말단) : 끝 = 끝
末 = 尾(말미) : 끝 = 꼬리
滅 = 亡(멸망) : 멸망하다 = 망하다
明 = 哲(명철) : 밝다 = 밝다
謀 = 略(모략) : 꾀하다 = 꾀
毛 = 髮(모발) : 털 = 털
模 = 範(모범) : 본뜨다 = 법
文 = 書(문서) : 글월 = 글
文 = 章(문장) : 글월 = 글
微 = 細(미세) : 작다 = 가늘다
微 = 弱(미약) : 작다 = 약하다

ㅂ·ㅅ 으로 시작되는 漢字語

配 = 偶(배우) : 짝 = 짝
繁 = 盛(번성) : 많다 = 성하다
法 = 式(법식) : 법 = 법
法 = 典(법전) : 법 = 법
變 = 化(변화) : 변하다 = 되다
變 = 換(변환) : 변하다 = 바꾸다
兵 = 卒(병졸) : 병사 = 병사
報 = 告(보고) : 알리다 = 고하다
保 = 守(보수) : 지키다 = 지키다
扶 = 助(부조) : 돕다 = 돕다
副 = 次(부차) : 버금 = 버금
紛 = 亂(분란) : 어지럽다 = 어지럽다
墳 = 墓(분묘) : 무덤 = 무덤
分 = 班(분반) : 나누다 = 나누다

分 = 別(분별) : 나누다 = 나누다
奔 = 走(분주) : 달리다 = 달리다
分 = 割(분할) : 나누다 = 나누다
悲 = 哀(비애) : 슬프다 = 슬프다
卑 = 賤(비천) : 낮다 = 천하다
批 = 評(비평) : 비평하다 = 비평하다
貧 = 困(빈곤) : 가난하다 = 곤하다
貧 = 窮(빈궁) : 가난하다 = 궁하다
貧 = 賤(빈천) : 가난하다 = 천하다
思 = 考(사고) : 생각하다 = 생각하다
思 = 念(사념) : 생각하다 = 생각하다
思 = 慮(사려) : 생각 = 생각
思 = 想(사상) : 생각 = 생각하다
辭 = 讓(사양) : 사양하다 = 사양하다
社 = 會(사회) : 모이다 = 모이다
算 = 數(산수) : 셈 = 셈
相 = 互(상호) : 서로 = 서로
生 = 活(생활) : 살다 = 살다
書 = 章(서장) : 글 = 글
選 = 別(선별) : 가리다 = 나누다
選 = 擇(선택) : 가리다 = 가리다
旋 = 回(선회) : 돌다 = 돌다
星 = 辰(성신) : 별 = 별
疏 = 通(소통) : 트이다 = 통하다
送 = 付(송부) : 보내다 = 주다
修 = 鍊(수련) : 닦다 = 익히다
樹 = 林(수림) : 나무 = 수풀
壽 = 命(수명) : 목숨 = 목숨
樹 = 木(수목) : 나무 = 나무
輸 = 送(수송) : 나르다 = 보내다
收 = 拾(수습) : 거두다 = 줍다
純 = 潔(순결) : 순수하다 = 깨끗하다
崇 = 高(숭고) : 높다 = 높다
施 = 設(시설) : 베풀다 = 베풀다
始 = 初(시초) : 처음 = 처음
試 = 驗(시험) : 시험하다 = 시험하다
申 = 告(신고) : 알리다 = 알리다

D-12

동의어 同義語

信 = 賴(신뢰) : 믿다 = 힘입다
身 = 體(신체) : 몸 = 몸
室 = 堂(실당) : 집 = 집
心 = 情(심정) : 마음 = 뜻

ㅇ・ㅈ 으로 시작되는 漢字語

阿 = 附(아부) : 붙다 = 붙다
安 = 寧(안녕) : 편안하다 = 편안하다
顏 = 面(안면) : 얼굴 = 낯
眼 = 目(안목) : 눈 = 눈
安 = 逸(안일) : 편안하다 = 편하다
巖 = 石(암석) : 바위 = 돌
愛 = 慕(애모) : 사랑하다 = 그리워하다
夜 = 夕(야석) : 밤 = 밤
抑 = 壓(억압) : 누르다 = 누르다
言 = 語(언어) : 말씀 = 말씀
餘 = 裕(여유) : 남다 = 넉넉하다
研 = 究(연구) : 갈다 = 구하다
連 = 絡(연락) : 잇다 = 잇다
戀 = 慕(연모) : 사모하다 = 그리워하다
年 = 歲(연세) : 해 = 해
連 = 續(연속) : 잇다 = 잇다
戀 = 愛(연애) : 사모하다 = 사랑하다
悅 = 樂(열락) : 기쁘다 = 즐기다
念 = 慮(염려) : 생각하다 = 생각하다
永 = 久(영구) : 길다 = 오래다
永 = 遠(영원) : 길다 = 멀다
溫 = 暖(온난) : 따뜻하다 = 따뜻하다
容 = 貌(용모) : 얼굴 = 얼굴
宇 = 宙(우주) : 집 = 집
憂 = 患(우환) : 근심하다 = 근심
怨 = 恨(원한) : 원망하다 = 원망하다
悠 = 久(유구) : 멀다 = 오래되다
柔 = 軟(유연) : 부드럽다 = 부드럽다
悠 = 長(유장) : 멀다 = 길다
幼 = 稚(유치) : 어리다 = 어리다

遊 = 戲(유희) : 놀다 = 놀다
潤 = 澤(윤택) : 윤택하다 = 윤택하다
隆 = 崇(융숭) : 크다 = 높다
恩 = 惠(은혜) : 은혜 = 은혜
音 = 聲(음성) : 소리 = 소리
音 = 響(음향) : 소리 = 울리다
依 = 賴(의뢰) : 의지하다 = 힘입다
衣 = 服(의복) : 옷 = 옷
意 = 思(의사) : 뜻 = 생각
意 = 志(의지) : 뜻 = 뜻
履 = 歷(이력) : 밟다 = 지나다
里 = 村(이촌) : 마을 = 마을
忍 = 耐(인내) : 참다 = 견디다
認 = 識(인식) : 알다 = 알다
慈 = 愛(자애) : 사랑하다 = 사랑
姿 = 態(자태) : 모양 = 모양
長 = 久(장구) : 길다 = 오래다
帳 = 簿(장부) : 장부 = 장부
裝 = 飾(장식) : 꾸미다 = 꾸미다
才 = 術(재술) : 재주 = 재주
財 = 貨(재화) : 재화 = 재화
著 = 述(저술) : 짓다 = 짓다
著 = 作(저작) : 짓다 = 짓다
貯 = 藏(저장) : 쌓다 = 감추다
貯 = 蓄(저축) : 쌓다 = 쌓다
抵 = 抗(저항) : 거스르다 = 막다
戰 = 爭(전쟁) : 싸우다 = 다투다
戰 = 鬪(전투) : 싸우다 = 싸우다
停 = 留(정류) : 머무르다 = 머무르다
停 = 止(정지) : 머무르다 = 그치다
正 = 直(정직) : 바르다 = 곧다
政 = 治(정치) : 정사 = 다스리다
祭 = 祀(제사) : 제사 = 제사
帝 = 王(제왕) : 임금 = 임금
製 = 作(제작) : 짓다 = 짓다
製 = 造(제조) : 짓다 = 짓다
組 = 織(조직) : 짜다 = 짜다

동의어 同義語

調 = 和(조화) : 고르다 = 화하다
尊 = 重(존중) : 높다 = 무겁다
終 = 止(종지) : 마치다 = 그치다
增 = 加(증가) : 더하다 = 더하다
憎 = 惡(증오) : 미워하다 = 미워하다
知 = 識(지식) : 알다 = 알다
智 = 慧(지혜) : 슬기 = 슬기
珍 = 寶(진보) : 보배 = 보배
鎭 = 壓(진압) : 누르다 = 누르다
進 = 就(진취) : 나아가다 = 나아가다
疾 = 病(질병) : 병 = 병
秩 = 序(질서) : 차례 = 차례
徵 = 收(징수) : 부르다 = 거두다
徵 = 兆(징조) : 징조 = 조짐

ㅊ·ㅌ·ㅍ·ㅎ 으로 시작되는 漢字語

倉 = 庫(창고) : 곳집 = 곳집
昌 = 盛(창성) : 창성하다 = 성하다
策 = 略(책략) : 꾀 = 꾀
處 = 所(처소) : 곳 = 곳
靑 = 綠(청록) : 푸르다 = 푸르다
聽 = 聞(청문) : 듣다 = 듣다
招 = 聘(초빙) : 부르다 = 부르다
超 = 越(초월) : 넘다 = 넘다
追 = 放(추방) : 쫓다 = 쫓다
蓄 = 積(축적) : 쌓다 = 쌓다
祝 = 賀(축하) : 빌다 = 하례하다
出 = 生(출생) : 나다 = 나다
層 = 階(층계) : 층 = 섬돌
恥 = 辱(치욕) : 부끄럽다 = 욕되다
親 = 睦(친목) : 친하다 = 화목하다
沈 = 沒(침몰) : 가라앉다 = 가라앉다
沈 = 潛(침잠) : 가라앉다 = 잠기다
稱 = 頌(칭송) : 칭찬하다 = 칭송하다
稱 = 讚(칭찬) : 칭찬하다 = 칭찬하다
打 = 擊(타격) : 치다 = 치다

卓 = 越(탁월) : 높다 = 넘다
探 = 索(탐색) : 찾다 = 찾다
討 = 伐(토벌) : 치다 = 치다
土 = 壤(토양) : 흙 = 흙
土 = 地(토지) : 흙 = 땅
統 = 率(통솔) : 거느리다 = 거느리다
鬪 = 爭(투쟁) : 싸우다 = 싸우다
包 = 含(포함) : 쌀 = 머금다
表 = 皮(표피) : 겉 = 가죽
皮 = 革(피혁) : 가죽 = 가죽
畢 = 竟(필경) : 마치다 = 다하다
河 = 川(하천) : 물 = 시내
河 = 海(하해) : 물 = 바다
學 = 習(학습) : 배우다 = 익히다
寒 = 冷(한랭) : 차다 = 차다
陷 = 沒(함몰) : 빠지다 = 빠지다
恒 = 常(항상) : 항상 = 항상
海 = 洋(해양) : 바다 = 큰 바다
幸 = 福(행복) : 다행 = 복
許 = 諾(허락) : 허락하다 = 허락하다
獻 = 納(헌납) : 바치다 = 드리다
顯 = 著(현저) : 드러나다 = 드러나다
豪 = 傑(호걸) : 호걸 = 호걸
歡 = 喜(환희) : 기쁘다 = 기쁘다
皇 = 帝(황제) : 임금 = 임금
會 = 社(회사) : 모이다 = 모이다
獲 = 得(획득) : 얻다 = 얻다
希 = 望(희망) : 바라다 = 바라다
喜 = 悅(희열) : 기쁘다 = 기쁘다
希 = 願(희원) : 바라다 = 바라다

D-12

동의어 同義語

| 동의어 쓰기 기출 예상문제 |

동의어는 뜻이 비슷한 한자가 결합된 한자어입니다. 한자의 원래 뜻과 함께 비슷한 한자가 만나 이루어진 단어 자체를 외우면서 익히면 됩니다. 문제는 일상생활에서 많이 쓰이는 단어에서 주로 출제됩니다. 따라서 이런 문제 유형도 역시 훈(訓)과 음(音)을 익히는 연습과 단어 독음 익히기를 평소에 철저히 해 두면 쉽게 풀 수 있는 문제입니다. 최근 기출문제 유형을 분석하여 문제를 출제하였으니 제시된 문제 위주로 공부하기 바랍니다.

Ⅰ. 빈칸에 訓이 같은 漢字를 써 넣어 단어를 완성하시오.

(1) (　)屋　　　(2) 監(　)　　　(3) (　)燥　　　(4) 階(　)　　　(5) 契(　)
(6) 果(　)　　　(7) 貫(　)　　　(8) 救(　)　　　(9) 急(　)　　　(10) (　)綱

Ⅱ. 빈칸에 訓이 같은 漢字를 써 넣어 단어를 완성하시오.

(1) (　)術　　　(2) 斷(　)　　　(3) (　)賊　　　(4) (　)腦　　　(5) (　)略
(6) (　)細　　　(7) 配(　)　　　(8) (　)典　　　(9) (　)換　　　(10) (　)助

Ⅲ. 빈칸에 訓이 같은 漢字를 써 넣어 단어를 완성하시오.

(1) 紛(　)　　　(2) 奔(　)　　　(3) (　)割　　　(4) (　)困　　　(5) (　)廬
(6) 社(　)　　　(7) (　)別　　　(8) 星(　)　　　(9) 壽(　)　　　(10) 輸(　)

Ⅳ. 빈칸에 訓이 같은 漢字를 써 넣어 단어를 완성하시오.

(1) 施(　)　　　(2) 試(　)　　　(3) (　)情　　　(4) 安(　)　　　(5) 阿(　)
(6) 抑(　)　　　(7) (　)絡　　　(8) 年(　)　　　(9) (　)久　　　(10) 溫(　)

Ⅴ. 빈칸에 訓이 같은 漢字를 써 넣어 단어를 완성하시오.

(1) 憂(　)　　　(2) (　)軟　　　(3) 遊(　)　　　(4) 潤(　)　　　(5) 衣(　)
(6) 履(　)　　　(7) 忍(　)　　　(8) (　)態　　　(9) (　)簿　　　(10) 著(　)

동의어 同義語

VI. 빈칸에 訓이 같은 漢字를 써 넣어 단어를 완성하시오.

(1) 貯(　　)   (2) 抵(　　)   (3) 祭(　　)   (4) (　　)造   (5) (　　)留

(6) (　　)織   (7) (　　)慧   (8) (　　)病   (9) (　　)兆   (10) (　　)庫

VII. 빈칸에 訓이 같은 漢字를 써 넣어 단어를 완성하시오.

(1) 策(　　)   (2) 聽(　　)   (3) (　　)聘   (4) 祝(　　)   (5) 恥(　　)

(6) (　　)沒   (7) (　　)讚   (8) 打(　　)   (9) (　　)索   (10) 討(　　)

VIII. 빈칸에 訓이 같은 漢字를 써 넣어 단어를 완성하시오.

(1) (　　)率   (2) 包(　　)   (3) 皮(　　)   (4) 學(　　)   (5) 寒(　　)

(6) 幸(　　)   (7) 皇(　　)   (8) 豪(　　)   (9) 獲(　　)   (10) 喜(　　)

D-11

동음이의어 同音異義語

6. 동음이의어同音異義語

| 동음이의어 단어 익히기 |

ㄱ 으로 시작되는 漢字語

가계 – 家計 家系 家鷄 家戒
가공 – 加功 加工
가구 – 家具 家口 假構
가사 – 家事 歌辭 家舍 假死
가산 – 加算 家産 可算
가상 – 假像 假想 架上
가정 – 假定 加定 家丁 家庭 家政
감사 – 甘死 甘辭 監事 監史 監寺
　　　 監査
감상 – 感想 感賞 監床 感傷
감수 – 感受 減數 減水 甘受 甘水
　　　 監修 監守 監收
감정 – 感情 鑑定
강단 – 剛斷 講壇
강도 – 剛度 強盜 強度
개간 – 開刊 改刊
개선 – 改善 改選 開船
개정 – 改定 改正 開定 開政
거수 – 居首 巨樹 擧手 擧首
건조 – 乾燥 乾造 建造
검사 – 檢事 檢查
경기 – 景氣 競技 競起 經紀 驚氣
　　　 驚起
경지 – 境地 耕地
고대 – 古代 苦待 高大
고문 – 古文 高文 高聞 高門
고시 – 告示 考試 高試
고아 – 古雅 孤兒 高雅
공과 – 公課 功課 功過 工科 工課

공법 – 公法 空法
공사 – 公事 公使 公社 公私 公舍
　　　 工事 工師 空事 空士
공영 – 公營 共榮 共營 空營
공중 – 公衆 空中
공포 – 公布 功布 空胞
과도 – 果刀 過度 過渡
과실 – 果實 過失
과정 – 科程 課程 過政 過程
관념 – 觀念 關念
관례 – 冠禮 慣例
관리 – 官吏 冠履 管理
관용 – 官用 寬容 慣用
관전 – 官前 官展 官錢 觀戰
광기 – 光氣 狂氣
구조 – 救助 構造
군수 – 軍需 郡守
극단 – 劇團 劇壇 極端
근간 – 根幹 近刊 近間
기도 – 氣度 氣道 企圖 祈禱
기수 – 基數 旗手 騎手

ㄴ·ㄷ·ㄹ 으로 시작되는 漢字語

내장 – 內臟 內裝
녹음 – 綠陰 錄音
농담 – 農談 弄談
단절 – 斷切 斷折 斷絶 短折
단정 – 單精 斷定 斷情 端整 端正
단편 – 斷篇 斷編 短篇
답사 – 答謝 答辭
대기 – 大器 大己 大旗 大期 大機
　　　 大氣 大起 對機 待期 待機
대비 – 對備 對比
대사 – 代射 代謝 大事 大使 大士
　　　 大寫 大寺 大師 大社 大舍
대풍 – 大豊 大風

도강 – 渡江 盜講 都講
동기 – 冬期 動機 同期 同氣 銅器
동사 – 凍死 動詞 同舍 銅絲 同事
동시 – 冬時 同時 同視 東詩
동심 – 冬心 動心 同心 童心
동요 – 童謠 動搖
동정 – 動靜 同情 同精
동향 – 動向 同鄕 東向
동화 – 動畵 同化 同和 童畵 童話
　　　 銅貨
만성 – 慢性 晚成 萬姓
매장 – 埋葬 每場
매점 – 買占 賣店
명문 – 名文 名聞 名門 命門 明文
무성 – 無性 無聲
문재 – 文才 門材
문제 – 問題 文題 門弟 門題
미행 – 尾行 微行 美行

ㅂ·ㅅ 으로 시작되는 漢字語

반감 – 半減 反感
반전 – 反轉 反戰
발전 – 發電 發展
보고 – 報告 寶庫
보도 – 寶刀 報道 步度 補導
보석 – 寶石 步石
보수 – 保守 保手 保授 寶樹 步數
봉사 – 奉事 奉仕 奉使
부세 – 富世 富歲 府稅 浮世 賦稅
부양 – 扶養 浮揚
부인 – 副因 否認 夫人 婦人
부정 – 否定 不定 不正
분기 – 分期 奮起 憤氣
분실 – 分室 紛失
비명 – 悲鳴 非命
비상 – 悲傷 非常 非想 飛上

D-11

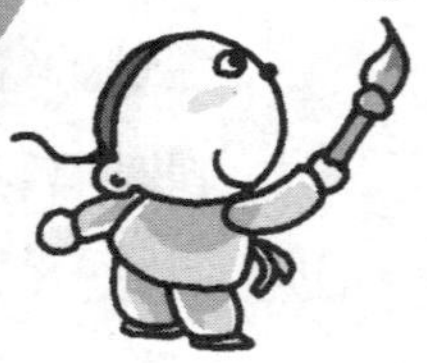

동음이의어 同音異義語

비행 – 非行 飛行
사고 – 事故 史庫 四庫 四苦 思考 查考 死苦 社告 私庫 私考
사기 – 事機 事記 史記 四機 士氣 射器 死期 社旗 私記 辭氣
사료 – 史料 思料 使料
사복 – 射覆 思服 私服
사설 – 社說 辭說 邪說
사신 – 使臣 史臣 四神 寺神 私信 辭神
사용 – 使用 社用 私用
사형 – 師兄 死刑 私刑 舍兄
사후 – 事後 死後
산정 – 山亭 山情 山頂 散政 算定
상고 – 尙古 商高 上古
상술 – 上述 商術 詳述
상품 – 上品 商品 賞品
성인 – 成人 成仁 成因 聖人
소원 – 小園 小圓 所員 所願 素願
소화 – 小火 小話 所化 消化 消和 消火 笑話 素花
송사 – 訟事 送辭 頌辭
수도 – 修道 手刀 水道 首都
수상 – 受象 手相 首相
수습 – 修習 收拾
수식 – 修飾 樹植 數式
수심 – 守心 水心 獸心
수장 – 受章 首長 守長
습득 – 拾得 習得
승복 – 僧服 承服
시가 – 始價 市價 市街 時價 詩歌
시공 – 施工 時空
시립 – 侍立 市立
시사 – 時事 試寫 詩社
시정 – 市政 施政 是正 詩情
식수 – 植樹 食數 食水
실신 – 失信 失神 失身

심리 – 心理 審理
심사 – 審査 心事 心思 深謝

ㅇ·ㅈ 으로 시작되는 漢字語

양력 – 揚力 陽曆
양복 – 陽福 洋服
역사 – 力士 歷史
연소 – 燃燒 年少
영생 – 永生 營生
영정 – 令正 寧靜
오륜 – 五倫 五輪
용기 – 勇氣 容器 用器
우군 – 友軍 右軍
우수 – 優秀 憂愁
우의 – 牛衣 牛醫 雨意 雨衣
운행 – 運行 雲行
유도 – 有道 柔道
유명 – 有名 幽明
육성 – 肉聲 育成 六成 六省
의사 – 意思 義士 議事 醫師
인도 – 人道 仁道 印度 引導
인자 – 仁慈 因子
일금 – 一禁 一金
일일 – 一日 日日
자정 – 姿情 子正
자제 – 姉弟 子弟 自制 自製
장기 – 壯氣 長技 長旗 壯氣 臟器
장병 – 將兵 長兵 長病
장부 – 丈夫 帳簿
장수 – 將帥 長壽
장정 – 莊丁 長程
재고 – 再考 在告 在庫
전기 – 傳記 前期 前記 轉機 轉記 電氣
전선 – 傳宣 全線 全鮮 前線 戰線 戰船 電線

전용 – 全容 全用 專用 轉用
전원 – 全員 全院 田園 電源
전후 – 前後 戰後
절개 – 切開 節概
정당 – 停當 政堂 政黨 正堂 正當 精當
정상 – 情狀 頂相 頂上 正常 政商
정수 – 正數 淨水
정수 – 定數 整數 正數
정의 – 定意 定義 定議 庭儀 情意 情義 正意 正義 精義
제도 – 制度 帝圖 帝道 帝都 濟度 製圖
제재 – 製才 製材 題材
조기 – 早期 早起 朝紀 造機
조선 – 操船 朝鮮 條線 祖先 造船
조수 – 助手 潮水
주간 – 主幹 晝間 週刊
주부 – 主婦 主部
중세 – 中世 重稅
지구 – 地區 持久
지상 – 地上 地床 地相 地象 智相 紙上 至上 至想 誌上
진정 – 眞情 眞淨 進程 鎭靜 陳情 眞正

ㅊ·ㅌ·ㅍ·ㅎ 으로 시작되는 漢字語

천년 – 千年 天年
청강 – 淸江 聽講
초대 – 初代 招待
초상 – 初喪 肖像
최고 – 最古 最高
출가 – 出家 出駕
침수 – 侵水 沈愁
통상 – 通商 通常
통화 – 通話 通貨

D-11

동음이의어 同音異義語

유형별 기출문제 실전연습 3급 II

특수 – 特殊　特需
편차 – 便車　偏差　編次
표시 – 標示　表示
하등 – 下等　何等
해산 – 海山　海産　解散　解産
향수 – 享受　鄕愁　香水
화랑 – 畵廊　花郞
화장 – 化粧　火葬
회의 – 回議　會意　會議
흉부 – 凶婦　胸府　胸部

D-10

동음이의어 同音異義語

| 동음이의어 쓰기 기출 예상문제 |

동음이의어란, 음은 같은데 뜻이 다른 한자어를 말합니다. 동음이의어 한자어는 국어의 어휘력을 높일 수 있는 좋은 기회가 되니 제시된 단어들을 반드시 익혀두세요. 이 유형 역시 한자의 훈음을 익히는 연습을 평소에 철저히 해 두면 쉽게 풀 수 있는 문제입니다. 최근 기출문제 유형을 분석하여 문제를 출제하였으니 제시된 문제 위주로 공부하기 바랍니다. 한자어를 연습할 때에는 뜻풀이에 유의해가면서 연습하기 바랍니다.

Ⅰ. 다음 漢字語와 音은 같으나 뜻이 다른 漢字語를 쓰시오.

(1) 意思 – (　　　) : 의심스러운 일
(2) 家契 – (　　　) : 집안 살림의 수입과 지출
(3) 假死 – (　　　) : 노랫말
(4) 監修 – (　　　) : 맛이 단 물
(5) 高試 – (　　　) : 글로 써서 널리 알림
(6) 空營 – (　　　) : 함께 번영함
(7) 綠陰 – (　　　) : 소리를 기록함
(8) 短折 – (　　　) : 유대나 인연관계를 끊음
(9) 臺詞 – (　　　) : 나라를 대표하여 외교업무 보는 사람
(10) 東向 – (　　　) : 고향이 같음

Ⅱ. 다음 漢字語와 音은 같으나 뜻이 다른 漢字語를 쓰시오.

(1) 茂盛 – (　　　) : 소리가 없음
(2) 步數 – (　　　) : 보전하여 지킴
(3) 飛霜 – (　　　) : 뜻밖의 긴급한 사태
(4) 社旗 – (　　　) : 요사스럽고 나쁜 기운
(5) 上品 – (　　　) : 사고파는 물건
(6) 疎畵 – (　　　) : 불을 끔
(7) 正當 – (　　　) : 정치적으로 조직한 단체
(8) 酒婦 – (　　　) : 중요한 부분
(9) 海産 – (　　　) : 아이를 낳음
(10) 架上 – (　　　) : 실물처럼 보이는 거짓 현상

Ⅲ. 다음 漢字語와 音은 같으나 뜻이 다른 漢字語를 쓰시오.

(1) 報道 – (　　　) : 보배스러운 칼
(2) 疏遠 – (　　　) : 작은 원
(3) 習得 – (　　　) : 주워서 얻음
(4) 射覆 – (　　　) : 사사로이 입는 옷
(5) 心裏 – (　　　) : 사실을 조사하여 처리함
(6) 鎭定 – (　　　) : 실정이나 사정을 진술함
(7) 香水 – (　　　) : 오래 사는 복을 누림
(8) 扶養 – (　　　) : 가라앉은 것이 떠오름
(9) 懷疑 – (　　　) : 여럿이 모여 의논함
(10) 節槪 – (　　　) : 째거나 갈라서 벌림

D-10

동음이의어 同音異義語

IV. 다음 漢字語와 音은 같으나 뜻이 다른 漢字語를 쓰시오.

(1) 光氣 – (   ) : 미친 듯한 기미

(2) 旗手 – (   ) : 경마에서 말을 타는 사람

(3) 盜講 – (   ) : 강을 건넘

(4) 動詞 – (   ) : 얼어 죽음

(5) 萬姓 – (   ) : 늦게 이루어짐

(6) 美行 – (   ) : 다른 사람의 뒤를 몰래 밟음

(7) 富世 – (   ) : 세금을 매겨서 부과하는 일

(8) 送辭 – (   ) : 소송하는 일

(9) 凶婦 – (   ) : 가슴

(10) 便車 – (   ) : 순서에 따라 편집함

뜻풀이

7. 뜻풀이

| 뜻풀이 기출 예상문제 |

한자어(漢字語)의 뜻을 풀이하여 우리말로 쓰는 유형입니다. 한자(漢字)의 훈(訓)을 활용하여 뜻을 풀이하면 됩니다. 문제들은 답이 길지 않으면서도 일상생활에서 많이 쓰이는 단어에서 출제됩니다. 평소에 익혀 둔 훈과 음을 가지고 글자 그대로 풀이해서 쓰면 됩니다. 최근 기출문제 유형을 분석하여 문제를 출제하였으니 제시된 문제 위주로 공부하기 바랍니다.

Ⅰ. 다음 漢字語의 뜻을 쓰시오.

(1) 家寶 (　　　　　)　　(2) 改良 (　　　　　)
(3) 枯葉 (　　　　　)　　(4) 廣域 (　　　　　)
(5) 毛孔 (　　　　　)　　(6) 放牧 (　　　　　)
(7) 復活 (　　　　　)　　(8) 具備 (　　　　　)
(9) 邪惡 (　　　　　)

Ⅱ. 다음 漢字語의 뜻을 쓰시오.

(1) 舌戰 (　　　　　)　　(2) 熟眠 (　　　　　)
(3) 哀歡 (　　　　　)　　(4) 汚染 (　　　　　)
(5) 雲霧 (　　　　　)　　(6) 殘金 (　　　　　)
(7) 暫時 (　　　　　)　　(8) 漸增 (　　　　　)
(9) 唱法 (　　　　　)

Ⅲ. 다음 漢字語의 뜻을 쓰시오.

(1) 特效 (　　　　　)　　(2) 合掌 (　　　　　)
(3) 話術 (　　　　　)　　(4) 曉月 (　　　　　)
(5) 踏査 (　　　　　)　　(6) 動靜 (　　　　　)
(7) 否認 (　　　　　)　　(8) 引導 (　　　　　)
(9) 懷疑 (　　　　　)

뜻풀이

유형별 기출문제 실전연습 3급Ⅱ

Ⅳ. 다음 漢字語의 뜻을 쓰시오.

(1) 信賴 (　　　　　　　　)　　(2) 突風 (　　　　　　　　　　)

(3) 不眠症 (　　　　　　　)　　(4) 謀事 (　　　　　　　　　　)

(5) 橫斷 (　　　　　　　　)　　(6) 猛獸 (　　　　　　　　　　)

(7) 旋回 (　　　　　　　　)　　(8) 振興 (　　　　　　　　　　)

(9) 慈堂 (　　　　　　　　)

Ⅴ. 다음 漢字語의 뜻을 쓰시오.

(1) 弊習 (　　　　　　　　)　　(2) 培養 (　　　　　　　　　　)

(3) 盟約 (　　　　　　　　)　　(4) 面貌 (　　　　　　　　　　)

(5) 同年輩 (　　　　　　　)　　(6) 銘心 (　　　　　　　　　　)

(7) 獻身 (　　　　　　　　)　　(8) 乘機 (　　　　　　　　　　)

(9) 吉夢 (　　　　　　　　)

약자略字 · 속자俗字

8. 약자略字 · 속자俗字

| 약자 · 속자 익히기 |

약자나 속자를 쉽게 익히는 요령은 다음과 같습니다.

첫째, 약자는 본 글자의 특정 부위만 남겨서 간단하게 만든 경우가 있습니다. 예를 들면 '醫'의 약자는 본 글자의 앞부분인 '医'만 남겨 약자로 사용합니다. 이런 공통점을 갖는 한자들만 따로 모아 표로 만들었으니 한꺼번에 모아서 공부하면 학습 효과가 높습니다.

둘째, 약자로 변모되는 몇 개의 공통된 특성들을 외우면 나머지 한자의 약자도 쉽게 익힐 수가 있습니다. 예를 들면 讀, 續 등의 '賣' 부분은 모두 '売'로 바뀌게 되어 '読, 続'으로 쉽게 바꿀 수가 있습니다.

본문에 나온 '약자 · 속자 익히기' 한자어들은 급수에 상관없이 이러한 특성들을 가진 한자들을 모아 정리해 놓은 것이니, 본 글자와 약자와의 상관성 및 공통성을 잘 살펴보면서 외우면 학습 효과가 클 것입니다.

■ 공통된 부분이 변하는 글자

본자	약자	본자	약자	본자	약자	본자	약자
假(거짓 가)	仮	歡(기쁠 환)	歓, 欢	莊(엄숙할 장)	荘	擇(가릴 택)	択
暇(겨를 가)	暇	單(홑 단)	単	裝(꾸밀 장)	装	獨(홀로 독)	独
監(볼 감)	监	戰(싸울 전)	戦, 战	將(장수 장)	将	觸(닿을 촉)	触
堅(굳을 견)	坚	彈(탄알 탄)	弾	獎(권면할 장)	奨	數(셈 수)	数
覽(볼 람)	覧	獸(짐승 수)	獣	傳(전할 전)	伝	樓(다락 루)	楼
賢(어질 현)	賢, 贤	讀(읽을 독)	読	轉(구를 전)	転	齊(가지런할 제)	斉
緊(긴할 긴)	緊	賣(팔 매)	売	贊(도울 찬)	賛	濟(건널 제)	済
儉(검소할 검)	倹	續(이을 속)	続	讚(기릴 찬)	讃	卒(마칠 졸)	卆
檢(검사할 검)	検	樂(즐거울 락)	楽	學(배울 학)	学	醉(취할 취)	酔
劍(칼 검)	剣	藥(약 약)	薬	覺(깨달을 각)	覚	點(점 점)	点, 夨
險(험할 험)	険	亞(버금 아)	亜	興(일 흥)	兴	黙(잠잠할 묵)	黙
驗(시험 험)	験	惡(모질 악)	悪	擧(들 거)	挙	爲(할 위)	為
輕(다스릴 경)	軽	亂(어지러울 란)	乱	譽(기릴 예)	誉	僞(거짓 위)	偽
經(지날 경)	経	辭(말씀 사)	辞	殘(남을 잔)	残	區(구역 구)	区
徑(지름길 경)	径	歸(돌아갈 귀)	帰	錢(돈 전)	銭	驅(몰 구)	駆
繼(이을 계)	継	師(스승 사)	师	淺(얕을 천)	浅	眞(참 진)	真
斷(끊을 단)	断	勞(일할 로)	労	賤(천할 천)	賎	鎭(진압할 진)	慎
廣(넓을 광)	広	榮(영화 영)	栄	踐(밟을 천)	践	愼(삼갈 신)	鎭
鑛(쇳돌 광)	鉱	營(경영 영)	営	釋(풀 석)	釈	佛(부처 불)	仏
勸(권할 권)	勧, 劝	螢(반딧불 형)	蛍	譯(번역할 역)	訳	拂(떨칠 불)	払
權(권세 권)	権, 权	狀(형상 상)	状	驛(역참 역)	駅	參(참여할 참)	参
觀(볼 관)	観, 观	壯(장할 장)	壮	澤(못 택)	沢	慘(참혹할 참)	惨

D-8

약자略字 · 속자俗字

萬(일만 만) 万
勵(힘쓸 려) 励
戀(그리워할 련) 恋
變(변할 변) 変

■ 일부분만 남은 글자들

價(값 가) 価
團(둥글 단) 団
貌(모양 모) 皃
寶(보배 보) 宝
絲(실 사) 糸
聲(소리 성) 声
壓(누를 압) 圧
餘(남을 여) 余
與(줄 여) 与
豫(미리 예) 予
藝(재주 예) 芸
應(응할 응) 応
醫(의원 의) 医
條(가지 조) 条
蟲(벌레 충) 虫
處(곳 처) 処
號(이름 호) 号
縣(고을 현) 県

■ 기타

蓋(덮을 개) 盖
據(근거 거) 拠
傑(호걸 걸) 杰
缺(이지러질 결) 欠
強(강할 강) 强
鷄(닭 계) 雞
關(빗장 관) 関
館(집 관) 舘

教(가르칠 교) 敎
舊(예 구) 旧
國(나라 국) 国
龜(거북 구/귀) 亀
氣(기운 기) 気
棄(버릴 기) 弃
寧(편안 녕) 寍
腦(골 뇌) 脳
擔(멜 담) 担
當(마땅 당) 当
黨(무리 당) 党
對(대할 대) 対
臺(대 대) 台
圖(그림 도) 図
同(한가지 동) 仝
燈(등불 등) 灯
來(올 래) 来
兩(두 량) 両
麗(고을 려) 麗
聯(연이을 련) 联
獵(사냥 렵) 猟
靈(신령 령) 灵
禮(예도 례) 礼
爐(화로 로) 炉
龍(용 룡) 竜
離(떠날 리) 雜
滿(찰 만) 満
脈(줄기 맥) 脉
麥(보리 맥) 麦
夢(꿈 몽) 梦
廟(사당 묘) 庿
無(없을 무) 无
發(필 발) 発
邊(가 변) 辺

冰(얼음 빙) 氷
寫(베낄 사) 写
桑(뽕나무 상) 桒
敍(펼 서) 叙
攝(다스릴 섭) 摂
世(인간 세) 卋
屬(붙일 속) 属
收(거둘 수) 収
壽(목숨 수) 寿
隨(따를 수) 随
肅(엄숙할 숙) 甫
濕(젖을 습) 湿
乘(탈 승) 乗
實(열매 실) 実
雙(두 쌍) 双
兒(아이 아) 児
巖(바위 암) 岩
樣(모양 양) 様
鹽(소금 염) 塩
往(갈 왕) 徃
員(인원 원) 負
圍(에울 위) 囲
隱(숨을 은) 隠
陰(그늘 음) 陰
益(더할 익) 益
姊(손위누이 자) 姉
雜(섞일 잡) 雜
長(긴 장) 镸
災(재앙 재) 灾
哉(어조사 재) 烖
爭(다툴 쟁) 争
定(정할 정) 之
晝(낮 주) 昼
增(더할 증) 増

證(증거 증) 証
蒸(찔 증) 蒸
珍(보배 진) 珎
盡(다할 진) 尽
質(바탕 질) 質
册(책 책) 冊
遷(옮길 천) 迁
鐵(쇠 철) 鉄
廳(관청 청) 庁
聽(들을 청) 聴
體(몸 체) 体
總(다 총) 総
齒(이 치) 歯
恥(부끄러울 치) 耻
漆(옻 칠) 柒
沈(잠길 침) 沉
稱(일컬을 칭) 称
兎(토끼 토) 兎
廢(폐할 폐) 廃
豊(풍년 풍) 豊
解(풀 해) 觧
虛(빌 허) 虚
獻(드릴 헌) 献
顯(나타날 현) 顕
畵(그림 화) 画
黃(누를 황) 黃
效(본받을 효) 効
會(모일 회) 会
黑(검을 흑) 黒
戱(놀이 희) 戯

D-8

약자略字 · 속자俗字

| 약자 · 속자 쓰기 기출 예상문제 |

약자나 속자는 글자의 획수를 줄여 간단하게 만든 글자를 말합니다. 주로 일상생활에서 많이 쓰이는 글자들 중에서 반복하여 출제되는 추세입니다. '약자 · 속자 익히기'에 나온 글자들을 반복해서 쓰기 연습을 하시기 바랍니다.
최근 기출문제 유형을 분석하여 문제를 출제하였으니 제시된 문제 위주로 공부하시기 바랍니다.

Ⅰ. 다음 漢字의 略字를 쓰세요.
(1) 暇 (　　) 　　(2) 緊 (　　) 　　(3) 檢 (　　) 　　(4) 徑 (　　) 　　(5) 斷 (　　) 　　(6) 勸 (　　)

Ⅱ. 다음 漢字의 略字를 쓰세요.
(1) 彈 (　　) 　　(2) 續 (　　) 　　(3) 藥 (　　) 　　(4) 惡 (　　) 　　(5) 辭 (　　) 　　(6) 師 (　　)

Ⅲ. 다음 漢字의 略字를 쓰세요.
(1) 榮 (　　) 　　(2) 莊 (　　) 　　(3) 傳 (　　) 　　(4) 讚 (　　) 　　(5) 興 (　　) 　　(6) 淺 (　　)

Ⅳ. 다음 漢字의 略字를 쓰세요.
(1) 譯 (　　) 　　(2) 觸 (　　) 　　(3) 數 (　　) 　　(4) 齊 (　　) 　　(5) 卒 (　　) 　　(6) 點 (　　)

Ⅴ. 다음 漢字의 略字를 쓰세요.
(1) 僞 (　　) 　　(2) 區 (　　) 　　(3) 愼 (　　) 　　(4) 佛 (　　) 　　(5) 參 (　　) 　　(6) 寶 (　　)

Ⅵ. 다음 漢字의 略字를 쓰세요.
(1) 豫 (　　) 　　(2) 醫 (　　) 　　(3) 號 (　　) 　　(4) 傑 (　　) 　　(5) 舊 (　　) 　　(6) 國 (　　)

Ⅶ. 다음 漢字의 略字를 쓰세요.
(1) 氣 (　　) 　　(2) 當 (　　) 　　(3) 兩 (　　) 　　(4) 圖 (　　) 　　(5) 寫 (　　) 　　(6) 來 (　　)

Ⅷ. 다음 漢字의 略字를 쓰세요.
(1) 萬 (　　) 　　(2) 發 (　　) 　　(3) 實 (　　) 　　(4) 會 (　　) 　　(5) 壽 (　　) 　　(6) 壓 (　　)

Ⅸ. 다음 漢字의 略字를 쓰세요.
(1) 黃 (　　) 　　(2) 虛 (　　) 　　(3) 稱 (　　) 　　(4) 獻 (　　) 　　(5) 體 (　　) 　　(6) 麥 (　　)

Ⅹ. 다음 漢字의 略字를 쓰세요.
(1) 齒 (　　) 　　(2) 晝 (　　) 　　(3) 與 (　　) 　　(4) 鹽 (　　) 　　(5) 證 (　　) 　　(6) 收 (　　)

한자 漢字 쓰기

9. 한자漢字쓰기

| 한자쓰기 기출 예상문제 |

한자 쓰기는 두 가지 유형으로 출제됩니다. 하나의 문장을 제시한 다음 밑줄 친 단어를 한자로 고치라는 문제와, 단어의 뜻을 제시하고 한자로 고치라는 문제로 출제됩니다. 이런 문제 유형 역시 훈과 음을 익히는 연습을 평소에 철저히 해두시면 쉽게 풀 수 있는 문제입니다. 최근 기출문제 유형을 분석하여 문제를 출제하였으니 제시된 문제 위주로 공부하시기 바랍니다.

Ⅰ. 다음 밑줄 친 漢字語를 漢字로 쓰시오.

(1) (   ) 네 소식 기다리느라 내 <u>간장</u>이 녹는다
(2) (   ) 그가 <u>거절</u>해서 기분이 상했다
(3) (   ) 흥겨운 <u>곡조</u>로 노래를 불렀다
(4) (   ) <u>근래</u>에 보기 드문 일이 발생하였다
(5) (   ) 일요일에 <u>민속촌</u>에 놀러갔다
(6) (   ) 실내의 <u>온도</u>를 적당하게 조절하였다
(7) (   ) 자료가 <u>빈약</u>해서 연구에 많은 어려움이 있다
(8) (   ) 그는 톤이 높고 부드러운 <u>음색</u>을 가졌다
(9) (   ) 아침 학습을 학생들의 <u>자율</u>에 맡겼다
(10) (   ) 이번 수금에서는 한 푼의 <u>미수</u>도 없다

Ⅱ. 다음 밑줄 친 漢字語를 漢字로 쓰시오.

(1) (   ) 그는 <u>윤기</u>가 흐르는 머리를 가졌다
(2) (   ) 이웃 나라와 영토 <u>분쟁</u>에 휘말렸다
(3) (   ) 생전에 쓴 시들을 모아 <u>시집</u>으로 묶었다
(4) (   ) 거짓말하지 말고 <u>솔직</u>하게 대답하라
(5) (   ) 잘못된 <u>자세</u>로 오래 앉아 있으면 허리가 아프다
(6) (   ) 재산상의 <u>손해</u>가 막심하다
(7) (   ) <u>욕실</u>에 들어가 샤워를 하였다
(8) (   ) <u>육체</u>가 건강해야 정신도 건강하다
(9) (   ) 두 나라가 <u>조약</u>을 맺었다
(10) (   ) 치과에서 <u>충치</u>를 뽑았다

D-7

한자 漢字 쓰기

Ⅲ. 다음 밑줄 친 漢字語를 漢字로 쓰시오.

(1) (　　　　) 취흥에 겨워 노래를 불렀다
(2) (　　　　) 8·15 광복 기념 축전에 참가하였다
(3) (　　　　) 포수를 보고도 사슴이 도망가지 않았다
(4) (　　　　) 실물보다 사진이 더 잘 나왔다
(5) (　　　　) 도서관에서 책을 대출하였다
(6) (　　　　) 컴퓨터에는 알아보기 쉽게 만든 많은 기호가 사용된다
(7) (　　　　) 사건의 진술을 뒷받침할 만한 물증을 확보하였다
(8) (　　　　) 교회에서 세례를 받았다
(9) (　　　　) 과식을 했더니 소화가 잘 안된다
(10) (　　　　) 여행을 마치고 집으로 돌아왔다

Ⅳ. 다음 밑줄 친 漢字語를 漢字로 쓰시오.

·환경 파괴(1)의 대가(2)로 경제적 혜택(3)을 얻을 수 있지만 오염된 환경(4) 속에서 건강(5)을 잃을 수도 있다는 점을 적극(6) 홍보(7)해야 한다고 주장(8)한다
·삶의 질적(9) 조건(10)을 고려(11)하지 않는 개발(12) 위주의 정부(13) 정책(14)을 비판(15)하고 견제할 수 있는 사회적 장치(16) 마련이 시급(17)함을 역설(18)한다
·초등(19)학교 과정부터 한자를 철저히 교육하는 단안(20)을 내려야 한다

(1) (　　　　)　(2) (　　　　)　(3) (　　　　)　(4) (　　　　)　(5) (　　　　)
(6) (　　　　)　(7) (　　　　)　(8) (　　　　)　(9) (　　　　)　(10) (　　　　)
(11) (　　　　)　(12) (　　　　)　(13) (　　　　)　(14) (　　　　)　(15) (　　　　)
(16) (　　　　)　(17) (　　　　)　(18) (　　　　)　(19) (　　　　)　(20) (　　　　)

부수部首

10. 부수部首 쓰기

| 부수 쓰기 기출 예상문제 |

부수 유형은 훈과 음을 익히는 연습을 평소에 철저히 해 두면 쉽게 풀 수 있는 문제입니다. 부수를 외울 때 제부수 한자는 가능한 한 꼭 외워두는 것이 다른 한자의 부수를 알 수 있는 데 효과적인 방법입니다. 글자를 외울 때는 부수를 항상 분리해 부수가 가진 본래의 뜻을 생각하면서 쓰세요. 대부분의 한자는 부수와 관련된 뜻으로 이루어져 있기 때문에 부수를 정확히 알고 있으면 해당 한자의 뜻을 연상해낼 수 있습니다. 최근 기출문제 유형을 철저히 분석하여 문제를 출제하였으니 제시된 문제 위주로 공부하기 바랍니다.

Ⅰ. 다음 漢字의 部首를 쓰시오.

(1) 角 (　　) 　　(2) 幹 (　　) 　　(3) 棄 (　　) 　　(4) 丹 (　　) 　　(5) 突 (　　)

(6) 肥 (　　) 　　(7) 辭 (　　) 　　(8) 象 (　　) 　　(9) 釋 (　　) 　　(10) 旋 (　　)

Ⅱ. 다음 漢字의 部首를 쓰시오.

(1) 肩 (　　) 　　(2) 系 (　　) 　　(3) 寧 (　　) 　　(4) 歲 (　　) 　　(5) 速 (　　)

(6) 瞬 (　　) 　　(7) 鬼 (　　) 　　(8) 承 (　　) 　　(9) 養 (　　) 　　(10) 愛 (　　)

Ⅲ. 다음 漢字의 部首를 쓰시오.

(1) 缺 (　　) 　　(2) 寡 (　　) 　　(3) 畓 (　　) 　　(4) 獸 (　　) 　　(5) 讓 (　　)

(6) 興 (　　) 　　(7) 孝 (　　) 　　(8) 環 (　　) 　　(9) 慧 (　　) 　　(10) 割 (　　)

Ⅳ. 다음 漢字의 部首를 쓰시오.

(1) 竟 (　　) 　　(2) 局 (　　) 　　(3) 亂 (　　) 　　(4) 勵 (　　) 　　(5) 裏 (　　)

(6) 配 (　　) 　　(7) 否 (　　) 　　(8) 簿 (　　) 　　(9) 繫 (　　) 　　(10) 車 (　　)

Ⅴ. 다음 漢字의 部首를 쓰시오.

(1) 擊 (　　) 　　(2) 禽 (　　) 　　(3) 絡 (　　) 　　(4) 廊 (　　) 　　(5) 賴 (　　)

(6) 勉 (　　) 　　(7) 牧 (　　) 　　(8) 黑 (　　) 　　(9) 妨 (　　) 　　(10) 嚴 (　　)

Ⅵ. 다음 漢字의 部首를 쓰시오.

(1) 汗 (　　) 　　(2) 錯 (　　) 　　(3) 瓦 (　　) 　　(4) 奏 (　　) 　　(5) 刺 (　　)

(6) 裂 (　　) 　　(7) 糖 (　　) 　　(8) 麥 (　　) 　　(9) 盤 (　　) 　　(10) 桑 (　　)

장단음 長短音

11. 장단음 長短音

| 장단음 한자 익히기 |

■첫 音節을 長音으로 발음하는 漢字

可 – 可能(가 : 능) 可否(가 : 부)	契 – 契機(계 : 기) 契約(계 : 약)	禁 – 禁煙(금 : 연) 禁止(금 : 지)
假 – 假令(가 : 령) 假定(가 : 정)	桂 – 桂樹(계 : 수) 桂冠(계 : 관)	卵 – 卵白(난 : 백) 卵生(난 : 생)
佳 – 佳人(가 : 인) 佳觀(가 : 관)	啓 – 啓蒙(계 : 몽) 啓發(계 : 발)	暖 – 暖帶(난 : 대) 暖流(난 : 류)
架 – 架空(가 : 공) 架設(가 : 설)	械 – 械器(계 : 기)	亂 – 亂動(난 : 동) 亂離(난 : 리)
暇 – 暇日(가 : 일)	界 – 界標(계 : 표) 界面調(계 : 면조)	朗 – 朗讀(낭 : 독) 朗報(낭 : 보)
姦 – 姦夫(간 : 부) 姦淫(간 : 음)	計 – 計算(계 : 산) 計量(계 : 량)	耐 – 耐久(내 : 구) 耐震(내 : 진)
懇 – 懇曲(간 : 곡) 懇切(간 : 절)	係 – 係員(계 : 원) 係長(계 : 장)	內 – 內部(내 : 부) 內外(내 : 외)
感 – 感激(감 : 격) 感謝(감 : 사)	繼 – 繼續(계 : 속) 繼承(계 : 승)	冷 – 冷房(냉 : 방) 冷水(냉 : 수)
減 – 減少(감 : 소) 減點(감 : 점)	戒 – 戒律(계 : 율) 戒嚴令(계 : 엄령)	怒 – 怒氣(노 : 기) 怒色(노 : 색)
敢 – 敢然(감 : 연) 敢行(감 : 행)	季 – 季氏(계 : 씨) 季節(계 : 절)	路 – 路上(노 : 상) 路資(노 : 자)
講 – 講堂(강 : 당) 講演(강 : 연)	系 – 系列(계 : 열) 系統(계 : 통)	老 – 老少(노 : 소) 老人(노 : 인)
介 – 介入(개 : 입) 介在(개 : 재)	古 – 古物(고 : 물) 古書(고 : 서)	弄 – 弄談(농 : 담) 弄調(농 : 조)
槪 – 槪念(개 : 념) 槪略(개 : 략)	告 – 告發(고 : 발) 告白(고 : 백)	賴 – 賴力(뇌 : 력)
改 – 改善(개 : 선) 改正(개 : 정)	困 – 困窮(곤 : 궁) 困難(곤 : 난)	累 – 累計(누 : 계) 累進(누 : 진)
更 – 更生(갱 : 생) 更年(갱 : 년)	供 – 供給(공 : 급) 供養(공 : 양)	漏 – 漏落(누 : 락)
距 – 距離(거 : 리)	恭 – 恭敬(공 : 경) 恭遜(공 : 손)	斷 – 斷食(단 : 식) 斷水(단 : 수)
擧 – 擧手(거 : 수) 擧行(거 : 행)	貢 – 貢納(공 : 납)	但 – 但只(단 : 지)
去 – 去來(거 : 래) 去勢(거 : 세)	共 – 共同(공 : 동) 共産(공 : 산)	貸 – 貸金(대 : 금) 貸出(대 : 출)
巨 – 巨大(거 : 대) 巨物(거 : 물)	孔 – 孔氏(공 : 씨) 孔子(공 : 자)	代 – 代理(대 : 리) 代讀(대 : 독)
據 – 據點(거 : 점)	攻 – 攻擊(공 : 격) 攻防(공 : 방)	對 – 對答(대 : 답) 對話(대 : 화)
拒 – 拒否(거 : 부) 拒絕(거 : 절)	果 – 果實(과 : 실) 果然(과 : 연)	待 – 待機(대 : 기) 待望(대 : 망)
建 – 建國(건 : 국) 建物(건 : 물)	誇 – 誇示(과 : 시) 誇張(과 : 장)	倒 – 倒着(도 : 착) 倒産(도 : 산)
健 – 健康(건 : 강) 健在(건 : 재)	寡 – 寡人(과 : 인) 寡默(과 : 묵)	途 – 途中下車(도 : 중하차)
劍 – 劍客(검 : 객) 劍道(검 : 도)	過 – 過去(과 : 거) 過失(과 : 실)	道 – 道德(도 : 덕) 道路(도 : 로)
檢 – 檢查(검 : 사) 檢出(검 : 출)	廣 – 廣告(광 : 고) 廣州(광 : 주)	度 – 度量(도 : 량) 度數(도 : 수)
儉 – 儉素(검 : 소) 儉約(검 : 약)	鑛 – 鑛夫(광 : 부) 鑛石(광 : 석)	到 – 到着(도 : 착) 到處(도 : 처)
見 – 見聞(견 : 문) 見學(견 : 학)	壞 – 壞滅(괴 : 멸) 壞症(괴 : 증)	導 – 導入(도 : 입) 導水路(도 : 수로)
敬 – 敬禮(경 : 례) 敬意(경 : 의)	校 – 校舍(교 : 사) 校長(교 : 장)	凍 – 凍傷(동 : 상) 凍土(동 : 토)
競 – 競技(경 : 기) 競爭(경 : 쟁)	敎 – 敎育(교 : 육) 敎科書(교 : 과서)	動 – 動物(동 : 물) 動産(동 : 산)
慶 – 慶事(경 : 사) 慶祝(경 : 축)	久 – 久遠(구 : 원)	洞 – 洞里(동 : 리) 洞名(동 : 명)
警 – 警戒(경 : 계) 警告(경 : 고)	舊 – 舊式(구 : 식) 舊正(구 : 정)	童 – 童心(동 : 심) 童謠(동 : 요)
鏡 – 鏡臺(경 : 대) 鏡浦臺(경 : 포대)	救 – 救助(구 : 조) 救援(구 : 원)	等 – 等級(등 : 급) 等數(등 : 수)
	郡 – 郡守(군 : 수) 郡廳(군 : 청)	兩 – 兩家(양 : 가) 兩親(양 : 친)
	拳 – 拳銃(권 : 총) 拳鬪(권 : 투)	慮 – 慮外(여 : 외)
	勸 – 勸告(권 : 고) 勸勉(권 : 면)	勵 – 勵行(여 : 행) 勵精(여 : 정)
	鬼 – 鬼氣(귀 : 기) 鬼神(귀 : 신)	戀 – 戀愛(연 : 애) 戀情(연 : 정)
	貴 – 貴族(귀 : 족) 貴重(귀 : 중)	練 – 練習(연 : 습) 練兵場(연 : 병장)
	歸 – 歸家(귀 : 가) 歸省客(귀 : 성객)	念 – 念頭(염 : 두) 念佛(염 : 불)
	近 – 近代(근 : 대) 近處(근 : 처)	例 – 例事(예 : 사) 例示(예 : 시)
	錦 – 錦衣還鄕(금 : 의환향)	禮 – 禮節(예 : 절) 禮式場(예 : 식장)

D-6

장단음 長短音

柳 – 柳綠(유 : 연)	拜 – 拜禮(배 : 례) 拜謁(배 : 알)	使 – 使命(사 : 명) 使用(사 : 용)
里 – 里數(이 : 수) 里長(이 : 장)	汎 – 汎神論(범 : 신론)	死 – 死亡(사 : 망) 死活(사 : 활)
理 – 理論(이 : 론) 理想(이 : 상)	範 – 範圍(범 : 위) 範疇(범 : 주)	仕 – 仕宦(사 : 환) 仕進(사 : 진)
利 – 利益(이 : 익) 利害(이 : 해)	犯 – 犯人(범 : 인) 犯行(범 : 행)	士 – 士氣(사 : 기) 士兵(사 : 병)
李 – 李氏(이 : 씨)	變 – 變節(변 : 절) 變化(변 : 화)	史 – 史記(사 : 기) 史學(사 : 학)
離 – 離別(이 : 별) 離婚(이 : 혼)	辯 – 辨明(변 : 명) 辯護士(변 : 호사)	謝 – 謝禮(사 : 례) 謝恩(사 : 은)
裏 – 裏面(이 : 면) 裏書(이 : 서)	病 – 病苦(병 : 고) 病死(병 : 사)	算 – 算數(산 : 수) 算出(산 : 출)
履 – 履歷(이 : 력) 履行(이 : 행)	丙 – 丙子(병 : 자)	産 – 産業(산 : 업) 産出(산 : 출)
吏 – 吏讀(이 : 두) 吏道(이 : 도)	補 – 補修(보 : 수) 補充(보 : 충)	散 – 散文(산 : 문) 散在(산 : 재)
馬 – 馬耳東風(마 : 이동풍)	譜 – 譜所(보 : 소)	上 – 上品(상 : 품) 上下(상 : 하)
晩 – 晩學(만 : 학) 晩秋(만 : 추)	報 – 報告(보 : 고) 報復(보 : 복)	想 – 想起(상 : 기) 想像(상 : 상)
萬 – 萬能(만 : 능) 萬歲(만 : 세)	寶 – 寶物(보 : 물) 寶石(보 : 석)	恕 – 恕免(서 : 면) 恕諒(서 : 량)
妄 – 妄動(망 : 동) 妄念(망 : 념)	步 – 步調(보 : 조) 步行(보 : 행)	署 – 署理(서 : 리) 署名(서 : 명)
望 – 望鄕(망 : 향) 望遠鏡(망 : 원경)	普 – 普及(보 : 급) 普通(보 : 통)	緖 – 緖論(서 : 론) 緖業(서 : 업)
買 – 買受(매 : 수) 買入(매 : 입)	奉 – 奉仕(봉 : 사) 奉養(봉 : 양)	序 – 序論(서 : 론) 序文(서 : 문)
猛 – 猛犬(맹 : 견) 猛烈(맹 : 렬)	鳳 – 鳳凰(봉 : 황)	善 – 善惡(선 : 악) 善行(선 : 행)
免 – 免稅(면 : 세) 免職(면 : 직)	付 – 付與(부 : 여)	選 – 選擧(선 : 거) 選手(선 : 수)
面 – 面民(면 : 민) 面長(면 : 장)	府 – 府君(부 : 군)	姓 – 姓名(성 : 명) 姓氏(성 : 씨)
勉 – 勉勵(면 : 려) 勉學(면 : 학)	簿 – 簿記(부 : 기) 簿籍(부 : 적)	性 – 性格(성 : 격) 性質(성 : 질)
命 – 命令(명 : 령) 命脈(명 : 맥)	腐 – 腐敗(부 : 패)	聖 – 聖堂(성 : 당) 聖人(성 : 인)
母 – 母情(모 : 정) 母親(모 : 친)	賦 – 賦課(부 : 과) 賦與(부 : 여)	盛 – 盛大(성 : 대) 盛況(성 : 황)
慕 – 慕心(모 : 심) 慕情(모 : 정)	富 – 富者(부 : 자) 富貴(부 : 귀)	世 – 世界(세 : 계) 世上(세 : 상)
妙 – 妙技(묘 : 기) 妙味(묘 : 미)	復 – 復活(부 : 활) 復興(부 : 흥)	歲 – 歲拜(세 : 배) 歲月(세 : 월)
墓 – 墓所(묘 : 소) 墓地(묘 : 지)	副 – 副業(부 : 업) 副班長(부 : 반장)	洗 – 洗禮(세 : 례) 洗手(세 : 수)
茂 – 茂林(무 : 림) 茂盛(무 : 성)	否 – 否認(부 : 인) 否定(부 : 정)	勢 – 勢道(세 : 도) 勢力(세 : 력)
貿 – 貿易(무 : 역) 貿穀(무 : 곡)	負 – 負擔(부 : 담) 負傷(부 : 상)	細 – 細密(세 : 밀) 細心(세 : 심)
武 – 武器(무 : 기) 武術(무 : 술)	憤 – 憤怒(분 : 노) 憤敗(분 : 패)	稅 – 稅金(세 : 금) 稅務(세 : 무)
舞 – 舞曲(무 : 곡) 舞臺(무 : 대)	奮 – 奮發(분 : 발) 奮然(분 : 연)	小 – 小說(소 : 설) 小心(소 : 심)
務 – 務望(무 : 망) 務實力行(무:실역행)	肥 – 肥大(비 : 대) 肥料(비 : 료)	少 – 少女(소 : 녀) 少年(소 : 년)
問 – 問答(문 : 답) 問題(문 : 제)	婢 – 婢僕(비 : 복) 婢妾(비 : 첩)	所 – 所信(소 : 신) 所長(소 : 장)
尾 – 尾骨(미 : 골) 尾行(미 : 행)	比 – 比例(비 : 례) 比率(비 : 율)	笑 – 笑話(소 : 화) 笑談(소 : 담)
味 – 味覺(미 : 각) 味感(미 : 감)	鼻 – 鼻笑(비 : 소) 鼻祖(비 : 조)	損 – 損失(손 : 실) 損害(손 : 해)
反 – 反對(반 : 대) 反省(반 : 성)	費 – 費用(비 : 용) 費財(비 : 재)	訟 – 訟事(송 : 사) 訟官(송 : 관)
半 – 半年(반 : 년) 半身(반 : 신)	備 – 備考(비 : 고) 備忘錄(비 : 망록)	送 – 送金(송 : 금) 送別(송 : 별)
訪 – 訪問(방 : 문) 訪美(방 : 미)	悲 – 悲觀(비 : 관) 悲劇(비 : 극)	頌 – 頌歌(송 : 가) 頌德碑(송 : 덕비)
培 – 培植(배 : 식) 培養(배 : 양)	非 – 非常(비 : 상) 非行(비 : 행)	殺 – 殺到(쇄 : 도)
輩 – 輩出(배 : 출) 輩流(배 : 류)	秘 – 秘密(비 : 밀) 秘書(비 : 서)	刷 – 刷馬(쇄 : 마) 刷新(쇄 : 신)
倍 – 倍加(배 : 가) 倍數(배 : 수)	批 – 批判(비 : 판) 批評(비 : 평)	鎖 – 鎖骨(쇄 : 골) 鎖國(쇄 : 국)
配 – 配給(배 : 급) 配慮(배 : 려)	四 – 四面(사 : 면) 四方(사 : 방)	數 – 數字(수 : 자) 數學(수 : 학)
背 – 背景(배 : 경) 背後(배 : 후)	事 – 事件(사 : 건) 事情(사 : 정)	順 – 順序(순 : 서) 順次(순 : 차)

D-6

장단음 長短音

侍 – 侍墓(시 : 묘) 侍婢(시 : 비)	誤 – 誤算(오 : 산) 誤解(오 : 해)	獎 – 獎勵(장 : 려) 獎學(장 : 학)
市 – 市民(시 : 민) 市長(시 : 장)	瓦 – 瓦屋(와 : 옥)	丈 – 丈母(장 : 모)
始 – 始作(시 : 작) 始祖(시 : 조)	緩 – 緩急(완 : 급) 緩衝(완 : 충)	掌 – 掌骨(장 : 골)
示 – 示範(시 : 범) 示威(시 : 위)	往 – 往來(왕 : 래) 往十里(왕 : 십리)	葬 – 葬禮(장 : 례) 葬儀社(장 : 의사)
視 – 視線(시 : 선) 視察(시 : 찰)	外 – 外國(외 : 국) 外遊(외 : 유)	藏 – 藏書(장 : 서) 藏經(장 : 경)
施 – 施設(시 : 설) 施行(시 : 행)	曜 – 曜日(요 : 일)	臟 – 臟器(장 : 기)
是 – 是非(시 : 비) 是認(시 : 인)	勇 – 勇敢(용 : 감) 勇氣(용 : 기)	栽 – 栽培(재 : 배)
信 – 信義(신 : 의) 信任(신 : 임)	用 – 用件(용 : 건) 用務(용 : 무)	在 – 在野(재 : 야) 在學(재 : 학)
愼 – 愼重(신 : 중) 愼戒(신 : 계)	宇 – 宇宙(우 : 주)	再 – 再開(재 : 개) 再建(재 : 건)
甚 – 甚難(심 : 난) 甚深(심 : 심)	羽 – 羽調(우 : 조) 羽狀(우 : 상)	抵 – 抵當(저 : 당) 抵抗(저 : 항)
我 – 我國(아 : 국) 我軍(아 : 군)	偶 – 偶像(우 : 상)	著 – 著書(저 : 서) 著述(저 : 술)
岸 – 岸壁(안 : 벽)	右 – 右相(우 : 상) 右便(우 : 편)	貯 – 貯金(저 : 금) 貯蓄(저 : 축)
顔 – 顔料(안 : 료) 顔色(안 : 색)	遇 – 遇會(우 : 회) 遇巷(우 : 항)	低 – 低溫(저 : 온) 低調(저 : 조)
案 – 案件(안 : 건) 案內(안 : 내)	雨 – 雨期(우 : 기) 雨天(우 : 천)	底 – 底力(저 : 력) 底意(저 : 의)
眼 – 眼科(안 : 과) 眼目(안 : 목)	友 – 友軍(우 : 군) 友情(우 : 정)	殿 – 殿閣(전 : 각) 殿堂(전 : 당)
暗 – 暗算(암 : 산) 暗示(암 : 시)	韻 – 韻文(운 : 문) 韻書(운 : 서)	電 – 電氣(전 : 기) 電話(전 : 화)
仰 – 仰望(앙 : 망) 仰視(앙 : 시)	運 – 運動(운 : 동) 運命(운 : 명)	戰 – 戰爭(전 : 쟁) 戰鬪(전 : 투)
愛 – 愛人(애 : 인) 愛之重之(애:지중지)	遠 – 遠景(원 : 경) 遠近(원 : 근)	錢 – 錢穀(전 : 곡) 錢主(전 : 주)
野 – 野黨(야 : 당) 野心(야 : 심)	願 – 願望(원 : 망) 願書(원 : 서)	典 – 典據(전 : 거) 典禮(전 : 례)
夜 – 夜間(야 : 간) 夜學(야 : 학)	援 – 援軍(원 : 군) 援助(원 : 조)	展 – 展開(전 : 개) 展覽(전 : 람)
養 – 養分(양 : 분) 養成(양 : 성)	有 – 有名(유 : 명) 宥罪(유 : 죄)	轉 – 轉居(전 : 거) 轉學(전 : 학)
壤 – 壤土(양 : 토)	裕 – 裕福(유 : 복)	漸 – 漸增(점 : 증) 漸進(점 : 진)
讓 – 讓渡(양 : 도) 讓步(양 : 보)	潤 – 潤色(윤 : 색) 潤澤(윤 : 택)	定 – 定價(정 : 가) 定員(정 : 원)
御 – 御命(어 : 명) 御用(어 : 용)	飮 – 飮料(음 : 료) 飮食(음 : 식)	整 – 整理(정 : 리) 整地(정 : 지)
語 – 語感(어 : 감) 語學(어 : 학)	應 – 應答(응 : 답) 應援(응 : 원)	弟 – 弟婦(제 : 부) 弟子(제 : 자)
與 – 與黨(여 : 당) 與野(여 : 야)	意 – 意味(의 : 미) 意志(의 : 지)	第 – 第一(제 : 일) 第三者(제 : 삼자)
宴 – 宴樂(연 : 락) 宴席(연 : 석)	義 – 義理(의 : 리) 義士(의 : 사)	祭 – 祭禮(제 : 례) 祭日(제 : 일)
軟 – 軟骨(연 : 골) 軟球(연 : 구)	議 – 議論(의 : 론) 議員(의 : 원)	濟 – 濟度(제 : 도) 濟州(제 : 주)
演 – 演技(연 : 기) 演藝(연 : 예)	已 – 已往(이 : 왕)	製 – 製作(제 : 작) 製造(제 : 조)
硏 – 硏究(연 : 구) 硏修(연 : 수)	二 – 二百(이 : 백) 二學年(이 : 학년)	制 – 制度(제 : 도) 制服(제 : 복)
染 – 染料(염 : 료) 染病(염 : 병)	以 – 以北(이 : 북) 以上(이 : 상)	帝 – 帝國(제 : 국) 帝王(제 : 왕)
念 – 念頭(염 : 두) 念願(염 : 원)	耳 – 耳目(이 : 목) 耳鳴(이 : 명)	際 – 際遇(제 : 우) 際涯(제 : 애)
永 – 永久(영 : 구)	異 – 異見(이 : 견) 異常(이 : 상)	照 – 照明(조 : 명) 照會(조 : 회)
影 – 影像(영 : 상) 影響(영 : 향)	易 – 易老(이 : 로) 易行(이 : 행)	助 – 助敎(조 : 교) 助力(조 : 력)
藝 – 藝能(예 : 능) 藝術(예 : 술)	壬 – 壬午(임 : 오)	造 – 造語(조 : 어) 造作(조 : 작)
豫 – 豫備(예 : 비) 豫習(예 : 습)	賃 – 賃金(임 : 금) 賃貸(임 : 대)	早 – 早期(조 : 기) 早退(조 : 퇴)
譽 – 譽聲(예 : 성) 譽望(예 : 망)	姿 – 姿勢(자 : 세) 姿態(자 : 태)	坐 – 坐高(좌 : 고) 坐骨(좌 : 골)
悟 – 悟道(오 : 도) 悟性(오 : 성)	刺 – 刺戟(자 : 극) 刺客(자 : 객)	左 – 左右(좌 : 우) 左遷(좌 : 천)
五 – 五日(오 : 일) 五六島(오 : 륙도)	恣 – 恣意(자 : 의) 恣樂(자 : 락)	座 – 座席(좌 : 석) 座中(좌 : 중)
午 – 午前(오 : 전) 午後(오 : 후)	壯 – 壯觀(장 : 관) 壯年(장 : 년)	罪 – 罪過(죄 : 과) 罪名(죄 : 명)

장단음 長短音

宙 – 宙合樓(주 : 합루)	打 – 打擊(타 : 격) 打字(타 : 자)	向 – 向上(향 : 상) 向後(향 : 후)
住 – 住所(주 : 소) 住宅(주 : 택)	炭 – 炭價(탄 : 가) 炭素(탄 : 소)	響 – 響音(향 : 음)
注 – 注文(주 : 문) 注意(주 : 의)	彈 – 彈力(탄 : 력) 彈壓(탄 : 압)	獻 – 獻金(헌 : 금) 獻納(헌 : 납)
準 – 準備(준 : 비) 準例(준 : 례)	歎 – 歎聲(탄 : 성) 歎息(탄 : 식)	憲 – 憲法(헌 : 법) 憲兵(헌 : 병)
重 – 重大(중 : 대) 重要(중 : 요)	湯 – 湯飯(탕 : 반) 湯藥(탕 : 약)	驗 – 驗算(험 : 산) 驗電器(험 : 전기)
衆 – 衆論(중 : 론) 衆意(중 : 의)	態 – 態度(태 : 도) 態勢(태 : 세)	險 – 險談(험 : 담) 險惡(험 : 악)
振 – 振動(진 : 동) 振幅(진 : 폭)	痛 – 痛感(통 : 감) 痛哭(통 : 곡)	懸 – 懸賞(현 : 상)
陳 – 陳列(진 : 열) 陳設(진 : 설)	統 – 統一(통 : 일) 統制(통 : 제)	現 – 現代(현 : 대) 現住所(현 : 주소)
震 – 震動(진 : 동) 震災(진 : 재)	通 – 通信(통 : 신) 通知(통 : 지)	顯 – 顯官(현 : 관) 顯示(현 : 시)
進 – 進步(진 : 보) 進行(진 : 행)	退 – 退去(퇴 : 거) 退學(퇴 : 학)	惠 – 惠存(혜 : 존) 惠化洞(혜 : 화동)
盡 – 盡力(진 : 력) 盡忠(진 : 충)	破 – 破壞(파 : 괴) 破損(파 : 손)	慧 – 慧敏(혜 : 민) 慧眼(혜 : 안)
借 – 借用(차 : 용) 借入(차 : 입)	敗 – 敗北(패 : 배) 敗退(패 : 퇴)	浩 – 浩氣(호 : 기) 浩蕩(호 : 탕)
贊 – 贊成(찬 : 성) 贊意(찬 : 의)	評 – 評價(평 : 가) 評論(평 : 론)	號 – 號令(호 : 령) 號外(호 : 외)
讚 – 讚歌(찬 : 가) 讚美(찬 : 미)	閉 – 閉店(폐 : 점) 閉會(폐 : 회)	護 – 護國(호 : 국) 護衛(호 : 위)
創 – 創作(창 : 작) 創造(창 : 조)	肺 – 肺病(폐 : 병) 肺癌(폐 : 암)	好 – 好感(호 : 감) 好轉(호 : 전)
唱 – 唱劇(창 : 극) 唱和(창 : 화)	廢 – 廢人(폐 : 인) 廢兵(폐 : 병)	戶 – 戶籍(호 : 적) 戶主(호 : 주)
菜 – 菜蔬(채 : 소)	弊 – 弊家(폐 : 가) 弊端(폐 : 단)	混 – 混亂(혼 : 란) 混合(혼 : 합)
彩 – 彩色(채 : 색) 彩雲(채 : 운)	砲 – 砲擊(포 : 격) 砲彈(포 : 탄)	禍 – 禍根(화 : 근) 禍難(화 : 난)
採 – 採伐(채 : 벌) 採取(채 : 취)	捕 – 捕校(포 : 교)	畫 – 畫家(화 : 가) 畫室(화 : 실)
債 – 債券(채 : 권)	品 – 品質(품 : 질) 品行(품 : 행)	貨 – 貨物(화 : 물) 貨主(화 : 주)
悽 – 悽然(처 : 연) 悽絶(처 : 절)	避 – 避難(피 : 난) 避身(피 : 신)	患 – 患難(환 : 난) 患者(환 : 자)
處 – 處女(처 : 녀) 處罰(처 : 벌)	彼 – 彼我(피 : 아) 彼岸(피 : 안)	換 – 換算(환 : 산) 換率(환 : 율)
淺 – 淺見(천 : 견) 淺聞(천 : 문)	被 – 被告(피 : 고) 被殺(피 : 살)	況 – 況且(황 : 차)
踐 – 踐踏(천 : 답) 踐歷(천 : 력)	下 – 下級(하 : 급) 下等(하 : 등)	悔 – 悔改(회 : 개)
賤 – 賤待(천 : 대) 賤視(천 : 시)	賀 – 賀客(하 : 객) 賀禮(하 : 례)	會 – 會員(회 : 원) 會議(회 : 의)
遷 – 遷都(천 : 도) 遷善(천 : 선)	夏 – 夏期(하 : 기) 夏至(하 : 지)	孝 – 孝道(효 : 도) 孝子(효 : 자)
寸 – 寸數(촌 : 수) 寸志(촌 : 지)	漢 – 漢文(한 : 문) 漢字(한 : 자)	效 – 效果(효 : 과) 效力(효 : 력)
村 – 村婦(촌 : 부) 村落(촌 : 락)	汗 – 汗蒸(한 : 증)	後 – 後日(후 : 일) 後退(후 : 퇴)
總 – 總理(총 : 리) 總務(총 : 무)	限 – 限界(한 : 계) 限度(한 : 도)	候 – 候補(후 : 보) 候鳥(후 : 조)
催 – 催告(최 : 고) 催眠(최 : 면)	恨 – 恨事(한 : 사) 恨歎(한 : 탄)	厚 – 厚待(후 : 대) 厚意(후 : 의)
最 – 最新(최 : 신) 最後(최 : 후)	陷 – 陷沒(함 : 몰)	訓 – 訓戒(훈 : 계) 訓練(훈 : 련)
吹 – 吹笛(취 : 적) 吹奏(취 : 주)	港 – 港口(항 : 구) 港都(항 : 도)	
醉 – 醉客(취 : 객) 醉興(취 : 흥)	項 – 項目(항 : 목) 項鎖(항 : 쇄)	
取 – 取得(취 : 득) 取材(취 : 재)	港 – 港口(항 : 구) 港都(항 : 도)	
趣 – 趣味(취 : 미) 趣意(취 : 의)	航 – 航空(항 : 공) 航路(항 : 로)	
就 – 就業(취 : 업) 就職(취 : 직)	抗 – 抗辯(항 : 변) 抗議(항 : 의)	
致 – 致富(치 : 부) 致謝(치 : 사)	海 – 海上(해 : 상) 海洋(해 : 양)	
置 – 置簿(치 : 부) 置重(치 : 중)	害 – 害惡(해 : 악) 害毒(해 : 독)	
浸 – 浸水(침 : 수) 浸蝕(침 : 식)	解 – 解決(해 : 결) 解散(해 : 산)	
寢 – 寢具(침 : 구) 寢臺(침 : 대)	幸 – 幸福(행 : 복) 幸運(행 : 운)	

D-6

장단음 長短音

■ 첫 音節을 長短音 두 가지로 발음하는 漢字

街 街道(가 : 도) 街頭(가 : 두)
　街路樹(가로수) 街路燈(가로등)

肝 肝膽(간 : 담) 肝臟(간 : 장)
　肝氣(간기) 肝油(간유)

間 間食(간 : 식) 間接(간 : 접)
　間數(간수)

簡 簡易(간 : 이) 簡紙(간 : 지)
　簡單(간단) 簡潔(간결) 簡略(간략)

强 强制(강 : 제) 强盜(강 : 도)
　强國(강국) 强大(강대)

改 改良(개 : 량) 改作(개 : 작)
　改漆(개칠)

蓋 蓋然(개 : 연)
　蓋草(개초)

個 個性(개 : 성) 個別(개 : 별)
　個人(개인) 個體(개체)

景 景福宮(경 : 복궁) 景仰(경 : 앙)
　景致(경치) 景氣(경기)

固 固城(고 : 성)
　固守(고수) 固執(고집)

考 考試(고 : 시) 考古學(고 : 고학)
　考案(고안) 考察(고찰) 考慮(고려)

故 故人(고 : 인) 故事(고 : 사)
　故意(고 : 의)
　故鄕(고향) 故(고)로

恐 恐喝(공 : 갈) 恐龍(공 : 룡)
　恐怖(공포)

課 課稅(과 : 세)
　課程(과정)

貫 貫珠(관 : 주) 貫革(관 : 혁)
　貫流(관류) 貫通(관통)

怪 怪物(괴 : 물) 怪變(괴 : 변)
　怪狀(괴상) 怪異(괴이)

口 口號(구 : 호) 口頭(구 : 두)
　口辯(구 : 변)
　口錢(구전) 口文(구문)

具 具氏(구 : 씨)
　具備(구비) 具體的(구체적)

卷 卷煙(권 : 연)
　卷數(권수) 卷頭(권두)

勤 勤勞(근 : 로) 勤務(근 : 무)
　勤勉(근면) 勤苦(근고)

難 難色(난 : 색) 難處(난 : 처)
　難關(난관) 難局(난국) 難解(난해)

浪 浪漫(낭 : 만) 浪說(낭 : 설)
　浪太(낭태)

來 來客(내 : 객) 來世(내 : 세)
　來年(내년) 來日(내일) 來歷(내력)

露 露積(노 : 적)
　露骨(노골) 露出(노출)

短 短文(단 : 문) 短髮(단 : 발)
　短命(단 : 명)
　短點(단점) 短縮(단축)

唐 唐突(당 : 돌)
　唐宋(당송)

大 大國(대 : 국) 大小(대 : 소)
　大田(대전) 大斗(대두)

帶 帶同(대 : 동) 帶靑色(대 : 청색)
　帶狀(대상) 帶分數(대분수)

冬 冬期(동 : 기) 冬服(동 : 복)
　冬至(동지)

麻 麻雀(마 : 작)
　麻織物(마직물)

滿 滿場(만 : 장) 滿面(만 : 면)
　滿發(만 : 발)
　滿期(만기) 滿足(만족) 滿點(만점)

每 每年(매 : 년) 每事(매 : 사)
　每日(매일) 每(매)양

賣 賣上(매 : 상) 賣店(매 : 점)
　每場(매 : 장)
　賣買(매매)

孟 孟子(맹 : 자)
　孟浪(맹랑)

聞 聞一知十(문 : 일지십)
　聞見(문 : 견) 聞道(문 : 도)
　聞慶(문경)

美 美術(미 : 술) 美男(미 : 남)
　美德(미 : 덕)
　美軍(미군) 美國(미국)

未 未開(미 : 개) 未來(미 : 래)
　未滿(미 : 만) 未達(미 : 달)
　未安(미안)

放 放送(방 : 송) 放心(방 : 심)
　放學(방학) 放火(방화)

倍 倍加(배 : 가) 倍量(배 : 량)
　倍達(배달)

凡 凡例(범 : 례) 凡夫(범 : 부)
　凡節(범절)

保 保護(보 : 호) 保健(보 : 건)
　保管(보 : 관)
　保證(보증)

府 府君(부 : 군)
　府使(부사)

附 附設(부 : 설)
　附子(부자)

符 符籍(부 : 적) 符號(부 : 호)
　符節(부절)

分 分量(분 : 량) 分數(분 : 수)없다
　分明(분명) 分母(분모)

粉 粉紅(분 : 홍)
　粉食(분식)

非 非公開(비 : 공개) 非常(비 : 상)
　非但(비단)

思 思想(사 : 상)
　思考(사고) 思念(사념)

仕 仕宦(사 : 환)
　仕記(사기) 仕日(사일)

射 射臺(사 : 대) 射亭(사 : 정)
　射擊(사격) 射手(사수)

殺(살/쇄)
　殺到(쇄 : 도)
　殺傷(살상)

狀(상/장)
　狀啓(장 : 계) 狀頭(장 : 두)
　狀況(상황) 狀態(상태)

尙 尙武(상 : 무) 尙古(상 : 고)
　尙存(상 : 존)
　尙宮(상궁) 尙州(상주)

喪 喪夫(상 : 부) 喪妻(상 : 처)
　喪家(상가) 喪亡(상망) 喪服(상복)

D-6

장단음 長短音

徐　徐步(서 : 보)　徐行(서 : 행)
　　徐氏(서씨)

燒　燒紙(소 : 지)
　　燒却(소각)　燒失(소실)

掃　掃除(소 : 제)　掃地(소 : 지)
　　掃海(소해)　掃射(소사)

素　素服(소 : 복)
　　素質(소질)　素材(소재)　素地(소지)

孫　孫(손 :)이 번성하다
　　孫子(손자)　孫女(손녀)

手　手巾(수 : 건)
　　手話(수화)　手帖(수첩)　手足(수족)

受　受苦(수 : 고)
　　受講(수강)　受賂(수뢰)

試　試食(시 : 식)　試圖(시 : 도)
　　試驗(시험)　試合(시합)

審　審議(심 : 의)　審判(심 : 판)
　　審理(심리)　審査(심사)

亞　亞流(아 : 류)　亞聖(아 : 성)
　　亞細亞(아세아)

雅　雅趣(아 : 취)　雅俗(아 : 속)
　　雅淡(아담)

愛　愛誦(애 : 송)　愛煙(애 : 연)
　　愛國(애국)　愛人(애인)

沿　沿革(연 : 혁)
　　沿岸(연안)　沿邊(연변)

燕　燕子(연 : 자)　燕雀(연 : 작)
　　燕行(연행)

映　映窓(영 : 창)
　　映寫(영사)　映畵(영화)

令　令監(영 : 감)
　　令狀(영장)　令夫人(영부인)

要　要綱(요 : 강)　要求(요 : 구)
　　要人(요 : 인)　要點(요 : 점)
　　要領(요령)　要素(요소)

料　料食(요 : 식)　料金(요 : 금)
　　料理(요리)　料量(요량)

怨　怨望(원 : 망)　怨聲(원 : 성)
　　怨讐(원수)

爲　爲國(위 : 국)　爲先(위 : 선)

爲始(위시)　爲主(위주)

類　類別(유 : 별)　類推(유 : 추)
　　類(유)달리

飮　飮福(음 : 복)
　　飮毒(음독)　飮料(음료)

議　議政府(의 : 정부)
　　議決(의결)　議事(의사)

任　任命(임 : 명)　任官(임 : 관)
　　任氏(임씨)

暫　暫時(잠 : 시)
　　暫間(잠간)

長　長男(장 : 남)　長官(장 : 관)
　　長者(장 : 자)
　　長短(장단)　長點(장점)

將　將兵(장 : 병)　將校(장 : 교)
　　將來(장래)　將次(장차)

點　點心(점 : 심)
　　點檢(점검)　點數(점수)

占　占領(점 : 령)　占據(점 : 거)
　　占術(점술)　占(점 :)치다

井　井邑詞(정 : 읍사)
　　井間(정간)

正　正直(정 : 직)　正義(정 : 의)
　　正月(정월)　正初(정초)

操　操心(조 : 심)
　　操作(조작)　操行(조행)

種　種類(종 : 류)　種別(종 : 별)
　　種子(종자)　種族(종족)

從　從祖(종 : 조)　從兄(종 : 형)
　　從事(종사)　從軍(종군)

奏　奏功(주 : 공)　奏請(주청)
　　奏效(주효)

仲　仲兄(중 : 형)
　　仲介人(중개인)　仲媒(중매)

鎭　鎭壓(진 : 압)　鎭痛(진통)
　　鎭靜劑(진정제)

昌　昌盛(창 : 성)
　　昌平(창평)

倉　倉卒(창 : 졸)
　　倉庫(창고)

針　針母(침 : 모)　針線(침 : 선)
　　針形(침형)　針葉樹(침엽수)

討　討論(토 : 론)　討議(토 : 의)
　　討伐(토벌)　討破(토파)

吐　吐根(토 : 근)　吐血(토 : 혈)
　　吐露(토로)

片　片紙(편 : 지)
　　片影(편영)　片肉(편육)

便　便紙(편 : 지)
　　便利(편리)　便法(편법)

包　包圍(포 : 위)　包容(포 : 용)
　　包裝(포장)　包含(포함)

布　布敎(포 : 교)　布告(포 : 고)
　　布木(포목)　布帳(포장)

胞　胞胎(포 : 태)
　　胞衣(포의)　胞子(포자)

荷　荷物(하 : 물)　荷役(하 : 역)
　　荷花(하화)

韓　韓國(한 : 국)　韓食(한 : 식)
　　韓屋(한 : 옥)
　　韓氏(한씨)　韓山李氏(한산 이씨)

行(행) 行實(행 : 실)
　　行動(행동)　行進(행진)

行(항) 行列(항 : 렬)
　　行市(항시)

虎　虎口(호 : 구)
　　虎班(호반)

號　號哭(호 : 곡)　號外(호 : 외)
　　號角(호각)

火　火災(화 : 재)　火藥(화 : 약)
　　火曜日(화요일)

化　化石(화 : 석)　化身(화 : 신)
　　化學(화학)　化粧室(화장실)

環　環境(환 : 경)
　　環狀(환상)

興　興味(흥 : 미)　興(흥 :)이 나다
　　興亡(흥망)　興(흥)하다

장단음 長短音

| 장단음 쓰기 기출 예상문제 |

장단음은 발음의 길고 짧음을 말합니다. 긴소리 표기(:)가 된 한자들은 첫음절에서 장음으로 발음됩니다. 장단음 익히기는 소리 내어 읽는 것이 가장 좋은 방법입니다. 최근 기출문제 유형을 분석하여 문제를 출제하였으니 제시된 문제 위주로 공부하기 바랍니다. 제시된 단어를 익힐 때는 반드시 반복하여 소리를 내서 읽어보세요. 그리고 길게도 읽고 짧게도 읽는 한자들은 제시된 단어들에 유의하여 익히시기 바랍니다.

다음 사항을 꼭 명심하세요. 한자의 음에서 받침이 'ㄱ, ㄹ, ㅂ'인 글자는 반드시 짧게 읽습니다. 예를 들면 各(각각 각), 卒(마칠 졸), 甲(갑옷 갑)처럼 받침이 ㄱ, ㄹ, ㅂ으로 끝나는 글자들은 절대로 장음으로 발음되지 않습니다.

Ⅰ. 다음 각 문항에서 첫음절이 長音으로 발음되지 <u>않는</u> 漢字語를 골라 번호를 쓰시오.

(1)	( )	① 可否	② 間數	③ 檢査	④ 巨物
(2)	( )	① 拒否	② 景致	③ 假令	④ 儉約
(3)	( )	① 感謝	② 敬禮	③ 具備	④ 見聞
(4)	( )	① 建國	② 減少	③ 故鄉	④ 競技
(5)	( )	① 警告	② 攻擊	③ 敢行	④ 強國
(6)	( )	① 講堂	② 個人	③ 古物	④ 健在
(7)	( )	① 過去	② 考察	③ 改正	④ 戒律
(8)	( )	① 共同	② 更生	③ 廣告	④ 口錢
(9)	( )	① 郡守	② 校長	③ 街路樹	④ 擧手
(10)	( )	① 去來	② 敎育	③ 告發	④ 簡略

Ⅱ. 다음 각 문항에서 첫음절이 長音으로 발음되지 <u>않는</u> 漢字語를 골라 번호를 쓰시오.

(1)	( )	① 料金	② 難解	③ 萬能	④ 試圖
(2)	( )	① 暖流	② 火災	③ 例示	④ 來年
(3)	( )	① 理論	② 訓戒	③ 短點	④ 難色
(4)	( )	① 大斗	② 半身	③ 否認	④ 占據
(5)	( )	① 配給	② 産業	③ 帶狀	④ 冬服
(6)	( )	① 路資	② 語感	③ 善惡	④ 冬至
(7)	( )	① 斷食	② 令狀	③ 秘書	④ 討論
(8)	( )	① 辨明	② 料理	③ 每年	④ 是非
(9)	( )	① 滿足	② 敗北	③ 任命	④ 素服
(10)	( )	① 正直	② 美術	③ 朗讀	④ 每日

장단음 長短音

Ⅲ. 다음 각 문항에서 첫음절이 長音으로 발음되지 <u>않는</u> 漢字語를 골라 번호를 쓰시오.

(1) (　　) ① 童心　　② 反對　　③ 賣買　　④ 勉學
(2) (　　) ① 會議　　② 聞慶　　③ 混亂　　④ 行實
(3) (　　) ① 美國　　② 避身　　③ 老少　　④ 賣店
(4) (　　) ① 勤勞　　② 道德　　③ 退學　　④ 未安
(5) (　　) ① 致富　　② 放學　　③ 冷房　　④ 短文
(6) (　　) ① 對答　　② 歎聲　　③ 保證　　④ 要求
(7) (　　) ① 悲劇　　② 分明　　③ 害毒　　④ 殺到
(8) (　　) ① 評價　　② 思考　　③ 展開　　④ 未來
(9) (　　) ① 射擊　　② 韓國　　③ 向上　　④ 動物
(10) (　　) ① 將兵　　② 思想　　③ 兩親　　④ 狀態

Ⅳ. 다음 각 문항에서 첫음절이 長音으로 발음되지 <u>않는</u> 漢字語를 골라 번호를 쓰시오.

(1) (　　) ① 殺傷　　② 離別　　③ 强制　　④ 近處
(2) (　　) ① 解決　　② 掃射　　③ 港口　　④ 到着
(3) (　　) ① 品質　　② 最新　　③ 素材　　④ 季節
(4) (　　) ① 滿面　　② 通信　　③ 亂動　　④ 孫女
(5) (　　) ① 漢文　　② 態度　　③ 手話　　④ 處罰
(6) (　　) ① 護國　　② 受講　　③ 武器　　④ 分量
(7) (　　) ① 試驗　　② 閉店　　③ 取得　　④ 統一
(8) (　　) ① 放送　　② 創作　　③ 要素　　④ 母情
(9) (　　) ① 趣味　　② 長點　　③ 彈力　　④ 歸家
(10) (　　) ① 將來　　② 座席　　③ 畵家　　④ 繼承

Ⅴ. 다음 각 문항에서 첫음절이 長音으로 발음되지 <u>않는</u> 漢字語를 골라 번호를 쓰시오.

(1) (　　) ① 占術　　② 住所　　③ 種類　　④ 布教
(2) (　　) ① 手巾　　② 正初　　③ 貯金　　④ 保護
(3) (　　) ① 海洋　　② 寸數　　③ 操作　　④ 慶事
(4) (　　) ① 興味　　② 總務　　③ 盡力　　④ 種族
(5) (　　) ① 好感　　② 就業　　③ 戰爭　　④ 從軍
(6) (　　) ① 針葉樹　　② 禮節　　③ 造作　　④ 祭禮
(7) (　　) ① 早期　　② 完成　　③ 定員　　④ 命令
(8) (　　) ① 全面　　② 壯年　　③ 禁止　　④ 間接
(9) (　　) ① 制度　　② 女神　　③ 問答　　④ 口號
(10) (　　) ① 敎科書　　② 底力　　③ 草家　　④ 意味

장단음 長短音

VI. 다음 각 문항에서 첫음절이 長音으로 발음되지 <u>않는</u> 漢字語를 골라 번호를 쓰시오.

(1) (　) ① 天氣　② 始作　③ 弟子　④ 針母
(2) (　) ① 願書　② 江湖　③ 案件　④ 考試
(3) (　) ① 農民　② 念頭　③ 衆論　④ 外遊
(4) (　) ① 運命　② 民主　③ 計算　④ 故事
(5) (　) ① 在野　② 貧富　③ 右便　④ 研修
(6) (　) ① 長官　② 豫習　③ 每日　④ 勇氣
(7) (　) ① 後日　② 手話　③ 讚美　④ 等級
(8) (　) ① 進步　② 左右　③ 陽氣　④ 重要
(9) (　) ① 考案　② 探取　③ 典據　④ 雨天
(10) (　) ① 有名　② 醫術　③ 轉學　④ 誤解

VII. 다음 각 문항에서 첫음절이 長音으로 발음되지 <u>않는</u> 漢字語를 골라 번호를 쓰시오.

(1) (　) ① 周邊　② 遠近　③ 友情　④ 製造
(2) (　) ① 電話　② 用件　③ 增價　④ 低溫
(3) (　) ① 貴重　② 援助　③ 與野　④ 支配
(4) (　) ① 應答　② 珍品　③ 姿態　④ 異常
(5) (　) ① 愛人　② 復活　③ 忠告　④ 示範
(6) (　) ① 係員　② 帝國　③ 細心　④ 治世
(7) (　) ① 比例　② 變化　③ 副業　④ 土質
(8) (　) ① 負擔　② 謝恩　③ 特使　④ 奉養
(9) (　) ① 耳目　② 風習　③ 序文　④ 事情
(10) (　) ① 許多　② 士氣　③ 普通　④ 寶物

VIII. 다음 각 문항에서 첫음절이 長音으로 발음되지 <u>않는</u> 漢字語를 골라 번호를 쓰시오.

(1) (　) ① 混合　② 包裝　③ 效力　④ 幸福
(2) (　) ① 憲法　② 恨歎　③ 候補　④ 討伐
(3) (　) ① 戶主　② 港口　③ 左右　④ 海洋
(4) (　) ① 現代　② 利益　③ 護國　④ 險談
(5) (　) ① 限界　② 漢文　③ 布木　④ 效果
(6) (　) ① 韓氏　② 解決　③ 會議　④ 厚意
(7) (　) ① 害毒　② 訓戒　③ 行動　④ 夏至
(8) (　) ① 貨物　② 火曜日　③ 後退　④ 號令
(9) (　) ① 航空　② 孝道　③ 化學　④ 畫家
(10) (　) ① 向上　② 好感　③ 下級　④ 興亡

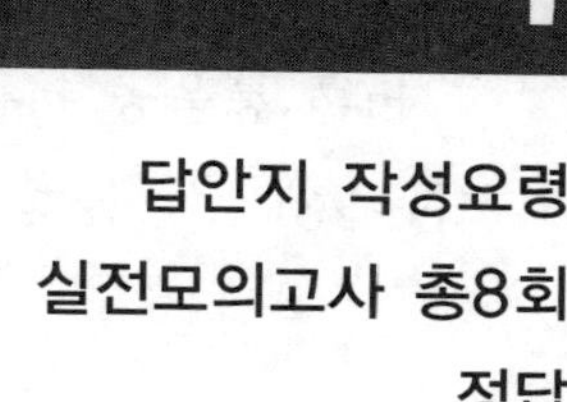

답안지 작성요령
실전모의고사 총8회
정답
OCR 답안지

답안지 작성요령>>>

본 문제집에 수록된 실전모의고사 문제는 한자능력검정시험의 최근 기출 문제의 유형을 철저히 분석하여 유형에 따라 예상문제를 출제한 것입니다. 예상문제와 함께 실제의 답안지를 수록함으로써 직접 고사장에서 시험을 보는 것과 같은 연습을 반복할 수 있게 편집하였습니다. 이런 연습을 반복하면 시험을 치르는 적응력이 생기게 되어 시험 당일 고사장에서 당황하여 실수를 저지르는 것을 미연에 방지할 수 있습니다.

먼저 답안지를 잘라서 정해진 시간 내에 문제를 풀어 보십시오. 답안이 작성되었으면 채점을 하여 틀린 부분을 공부하시고 직접 문제지에다 2차로 답안을 작성하시기 바랍니다. 모의고사 한 회당 두 번씩 반복 연습을 하시기 바랍니다.

답안지 작성 요령은 다음과 같습니다. 잘 읽어보시고 그대로 따라 해주시기 바랍니다. 평소에 답안지 작성을 할 때 적응을 해 놓으면 시험 당일 실수를 하지 않습니다.

1 문제지와 답안지를 받으면 제일 먼저 본인이 신청한 급수와 같은지 확인하셔야 합니다.

2 확인이 끝났으면 성명과 주민등록번호 그리고 수험번호를 정확하게 기입하셔야 합니다. 성명을 쓰는 칸은 5칸으로 되어 있습니다. 맨앞에 있는 칸에서부터 빈칸 없이 차례대로 성과 이름을 채워나가시면 됩니다. 수험생의 이름은 한자(漢字)로 쓰는 것이 원칙입니다. 자신의 이름을 한자(漢字)로 쓸 수 있게끔 평소에 연습을 해 두세요. 주민등록번호나 수험번호는 가지고 간 수험표를 보고 그대로 작성하면 됩니다.

3 답안 작성을 할 때 필기구는 반드시 검정색 볼펜이나 검정색 수성 볼펜 또는 검정색 플러스펜을 사용하셔야 합니다. 너무 굵은 필기구로 쓰면 획이 굵어서 글씨가 제대로 보이지 않아 불이익을 당할 수가 있습니다. 적당한 굵기의 필기구를 선택하시기 바랍니다. 주의할 점은 절대로 빨간색 펜을 사용하시면 안된다는 것입니다. OCR 답안지는 빨간색을 읽지 않도록 프로그래밍화 되어 있기 때문에 빨간색으로 쓰면 0점으로 처리가 됩니다. 연필로 답을 쓰면 글씨가 희미하여 잘 읽혀지지 않을 수 있습니다. 평소에 검정색 볼펜을 사용하여 연습하십시오.

4 답을 쓸 때에는 정답 칸 안에 바른 글씨체로 또박또박 적어야 합니다. 너무 큰 글씨로 써서 정답 칸을 벗어나면 0점 처리가 되니 조심하십시오.

5 답안지 작성 도중 답을 잘못 썼을 경우에는 수정테이프나 수정액을 사용하여 지우고 다시 쓰면 됩니다. 수정액이 없을 경우에는 잘못 쓴 답 위에다 두 줄을 긋고 다시 쓰셔도 됩니다.

6 정답란에는 정답 외에 절대로 어떤 글씨도 적으면 안됩니다. 낙서를 하거나 구기거나 답안지를 찢으면 컴퓨터가 인식을 못하여 0점으로 처리될 수 있습니다. 간혹 채점란에다 장난으로 ○ 표시를 하여 채점을 해 놓는 경우가 있는데 이것 역시 0점으로 처리됩니다. 불이익을 당하지 않도록 조심하시기 바랍니다.

D-4 제1회 漢字能力檢定試驗 3級 Ⅱ 問題紙

(시험시간 : 60분)

(사) 한국어문회 · 한국한자능력검정회　　　　　※ 문제지는 답안지와 함께 제출하세요.

1. 다음 漢字語의 讀音을 쓰시오.　(1~45)

(1) 創刊　　　(2) 栽培　　　(3) 救護
(4) 選擧　　　(5) 看護　　　(6) 容恕
(7) 汽笛　　　(8) 悠久　　　(9) 解釋
(10) 維持　　(11) 新羅　　(12) 名譽
(13) 距離　　(14) 印刷　　(15) 憂患
(16) 龜鑑　　(17) 旋律　　(18) 漠然
(19) 依賴　　(20) 承諾　　(21) 追越
(22) 微笑　　(23) 愛惜　　(24) 稱讚
(25) 懇談　　(26) 激勵　　(27) 貿易
(28) 般若　　(29) 欄干　　(30) 鼓吹
(31) 餘裕　　(32) 趣味　　(33) 本籍
(34) 貯蓄　　(35) 亡靈　　(36) 森嚴
(37) 規程　　(38) 模範　　(39) 順應
(40) 爆彈　　(41) 輸入　　(42) 興奮
(43) 阿片　　(44) 雅樂　　(45) 合格

2. 다음 漢字의 訓과 音을 쓰시오.　(46~72)

(46) 刀　　　(47) 休　　　(48) 懇
(49) 幹　　　(50) 仰　　　(51) 泰
(52) 辭　　　(53) 補　　　(54) 凉
(55) 松　　　(56) 寧　　　(57) 愼
(58) 佳　　　(59) 旬　　　(60) 悠
(61) 督　　　(62) 久　　　(63) 影
(64) 亦　　　(65) 玄　　　(66) 基
(67) 載　　　(68) 恕　　　(69) 持
(70) 淺　　　(71) 革　　　(72) 翼

3. 다음 글에서 밑줄 친 漢字語 중 한글로 쓴 것은 漢字로, 漢字로 쓴 것은 한글로 바꾸시오.　(73~93)

安全 運行을 위해 道路 交通法이 있듯 원활한 意思소통(73)을 위해 言語에는 규범(74)이 있다. 國語에도 이러한 여러 가지 규범이 있다. 이러한 규범들은 慣習的(75)인 규범과 成文化한 규범으로 나눌 수 있다.

慣習的인 규범은 어느 날 갑자기 만들어진 법이 아니라 오랜 세월 동안 使用되어 오는 과정(76)에서 하나의 규범으로 定着된 것이다. 따라서 이는 演繹的(77)인 法이 아니라, 언어 現實에서 歸納(78)된 법이다. 이 귀납된 법은 사람들이 公認(79)함으로써 하나의 관습이 되어 社會的 拘束力을 지니게 된다.
慣習的인 규범은 크게 文法的 규범과 사회 언어학적 규범으로 나뉜다. 문법적 규범이 언어 기호(80)의 內的인 규범이라면, 사회 언어학적 규범은 인간의 다양(81)한 사회적 相互 作用 속에서 나타나는 언어 사용의 變異와 關聯(82)된 규범이다.

우리나라는 單一한 言語와 文字를 使用(83)하는 나라이다. 불행(84)한 歷史로 말미암아 至今은 비록 양쪽으로 갈라져 있기는 하지만, 남과 북에서는 갈라지기 以前과 마찬가지로 여전히 같은 언어를 사용하고 있다. 한글 맞춤법과 같은 언어 規範도 그 뿌리가 同一하며, 固有語를 中心으로 韓國語를 가꾸어야 한다는 생각에도 共通點이 있다. 그러나 이처럼 重要(85)한 言語的 기반(86)에 共通되는 점이 많음에도 불구하고, 南北韓의 언어 生活의 現實은 점점 더 異質化의 길을 걸어가고 있는 실정(87)이다. 이러한 이질화는 주로 체제(88)와 理念에 따른 언어관과 언어 政策(89) 등의 差異(90)로 인하여 發生하게 된 것인데, 이는 같은 언어 遺産(91)을 물려받은 하나의 民族이라는 視覺(92)에서 볼 때 매우 심각(93)한 問題이다.

4. 다음 밑줄 친 漢字語를 漢字로 쓰시오.　(94~97)

(94) 건강을 유지하기 위해 아침마다 운동을 한다
(95) 물의 소비를 줄여야 한다
(96) 온실 속에서 자란 화초와 같다
(97) 요즘은 신문 한 장 읽을 시간이 없다

5. 다음 漢字語 가운데 첫 音節이 長音으로 발음되는 것을 골라 그 번호를 쓰시오.　(98~102)

(98) ① 相談　② 商品　③ 詳細　④ 想念

(99) ① 復習　② 復命　③ 復興　④ 左右

(100) ① 唐突　② 皮革　③ 宴會　④ 貞淑

(101) ① 禽獸　② 獲得　③ 稀貴　④ 損害

(102) ① 里長　② 奔走　③ 燈臺　④ 商船

6. 다음 漢字와 反對(또는 相對)되는 漢字를 써 넣어 漢字語를 만드시오.　(103~107)

(103) 高 ↔ (　　)　　　　(104) (　　) ↔ 亡

(105) (　　) ↔ 裏　　　　(106) (　　) ↔ 憎

(107) 損 ↔ (　　)

7. 다음 漢字語의 反對語(또는 相對語)를 漢字로 쓰시오.
　　　　　　　　　　　　　　　　(108~112)

(108) 私利 ↔ (　　)　　　(109) 權利 ↔ (　　)

(110) 人爲 ↔ (　　)　　　(111) 動機 ↔ (　　)

(112) 總角 ↔ (　　)

8. 다음 빈칸에 알맞은 漢字를 써 넣어 漢字語(故事成語)를 完成하시오.　(113~122)

(113) 漁父之(　　)　　　(114) 百(　　)無益

(115) 同(　　)異夢　　　(116) 緣木(　　)魚

(117) 興盡(　　)來　　　(118) 角者無(　　)

(119) 日(　　)月將　　　(120) 千(　　)萬別

(121) 曲學(　　)世　　　(122) 一(　　)兩得

9. 다음 漢字의 部首를 쓰시오.　(123~127)

(123) 然　　　　(124) 首　　　　(125) 哀

(126) 憂　　　　(127) 超

10. 다음 漢字의 〈例〉에서 (128)~(132)의 뜻과 비슷한 漢字를 골라 그 번호를 써 넣으시오.　(128~132)

┌─────────────────────────────────┐
│　　　　　　　　〈例〉
│　① 倉　② 食　③ 恩　④ 和　⑤ 康
│　⑥ 哀　⑦ 羅　⑧ 亡　⑨ 貫　⑩ 隆
└─────────────────────────────────┘

(128) 列　　　　(129) 健　　　　(130) 徹

(131) 盛　　　　(132) 惠

11. 다음 漢字語의 同音異義語를 쓰되 제시된 뜻에 맞게 하시오.　(133~137)

(133) 家務 - (　　) : 노래와 춤

(134) 修道 - (　　) : 한 나라의 중앙정부가 있는 도시

(135) 敬老 - (　　) : 지름길

(136) 微明 - (　　) : 날이 채 밝지 않음

(137) 鄕愁 - (　　) : 향기가 나는 물

12. 다음 訓音에 알맞은 漢字를 쓰시오.　(138~142)

(138) 줄기 간　　(139) 뜰 부　　　(140) 잔치 연

(141) 돈 전　　　(142) 노래 창

13. 다음 漢字語의 뜻을 쓰시오.　(143~147)

(143) 卽時　　　(144) 轉換　　　(145) 乘車

(146) 殘存　　　(147) 守節

14. 다음 漢字의 略字를 쓰시오.　(148~150)

(148) 處　　　　(149) 舊　　　　(150) 寶

D-4 제2회 漢字能力檢定試驗 3級 Ⅱ 問題紙

(시험시간 : 60분)

(사) 한국어문회 · 한국한자능력검정회　　　　　※ 문제지는 답안지와 함께 제출하세요.

1. 다음 漢字語의 讀音을 쓰시오.　(1~45)

(1) 追憶　　　(2) 寡默　　　(3) 肖像

(4) 幼稚　　　(5) 根幹　　　(6) 濟州

(7) 寢具　　　(8) 附屬　　　(9) 呼訴

(10) 恩惠　　　(11) 呼稱　　　(12) 貫徹

(13) 緊要　　　(14) 沙漠　　　(15) 化粧

(16) 淺薄　　　(17) 筆陣　　　(18) 勤勉

(19) 構造　　　(20) 警察　　　(21) 緊密

(22) 色彩　　　(23) 侍婢　　　(24) 顔色

(25) 疏忽　　　(26) 任務　　　(27) 災害

(28) 帳簿　　　(29) 遊戱　　　(30) 潛伏

(31) 橋脚　　　(32) 好況　　　(33) 階段

(34) 包含　　　(35) 慈悲　　　(36) 裁量

(37) 暗黑　　　(38) 熟眠　　　(39) 催促

(40) 産卵　　　(41) 雜紙　　　(42) 破壞

(43) 著作　　　(44) 憂愁　　　(45) 選擇

2. 다음 漢字의 訓과 音을 쓰시오.　(46~72)

(46) 脚　　　(47) 刊　　　(48) 丙

(49) 誇　　　(50) 禽　　　(51) 盟

(52) 介　　　(53) 厚　　　(54) 稀

(55) 伯　　　(56) 森　　　(57) 被

(58) 池　　　(59) 抑　　　(60) 洲

(61) 昇　　　(62) 寬　　　(63) 廷

(64) 郞　　　(65) 謝　　　(66) 振

(67) 壞　　　(68) 弓　　　(69) 肥

(70) 掌　　　(71) 觸　　　(72) 塔

3. 다음 글에서 밑줄 친 漢字語 중 한글로 쓴 것은 漢字로, 漢字로 쓴 것은 한글로 바꾸시오.　(73~93)

윤리(73)는 어떻게 살아야 하는가에 대한 思惟(74)의 토대(75)이다. 따라서 윤리적 삶은 매우 日常的인 것이다. 윤리적 삶은 결코 自己 희생이 아니라 오히려 自我 實現이라는 점이다. 現代 社會는 利己主義, 個人主義, 物質主義, 享樂主義(76) 등의 다양(77)한 名稱(78)을 가지고 있다. 이러한 名稱들이 한결같이 否定的(79)인 意味를 갖는 것은 그만큼 많은 병폐(80)를 가져왔기 때문이다.

　우리는 오늘날 環境(81) 問題, 貧富의 격차(82), 核武器(83)등 人類 全體의 生存을 위협(84)하는 것들에 둘러싸여 있음에도 불구하고 無感覺(85)하게 하루하루를 살아간다. 그 원인(86)으로 눈앞의 이익(87)이 重要(88)하고, 個人의 힘으로는 어쩔 수 없다는 체념에 빠지기 때문이다. 누구나 돈이 全部(89)가 아니고 富者가 반드시 幸福(90)한 것이 아님을 알고 있으면서도 대개는 돈버는 일에 몰두(91)하면서 살고 있다. 윤리적 삶이 자아실현의 길이라는 것은 바로 이러한 안이한 삶의 態度(92)를 극복(93)하자는 것인 것이다.

4. 다음 밑줄 친 漢字語를 漢字로 쓰시오.　(94~97)

(94) 상설 할인 매장에서 옷을 구입하였다

(95) 올 여름은 작년보다 더웠다

(96) 동양화는 여백의 미가 뛰어나다

(97) 주말마다 전화로 부모님께 안부 인사를 드린다

5. 다음 漢字語 가운데 첫 音節이 長音으로 발음되는 것을 골라 그 번호를 쓰시오.　(98~102)

(98) ① 傳任　② 電氣　③ 傳說　④ 全體

(99) ① 左右　② 强弱　③ 中央　④ 高低

(100) ① 丈母　② 審判　③ 策動　④ 板本

(101) ① 慾求　② 淨潔　③ 甚難　④ 陰陽

(102) ① 奮發　② 登校　③ 決死　④ 天倫

6. 다음 漢字와 反對(또는 相對)되는 漢字를 써 넣어 漢字語를 만드시오.　(103~107)

(103) (　　) ↔ 靜　　　　(104) 虛 ↔ (　　)

(105) 晝 ↔ (　　)　　　　(106) (　　) ↔ 寡

(107) (　　) ↔ 卑

7. 다음 漢字語의 反對語(또는 相對語)를 漢字로 쓰시오.
　　　　　　　　　　　　　　　　　　(108~112)

(108) 質疑 ↔ (　　)　　　　(109) 紛爭 ↔ (　　)

(110) 非凡 ↔ (　　)　　　　(111) 消極 ↔ (　　)

(112) 單純 ↔ (　　)

8. 다음 빈칸에 알맞은 漢字를 써 넣어 漢字語(故事成語)를 完成하시오.　(113~122)

(113) 衆口難(　　)　　　　(114) 殺身成(　　)

(115) 東(　　)西走　　　　(116) 先見之(　　)

(117) 錦衣還(　　)　　　　(118) 明(　　)觀火

(119) 同價(　　)裳　　　　(120) 苦盡(　　)來

(121) (　　)刀直入　　　　(122) (　　)然之氣

9. 다음 漢字의 部首를 쓰시오.　(123~127)

(123) 幼　　　(124) 省　　　　(125) 黑

(126) 軟　　　(127) 突

10. 다음 漢字의 〈例〉에서 (128)~(132)의 뜻과 비슷한 漢字를 골라 그 번호를 써 넣으시오. (128~132)

〈例〉

① 憲　② 體　③ 停　④ 剛　⑤ 齊
⑥ 敬　⑦ 設　⑧ 滅　⑨ 爭　⑩ 謠

(128) 恭　　　(129) 歌　　　　(130) 止

(131) 規　　　(132) 亡

11. 다음 漢字語의 同音異義語를 쓰되 제시된 뜻에 맞게 하시오.　(133~137)

(133) 獸心 - (　　) : 물의 깊이

(134) 精當 - (　　) : 정치적 주장이 같은 사람끼리 모인
　　　　　　　　　　　단체

(135) 苦辭 - (　　) : 자세히 생각하고 조사함

(136) 古代 - (　　) : 높이 쌓은 대

(137) 保導 - (　　) : 보물처럼 귀한 칼

12. 다음 訓音에 알맞은 漢字를 쓰시오.　(138~142)

(138) 기 기　　　　　　(139) 사나이 랑

(140) 팔 매　　　　　　(141) 나눌 반

(142) 삼갈 신

13. 다음 漢字語의 뜻을 쓰시오.　(143~147)

(143) 貢獻　　　(144) 吸血　　　(145) 恥辱

(146) 染色　　　(147) 超過

14. 다음 漢字의 略字를 쓰시오.　(148~150)

(148) 鐵　　　(149) 醫　　　　(150) 擔

D-3 제3회 漢字能力檢定試驗 3級 Ⅱ 問題紙

(시험시간 : 60분)

※ 문제지는 답안지와 함께 제출하세요.

1. 다음 漢字語의 讀音을 쓰시오. (1~45)

(1) 暫時 (2) 豪傑 (3) 姉妹
(4) 陶醉 (5) 踏査 (6) 選擇
(7) 抑揚 (8) 衰滅 (9) 液體
(10) 選擇 (11) 忍耐 (12) 痛悔
(13) 貞淑 (14) 溫暖 (15) 誇張
(16) 禽獸 (17) 告由 (18) 視聽
(19) 管掌 (20) 碧溪 (21) 稀釋
(22) 特徵 (23) 威勢 (24) 還付
(25) 混亂 (26) 怨恨 (27) 確證
(28) 運航 (29) 貿易 (30) 討伐
(31) 操縱 (32) 柔軟 (33) 和睦
(34) 面貌 (35) 果敢 (36) 隱密
(37) 援助 (38) 橫暴 (39) 周旋
(40) 繁昌 (41) 抗爭 (42) 屈折
(43) 恒常 (44) 脅迫 (45) 秩序

2. 다음 漢字의 訓과 音을 쓰시오. (46~72)

(46) 鑑 (47) 寂 (48) 綿
(49) 像 (50) 魂 (51) 微
(52) 染 (53) 槪 (54) 勵
(55) 師 (56) 旦 (57) 振
(58) 飾 (59) 栽 (60) 忽
(61) 浦 (62) 漠 (63) 哲
(64) 眠 (65) 淨 (66) 夢
(67) 越 (68) 途 (69) 韻
(70) 隆 (71) 輪 (72) 訣

3. 다음 글에서 밑줄 친 漢字語 중 한글로 쓴 것은 漢字로, 漢字로 쓴 것은 한글로 바꾸시오. (73~93)

　사람이 온갖 편견(73)을 克服하고 客觀的인 結論(74)을 이끌어 내는 일은 생각보다 훨씬 어렵다. 올바른 科學 方法으로 객관적인 결론을 내리려고 努力(75)하는 경우(76)에도 그 결론이 잘못될 수 있는 것이 과학의 한계(77)이다. 그러나 많은 경우에는 과학자의 不誠實이나 不道德에 의해 잘못된 결론이 나오기도 한다.
　결론을 내리기에 充分(78)한 資料를 구하지 않고 性急(79)하게 결론을 내리는 것은 과학자의 불성실이 만들어내는 오류(80)이고, 자신이 豫想(81)했던 결론에 어긋나는 實驗(82) 결과를 故意로 누락(83)시키는 것은 과학자의 부도덕이 만들어 내는 오류이다. 그런가하면 연구 대상의 한계 때문에, 잘 計劃(84)되고 통제(85)된 실험을 하지 않고 얻어진 결론을 마치 嚴格(86)한 검증(87)을 거친 것처럼 發表하는 것도 과학 하는 사람들이 쉽게 저지르는 오류 중의 하나이다. 특히 各種 매스컴은 결론이 도출(88)되는 過程에 關心을 가지기보다는 결론의 重要性을 강조하기에 急急한 나머지 實際(89)보다 과장(90)하여 사람들을 混亂(91)에 빠뜨리기도 한다.
　이렇게 과학 연구에도 많은 오류가 介在될 可能性이 도처(92)에 도사리고 있다. 따라서 이러한 오류를 극복하고 올바른 결론을 이끌어 내기 위해서는 많은 노력과 訓練(93)이 있어야 한다. 많은 과학 知識을 가지고 있다고 해서 다 훌륭한 과학자가 되는 것이 아닌 것은 이 때문이다.

4. 다음 밑줄 친 漢字語를 漢字로 쓰시오. (94~97)

(94) 폭설로 인해 이틀째 통신이 두절되었다
(95) 이번 연휴에는 여행을 떠나는 사람들이 많다
(96) 흉년에 식량 배급을 받았다
(97) 커서 연예 활동을 하고 싶다

5. 다음 漢字語 가운데 첫 音節이 長音으로 발음되는 것을 골라 그 번호를 쓰시오. (98~102)

(98) ① 巡禮 ② 呼訴 ③ 署名 ④ 連絡
(99) ① 征伐 ② 我軍 ③ 驛舍 ④ 腹痛
(100) ① 介在 ② 拾得 ③ 忠誠 ④ 湖水
(101) ① 東海 ② 動物 ③ 銅鏡 ④ 同門
(102) ① 妨害 ② 放送 ③ 方途 ④ 防空

6. 다음 漢字와 反對(또는 相對)되는 漢字를 써 넣어 漢字語를 만드시오. (103~107)

(103) (　　) ↔ 衰　　　　　(104) (　　) ↔ 賤
(105) 眞 ↔ (　　)　　　　　(106) (　　) ↔ 伏
(107) (　　) ↔ 負

7. 다음 漢字語의 反對語(또는 相對語)를 漢字로 쓰시오. (108~112)

(108) 建設 ↔ (　　)　　　　(109) 光明 ↔ (　　)
(110) 精神 ↔ (　　)　　　　(111) (　　) ↔ 缺席
(112) (　　) ↔ 快樂

8. 다음 빈칸에 알맞은 漢字를 써 넣어 漢字語(故事成語)를 完成하시오. (113~122)

(113) (　)鷄一鶴　　　　　(114) 我田(　)水
(115) 百(　)不屈　　　　　(116) 鶴(　)苦待
(117) 事必(　)正　　　　　(118) 燈火(　)親
(119) 轉(　)爲福　　　　　(120) 過(　)不及
(121) 多多益(　)　　　　　(122) 孟母(　)機

9. 다음 漢字의 部首를 쓰시오. (123~127)

(123) 拳　　　(124) 量　　　　(125) 刷
(126) 貢　　　(127) 恕

10. 다음 漢字의 〈例〉에서 (128)~(132)의 뜻과 비슷한 漢字를 골라 그 번호를 써 넣으시오. (128~132)

```
〈例〉
① 助　② 夫　③ 設　④ 府　⑤ 逢
⑥ 望　⑦ 樹　⑧ 米　⑨ 自　⑩ 淨
```

(128) 施　　　(129) 木　　　　(130) 遇
(131) 扶　　　(132) 潔

11. 다음 漢字語의 同音異義語를 쓰되 제시된 뜻에 맞게 하시오. (133~137)

(133) 不到 - (　　) : 아녀자가 지켜야 할 도리
(134) 端正 - (　　) : 딱 잘라서 판단하고 결정함
(135) 認知 - (　　) : 사람의 슬기와 지식
(136) 全般 - (　　) : 둘로 나누었을 때의 앞부분
(137) 宗臣 - (　　) : 목숨을 다하기까지의 동안

12. 다음 訓音에 알맞은 漢字를 쓰시오. (138~142)

(138) 매울 렬　　　　　(139) 짝 우
(140) 쌓을 저　　　　　(141) 잡을 집
(142) 여름 하

13. 다음 漢字語의 뜻을 쓰시오. (143~147)

(143) 後續　　(144) 惜別　　(145) 越境
(146) 假飾　　(147) 生栗

14. 다음 漢字의 略字를 쓰시오. (148~150)

(148) 氣　　　(149) 號　　　(150) 燈

D-3 제4회 漢字能力檢定試驗 3級Ⅱ 問題紙

(시험시간 : 60분)

(사) 한국어문회 · 한국한자능력검정회 　　　　　※ 문제지는 답안지와 함께 제출하세요.

1. 다음 漢字語의 讀音을 쓰시오.　(1~45)

(1) 影響　　(2) 繼承　　(3) 配當
(4) 積善　　(5) 假髮　　(6) 附籍
(7) 換率　　(8) 喜悅　　(9) 裕福
(10) 側近　　(11) 碧眼　　(12) 懸板
(13) 症勢　　(14) 排設　　(15) 榮譽
(16) 僧舞　　(17) 愼慮　　(18) 企劃
(19) 疲弊　　(20) 戀慕　　(21) 樓臺
(22) 興奮　　(23) 情緒　　(24) 浮浪
(25) 肝腸　　(26) 憎惡　　(27) 謙讓
(28) 危殆　　(29) 負擔　　(30) 適材
(31) 誘導　　(32) 週刊　　(33) 割腹
(34) 頃刻　　(35) 排球　　(36) 勸獎
(37) 豪華　　(38) 限度　　(39) 衝突
(40) 參拜　　(41) 誘惑　　(42) 權威
(43) 操縱　　(44) 先輩　　(45) 拒否

2. 다음 漢字의 訓과 音을 쓰시오.　(46~72)

(46) 橋　　(47) 片　　(48) 跡
(49) 揚　　(50) 殆　　(51) 突
(52) 鼓　　(53) 舌　　(54) 笛
(55) 脅　　(56) 兼　　(57) 奴
(58) 招　　(59) 稚　　(60) 愚
(61) 恒　　(62) 寡　　(63) 默
(64) 忍　　(65) 旋　　(66) 綱
(67) 炭　　(68) 愁　　(69) 獻
(70) 尙　　(71) 蘭　　(72) 慰

3. 다음 글에서 밑줄 친 漢字語 중 한글로 쓴 것은 漢字로, 漢字로 쓴 것은 한글로 바꾸시오.　(73~93)

　여러 가지 社會的 영향(73)이 個人의 態度 · 價値 體系에 흡수(74)되어 가는 것을 內面化라고 한다. 똑같이 同調 樣式으로 나타나는 境遇에도 내면적인 영향을 받아들이는 方法에는 다양한 差異點이 있다. 그 差異에 따라 사회 心理學에서는 각 反應에 대해 서로 다른 名稱, 즉 模倣 · 追從 · 行動 감염(75) · 내면화 등의 用語를 붙여 그 槪念(76)의 區別을 시도(77)하고 있다.

　朝鮮 後期는 身分 體制(78)에 큰 變化(79)가 있었던 時期이다. 富를 축적(80)한 신흥(81) 商工業者가 登場하여 社會, 經濟的으로 主導的인 勢力(82)으로 成長하고 封建的(83)인 思考 方式과 倫理觀이 해체(84)되어 감에 따라 신흥 상공업자와 沒落(85) 兩班 계층(86) 간의 葛藤(87)이 있었다. 이 作品은 이러한 時代를 背景(88)으로 봉건 體制의 因習(89)을 拒否(90)하고 事物에 대한 고정(91) 觀念과 日常的 認識(92)을 뒤엎어 새로움을 모색(93)하려는 近代 指向的 性格을 담고 있다.

4. 다음 밑줄 친 漢字語를 漢字로 쓰시오.　(94~97)

(94) 필요이상 물건을 구입하였다
(95) 종교 장소에서는 엄숙해야 한다
(96) 어머님의 은혜는 하늘보다도 높다
(97) 다음주에 졸업식을 치를 예정이다

5. 다음 漢字語 가운데 첫 音節이 長音으로 발음되는 것을 골라 그 번호를 쓰시오.　(98~102)

(98) ① 調理　② 祖上　③ 造成　④ 組合
(99) ① 街路樹　② 冬期　③ 每日　④ 未安
(100) ① 穀雨　② 淸明　③ 霜降　④ 少量
(101) ① 襲擊　② 蘇鐵　③ 旋回　④ 半減
(102) ① 審査　② 夫婦　③ 恒常　④ 距離

6. 다음 漢字와 反對(또는 相對)되는 漢字를 써 넣어 漢字語를 만드시오.　(103~107)

(103) 往 ↔ (　　)　　(104) (　　) ↔ 晩
(105) (　　) ↔ 近　　(106) 陰 ↔ (　　)
(107) 攻 ↔ (　　)

7. 다음 漢字語의 反對語(또는 相對語)를 漢字로 쓰시오.
　　　　　　　　　　　　　　　　(108~112)

(108) 散在 ↔ (　　)　　　(109) 主觀 ↔ (　　)

(110) 敗北 ↔ (　　)　　　(111) 生食 ↔ (　　)

(112) 偶然 ↔ (　　)

8. 다음 빈칸에 알맞은 漢字를 써 넣어 漢字語(故事成語)를 完成하시오.　(113~122)

(113) (　)草報恩　　　(114) 雪上(　)霜

(115) 三(　)九食　　　(116) 萬(　)蒼波

(117) 明(　)止水　　　(118) 自(　)自得

(119) 草(　)同色　　　(120) 風(　)燈火

(121) 頂門一(　)　　　(122) 奇(　)天外

9. 다음 漢字의 部首를 쓰시오.　(123~127)

(123) 谷　　　(124) 爲　　　(125) 眠

(126) 夢　　　(127) 邑

10. 다음 漢字의 〈例〉에서 (128)~(132)의 뜻과 비슷한 漢字를 골라 그 번호를 써 넣으시오.　(128~132)

〈例〉

① 盛　② 界　③ 促　④ 全　⑤ 夕

⑥ 黑　⑦ 風　⑧ 釋　⑨ 半　⑩ 希

(128) 望　　　(129) 催　　　(130) 興

(131) 玄　　　(132) 解

11. 다음 漢字語의 同音異義語를 쓰되 제시된 뜻에 맞게 하시오.　(133~137)

(133) 古家 - (　　) : 비싼 가격

(134) 田園 - (　　) : 소속된 인원의 전체

(135) 收入 - (　　) : 다른 나라로부터 물건을 사들임

(136) 遺形 - (　　) : 모양이나 형체가 있음

(137) 殿直 - (　　) : 전에 가졌던 직업이나 지위

12. 다음 訓音에 알맞은 漢字를 쓰시오.　(138~142)

(138) 덜 감　　　　　　(139) 편안 녕

(140) 넓을 막　　　　　(141) 용서할 서

(142) 힘쓸 려

13. 다음 漢字語의 뜻을 쓰시오.　(143~147)

(143) 勤勉　　　(144) 漸增　　　(145) 豫防

(146) 甘受　　　(147) 猛風

14. 다음 漢字의 略字를 쓰시오.　(148~150)

(148) 壓　　　　(149) 傳　　　　(150) 邊

D-2 제5회 漢字能力檢定試驗 3級 II 問題紙

(시험시간 : 60분)

(사) 한국어문회 · 한국한자능력검정회

※ 문제지는 답안지와 함께 제출하세요.

1. 다음 漢字語의 讀音을 쓰시오. (1~45)

(1) 格調　　(2) 憎惡　　(3) 依賴

(4) 鋼鐵　　(5) 麥飯　　(6) 催促

(7) 落雷　　(8) 禪僧　　(9) 汗蒸

(10) 愼重　　(11) 鬼哭　　(12) 敗北

(13) 欄干　　(14) 巧妙　　(15) 荒廢

(16) 旣婚　　(17) 緊縮　　(18) 踏橋

(19) 濕度　　(20) 桂林　　(21) 毒蛇

(22) 兩岸　　(23) 奴婢　　(24) 漆器

(25) 遷都　　(26) 隨筆　　(27) 間隔

(28) 貢獻　　(29) 述懷　　(30) 遷移

(31) 奪還　　(32) 壞滅　　(33) 夫餘

(34) 鼓吹　　(35) 衝擊　　(36) 桂皮

(37) 履歷　　(38) 踏襲　　(39) 徑路

(40) 爐邊　　(41) 半熟　　(42) 勉勵

(43) 墨畫　　(44) 蒸發　　(45) 捕卒

2. 다음 漢字의 訓과 音을 쓰시오. (46~72)

(46) 蓋　　(47) 胸　　(48) 芽

(49) 胃　　(50) 碑　　(51) 瓦

(52) 衡　　(53) 徑　　(54) 應

(55) 伯　　(56) 克　　(57) 汗

(58) 蘇　　(59) 寬　　(60) 架

(61) 鑑　　(62) 淫　　(63) 響

(64) 羽　　(65) 鋼　　(66) 緩

(67) 炎　　(68) 僞　　(69) 荒

(70) 皇　　(71) 穴　　(72) 隔

3. 다음 글에서 밑줄 친 漢字語 중 한글로 쓴 것은 漢字로, 漢字로 쓴 것은 한글로 바꾸시오. (73 ~ 93)

정보화(73) 사회는 이제 우리에게 있어서 未來의 환상이 아니라 오늘의 현실(74)이 되어 있다. 그런데 정보화 社會를 내재적 특성면(75)에서 보면 한 社會

구조(76)를 분권화(77)하는 傾向(78)을 갖는다. 정보자원(79)이 지니는 본래의 屬性(80)으로서 移動(81)의 용이성(82), 신속한 轉換性(83), 상호(84) 作用性등을 들 수 있는데 바로 이런 정보의 속성 때문에 社會는 분권화되는 것이다. 그런데 우리는 정보화 사회가 결코 그 內在的 속성을 자동적으로 약속(85)해주는 體制(86)가 아니라는 事實에 주목(87)하지 않을 수 없다. 그것은 정보 자원의 生産과 消費(88)는 그 행위자가 보유(89)한 경제력의 程度(90)에 따라 不可避(91)하게 個人間의 격차를 가져와 고의적으로 정보 체계에 대한 투입(92) 자원을 조작, 統制(93)함으로써 정보의 生産과 유통 구조를 왜곡시키는 일이 얼마든지 가능하기 때문이다.

4. 다음 밑줄 친 漢字語를 漢字로 쓰시오. (94~97)

(94) 규칙을 위반하면 안 된다

(95) 배가 항구에 정박하였다

(96) 댐 건설로 마을이 물에 잠기었다

(97) 이 지역은 통신 상태가 불량하다

5. 다음 漢字語 가운데 첫 音節이 長音으로 발음되는 것을 골라 그 번호를 쓰시오. (98~102)

(98) ① 難局　　② 唐宋　　③ 試驗　　④ 禁止

(99) ① 殺傷　　② 道德　　③ 針葉樹　　④ 行動

(100) ① 占術　　② 口錢　　③ 賣買　　④ 午前

(101) ① 保證　　② 始作　　③ 思考　　④ 令夫人

(102) ① 料量　　② 課程　　③ 正月　　④ 厚意

6. 다음 漢字와 反對(또는 相對)되는 漢字를 써 넣어 漢字語를 만드시오. (103~107)

(103) 强 ↔ (　　)　　(104) (　　) ↔ 答

(105) 開 ↔ (　　)　　(106) 多 ↔ (　　)

(107) (　　) ↔ 舊

7. 다음 漢字語의 反對語(또는 相對語)를 漢字로 쓰시오. (108~112)

(108) (　　) ↔ 承諾　　　(109) (　　) ↔ 及第

(110) (　　) ↔ 有能　　　(111) 吉兆 ↔ (　　)

(112) (　　) ↔ 流動

8. 다음 빈칸에 알맞은 漢字를 써 넣어 漢字語(故事成語)를 完成하시오. (113~122)

(113) 結草報(　　)　　　　(114) 明鏡(　　)水

(115) (　　)鼻三尺　　　　(116) 漸入(　　)境

(117) 靑出於(　　)　　　　(118) (　　)耕夜讀

(119) 咸興差(　　)　　　　(120) 厚(　　)無恥

(121) 破竹(　　)勢　　　　(122) (　　)馬看山

9. 다음 漢字의 部首를 쓰시오. (123~127)

(123) 奉　　　(124) 申　　　(125) 黃

(126) 兎　　　(127) 吐

10. 다음 漢字의 〈例〉에서 (128)~(132)의 뜻과 비슷한 漢字를 골라 그 번호를 써 넣으시오. (128~132)

〈例〉

① 知　② 吉　③ 綠　④ 沒　⑤ 喜

⑥ 史　⑦ 衣　⑧ 手　⑨ 示　⑩ 伐

(128) 歡　　　(129) 討　　　(130) 識

(131) 靑　　　(132) 服

11. 다음 漢字語의 同音異義語를 쓰되 제시된 뜻에 맞게 하시오. (133~137)

(133) 牛醫 – (　　) : 새의 깃으로 만든 옷

(134) 全員 – (　　) : 논과 밭이라는 뜻으로, 도시에서 떨어진 시골이나 교외를 이르는 말

(135) 朝紀 – (　　) : 일찍 일어남

(136) 運行 – (　　) : 구름이 떠다님

(137) 全容 – (　　) : 남과 공동으로 쓰지 아니하고 혼자서만 씀

12. 다음 訓音에 알맞은 漢字를 쓰시오. (138~142)

(138) 넉넉할 유　　　　(139) 관청 서

(140) 맏 맹　　　　　　(141) 들일 납

(142) 섬돌 계

13. 다음 漢字語의 뜻을 쓰시오. (143~147)

(143) 合掌　　　(144) 美貌　　　(145) 復活

(146) 染色　　　(147) 惜別

14. 다음 漢字의 略字를 쓰시오. (148~150)

(148) 區　　　(149) 圖　　　(150) 參

제6회 漢字能力檢定試驗 3級 II 問題紙

(시험시간 : 60분)

(사) 한국어문회 · 한국한자능력검정회　　　　　　　※ 문제지는 답안지와 함께 제출하세요.

1. 다음 漢字語의 讀音을 쓰시오. (1~45)

(1) 菌絲　　　(2) 胸圍　　　(3) 遊說

(4) 削刀　　　(5) 衰弱　　　(6) 稀貴

(7) 浸水　　　(8) 捕獲　　　(9) 愚弄

(10) 獻壽　　(11) 腐儒　　(12) 契約

(13) 補修　　(14) 浸透　　(15) 韻尾

(16) 燕翼　　(17) 外貌　　(18) 童蒙

(19) 報償　　(20) 廢品　　(21) 貯藏

(22) 淨潔　　(23) 粉飾　　(24) 稱讚

(25) 統帥　　(26) 雲泥　　(27) 騎手

(28) 霜雪　　(29) 祈願　　(30) 疏漏

(31) 疏遠　　(32) 誘惑　　(33) 肺胞

(34) 懷柔　　(35) 禽獸　　(36) 吐露

(37) 廣漠　　(38) 越獄　　(39) 麻布

(40) 管掌　　(41) 災禍　　(42) 糖尿

(43) 苦惱　　(44) 韻致　　(45) 凍結

2. 다음 漢字의 訓과 音을 쓰시오. (46~72)

(46) 編　　　(47) 晩　　　(48) 牙

(49) 麥　　　(50) 廢　　　(51) 殿

(52) 盤　　　(53) 桂　　　(54) 燕

(55) 恒　　　(56) 免　　　(57) 狂

(58) 租　　　(59) 荷　　　(60) 鑄

(61) 紫　　　(62) 丘　　　(63) 刺

(64) 墨　　　(65) 鹽　　　(66) 尾

(67) 疫　　　(68) 硬　　　(69) 賃

(70) 菌　　　(71) 媒　　　(72) 捕

3. 다음 글에서 밑줄 친 漢字語 중 한글로 쓴 것은 漢字로, 漢字로 쓴 것은 한글로 바꾸시오. (73 ~ 93)

社會 복지 정책(73)과 자유의 관계(74)는 여러 가지 觀點(75)에서 논의(76)할 수 있다. 기본적으로 社會 복지 정책은 特定(77)한 사람들의 자유를 制限(78)할

수도 있는 반면 다른 사람들의 自由를 증진시킬 수도 있다. 그렇기 때문에 어떤 境遇(79)에도 사유 재산권과 같은 個人의 자유를 침해해서는 안 된다는 論理(80)도 있을 수 있고, 개인의 自由를 일부 침해(81)하더라도 社會 구성원(82) 전체(83)의 복지를 증진시켜야 한다는 논리도 있을 수 있다.

社會 복지 정책이 個人의 自由를 침해한다는 논리 가운데 가장 핵심적(84)인 것은 社會 복지 정책을 國民들에게 强制(85)로 세금(86)을 賦課(87)하는 것이 國民들의 재산권 행사의 自由를 저해한다는 것이다. 個人이 가진 사유 재산권의 行事에 제한을 두는 것은 분명히 그 所有者(88)의 自由를 제한하는 것이다. 그러나 어떤 사람이 行事하는 사유 재산권의 自由가 동시에 다른 사람의 自由를 제한할 수도 있다. 따라서 세금을 부과함으로써 특정한 사람이 가지고 있는 사유 재산권 행사의 자유를 부분적(89)으로 줄이는 反面 사회 복지 정책을 통해 다른 사람의 자유를 그만큼 증가(90)시킨다면 社會 전체적으로 볼 때 自由의 總量(91)은 변하지 않는 것이 되어 손해(92) 득실(93)은 없게 된다.

4. 다음 밑줄 친 漢字語를 漢字로 쓰시오. (94~97)

(94) 사건 기록을 다시 찾아보았다

(95) 야구는 한 팀이 아홉 명의 선수로 이루어져 있다

(96) 오늘 방송에 출연하였다

(97) 이번 연휴에는 여행을 떠나는 사람이 많을 것이다

5. 다음 漢字語 가운데 첫 音節이 長音으로 발음되는 것을 골라 그 번호를 쓰시오. (98~102)

(98) ① 間數　　② 買入　　③ 射手　　④ 殺傷

(99) ① 老人　　② 化粧室　③ 種子　　④ 故鄕

(100) ① 狀態　　② 有名　　③ 手話　　④ 大田

(101) ① 上下　　② 針形　　③ 受講　　④ 分明

(102) ① 冬至　　② 議員　　③ 要素　　④ 具備

6. 다음 漢字와 反對(또는 相對)되는 漢字를 써 넣어 漢字語를 만드시오. (103~107)

(103) (　　) ↔ 濁　　　　(104) (　　) ↔ 歡

(105) (　　) ↔ 非　　　　(106) 陰 ↔ (　　)

(107) (　　) ↔ 害

7. 다음 漢字語의 反對語(또는 相對語)를 漢字로 쓰시오. (108~112)

(108) (　　) ↔ 浪費　　　　(109) 退化 ↔ (　　)

(110) 將帥 ↔ (　　)　　　　(111) 陽曆 ↔ (　　)

(112) (　　) ↔ 積極

8. 다음 빈칸에 알맞은 漢字를 써 넣어 漢字語(故事成語)를 完成하시오. (113~122)

(113) 進(　)兩難　　　　(114) 頂(　)一鍼

(115) 人(　)有名　　　　(116) (　)不成說

(117) 有口(　)言　　　　(118) 脣(　)齒寒

(119) 安居(　)思　　　　(120) (　)田碧海

(121) (　)翁之馬　　　　(122) 刻舟求(　)

9. 다음 漢字의 部首를 쓰시오. (123~127)

(123) 錢　　　(124) 懸　　　(125) 表

(126) 財　　　(127) 勝

10. 다음 漢字의 〈例〉에서 (128)~(132)의 뜻과 비슷한 漢字를 골라 그 번호를 써 넣으시오. (128~132)

<table>
<tr><td colspan="5" align="center">〈例〉</td></tr>
<tr><td>① 疾</td><td>② 午</td><td>③ 得</td><td>④ 夜</td><td>⑤ 强</td></tr>
<tr><td>⑥ 頌</td><td>⑦ 超</td><td>⑧ 社</td><td>⑨ 習</td><td>⑩ 乙</td></tr>
</table>

(128) 獲　　　(129) 稱　　　(130) 學

(131) 病　　　(132) 越

11. 다음 漢字語의 同音異義語를 쓰되 제시된 뜻에 맞게 하시오. (133~137)

(133) 官前 – (　　) : 전쟁의 실황을 직접 살펴봄

(134) 根幹 – (　　) : 최근에 출판함

(135) 碑銘 – (　　) : 슬피 우는 소리

(136) 六成 – (　　) : 사람의 입에서 직접 나오는 소리

(137) 進程 – (　　) : 참되고 올바름

12. 다음 訓音에 알맞은 漢字를 쓰시오. (138~142)

(138) 맡길 위　　　　(139) 가질 지

(140) 겨룰 항　　　　(141) 책 편

(142) 잡을 조

13. 다음 漢字語의 뜻을 쓰시오. (143~147)

(143) 花園　　　(144) 産卵　　　(145) 著述

(146) 豫測　　　(147) 浮揚

14. 다음 漢字의 略字를 쓰시오. (148~150)

(148) 麥　　　(149) 畵　　　(150) 暇

D-1 제7회 漢字能力檢定試驗 3級 Ⅱ 問題紙

(시험시간 : 60분)

(사) 한국어문회 · 한국한자능력검정회

※ 문제지는 답안지와 함께 제출하세요.

1. 다음 漢字語의 讀音을 쓰시오.　(1~45)

(1) 雅淡	(2) 腦裏	(3) 破裂
(4) 鼻祖	(5) 戰亂	(6) 逢辱
(7) 卑賤	(8) 拘束	(9) 蓄積
(10) 租稅	(11) 獲得	(12) 魂靈
(13) 縮刷	(14) 戲弄	(15) 麻織
(16) 滅菌	(17) 症狀	(18) 需要
(19) 被襲	(20) 貸與	(21) 啓蒙
(22) 隆崇	(23) 柔軟	(24) 幕營
(25) 振動	(26) 鶴壽	(27) 暫時
(28) 征伐	(29) 漏濕	(30) 麥芽
(31) 修飾	(32) 族譜	(33) 報償
(34) 貸借	(35) 忍耐	(36) 激勵
(37) 微賤	(38) 滯賃	(39) 悠久
(40) 耐寒	(41) 斜陽	(42) 吹奏
(43) 訴訟	(44) 誇張	(45) 磨滅

2. 다음 漢字의 訓과 音을 쓰시오.　(46~72)

(46) 偏	(47) 湯	(48) 騎
(49) 倒	(50) 拔	(51) 吐
(52) 賦	(53) 糖	(54) 浸
(55) 梁	(56) 蛇	(57) 震
(58) 貸	(59) 腐	(60) 桃
(61) 鳳	(62) 斜	(63) 譜
(64) 拂	(65) 蓮	(66) 覆
(67) 奪	(68) 渡	(69) 透
(70) 凍	(71) 芳	(72) 泥

3. 다음 글에서 밑줄 친 漢字語 중 한글로 쓴 것은 漢字로, 漢字로 쓴 것은 한글로 바꾸시오.　(73 ~ 93)

> 우리 민족(73)이 지내온 삶을 간추려 말할 때 '外國의 文化를 수용(74)해 온 과정(75)'이라는 말이 빠지지 않을 것이다. 그만큼 우리는 外來의 문화에 길들여져 있다. 우리 문화가 무엇인지도 모르는 사람들이 太半인 것이 우리의 現實(76)이다. 그러나 최근(77) 所謂 '한류(韓流)'라는 이름의 大衆 문화가 隣接(78) 아시아 國家에서 많은 人氣(79)를 누리는 奇異(80)한 현상(81)이 發生하고 있다. 우리의 대중 스타들이 아시아 국가들의 청장년(82)층에 알려지면서 우리의 대중문화가 외국에 영향을 미치는 段階(83)에 이르게 된 것이다. 어느 나라 中産層(84) 젊은이들 사이에서는 패션은 물론 한국(85) 어느 여배우처럼 얼굴 성형(86)을 하는 것이 流行이 될 만큼 한류의 영향은 所聞 이상의 威力(87)을 發揮(88)하고 있다. 국제(89) 舞臺에서 언제나 문화의 需用者였을 뿐 문화의 발신자였던 기억(90)이 없는 貧寒(91)한 문화의 나라 한국 속의 우리는 이웃 나라의 한류 熱風(92)에 미소(93)를 짓고 있다.

4. 다음 밑줄 친 漢字語를 漢字로 쓰시오.　(94~97)

(94) 충신은 두 임금을 섬기지 않는다는 말이 있다

(95) 군대의 대장은 별이 네 개다

(96) 편지봉투에 주소와 성명을 정확하게 써야 한다

(97) 이 곳은 제한구역이라 들어갈 수가 없다

5. 다음 漢字語 가운데 첫 音節이 長音으로 발음되는 것을 골라 그 번호를 쓰시오.　(98~102)

(98) ① 禮節	② 未安	③ 簡略	④ 尙宮
(99) ① 考察	② 舞曲	③ 素材	④ 操作
(100) ① 每日	② 孫女	③ 係長	④ 景氣
(101) ① 討伐	② 放學	③ 個人	④ 示威
(102) ① 史記	② 美國	③ 長短	④ 試合

6. 다음 漢字와 反對(또는 相對)되는 漢字를 써 넣어 漢字語를 만드시오.　(103~107)

(103) (　) ↔ 衰　　　　　(104) 輕 ↔ (　)

(105) (　) ↔ 散　　　　　(106) (　) ↔ 裏

(107) (　) ↔ 悲

7. 다음 漢字語의 反對語(또는 相對語)를 漢字로 쓰시오.　(108~112)

(108) (　) ↔ 手動　　　　(109) 丈人 ↔ (　)

(110) (　) ↔ 短命　　　　(111) 巡行 ↔ (　)

(112) (　) ↔ 怨恨

8. 다음 빈칸에 알맞은 漢字를 써 넣어 漢字語(故事成語)를 完成하시오.　(113~122)

(113) 角者(　)齒　　　　　(114) 見(　)生心

(115) 姑息之(　)　　　　　(116) 矯(　)殺牛

(117) 群鷄一(　)　　　　　(118) (　)善懲惡

(119) 多多益(　)　　　　　(120) (　)狗風月

(121) 孟母三(　)　　　　　(122) 目不(　)丁

9. 다음 漢字의 部首를 쓰시오.　(123~127)

(123) 物　　　　(124) 辭　　　　(125) 應

(126) 脫　　　　(127) 坐

10. 다음 漢字의 〈例〉에서 (128)~(132)의 뜻과 비슷한 漢字를 골라 그 번호를 써 넣으시오.　(128~132)

<table>
<tr><td colspan="5" align="center">〈例〉</td></tr>
<tr><td>① 瓦</td><td>② 停</td><td>③ 白</td><td>④ 邑</td><td>⑤ 耳</td></tr>
<tr><td>⑥ 戰</td><td>⑦ 我</td><td>⑧ 辰</td><td>⑨ 音</td><td>⑩ 始</td></tr>
</table>

(128) 郡　　　　(129) 星　　　　(130) 初

(131) 止　　　　(132) 爭

11. 다음 漢字語의 同音異義語를 쓰되 제시된 뜻에 맞게 하시오.　(133~137)

(133) 中世 − (　) : 부담하기에 너무 무거운 세금

(134) 沈愁 − (　) : 물에 잠김

(135) 便車 − (　) : 순서에 따라 편집함

(136) 基數 − (　) : 경마에서 말을 타는 사람

(137) 景氣 − (　) : 일정한 규칙 아래 기량과 기술을
　　　　　　　　　　　　　　　겨룸

12. 다음 訓音에 알맞은 漢字를 쓰시오.　(138~142)

(138) 참을 인　　　　　(139) 콩 두

(140) 깨우칠 경　　　　(141) 밤 률

(142) 해 세

13. 다음 漢字語의 뜻을 쓰시오.　(143~147)

(143) 化粧　　　(144) 積善　　　(145) 勇猛

(146) 吸煙　　　(147) 省墓

14. 다음 漢字의 略字를 쓰시오.　(148~150)

(148) 兩　　　(149) 實　　　(150) 繼

제8회 漢字能力檢定試驗 3級 II 問題紙

(시험시간 : 60분)

D-1

(사) 한국어문회 · 한국한자능력검정회

※ 문제지는 답안지와 함께 제출하세요.

1. 다음 漢字語의 讀音을 쓰시오. (1~45)

(1) 媒介　　　(2) 興隆　　　(3) 姑婦
(4) 崇尙　　　(5) 淨化　　　(6) 錯誤
(7) 貞淑　　　(8) 退溪　　　(9) 懇請
(10) 脈絡　　(11) 漠然　　(12) 倒錯
(13) 參禪　　(14) 婚需　　(15) 麻浦
(16) 寡占　　(17) 羽翼　　(18) 麥酒
(19) 彼我　　(20) 桑海　　(21) 慶賀
(22) 鎭壓　　(23) 地震　　(24) 漸次
(25) 邪惡　　(26) 謝恩　　(27) 陶醉
(28) 變遷　　(29) 觸覺　　(30) 配偶
(31) 累積　　(32) 謀策　　(33) 整齊
(34) 濕度　　(35) 墨香　　(36) 蘭草
(37) 和睦　　(38) 扶持　　(39) 愚問
(40) 借用　　(41) 哭聲　　(42) 礎石
(43) 紀綱　　(44) 哀歡　　(45) 貫徹

2. 다음 漢字의 訓과 音을 쓰시오. (46~72)

(46) 削　　　(47) 借　　　(48) 裂
(49) 枝　　　(50) 償　　　(51) 累
(52) 垂　　　(53) 遷　　　(54) 訟
(55) 禪　　　(56) 雷　　　(57) 債
(58) 燒　　　(59) 仲　　　(60) 畜
(61) 奏　　　(62) 桑　　　(63) 磨
(64) 滯　　　(65) 鎖　　　(66) 濕
(67) 漆　　　(68) 株　　　(69) 塞
(70) 漏　　　(71) 祿　　　(72) 錯

3. 다음 글에서 밑줄 친 漢字語 중 한글로 쓴 것은 漢字로, 漢字로 쓴 것은 한글로 바꾸시오. (73 ~ 93)

> 文化는 돈이기 이전(73)에 삶이며, 우리 民族의 未來를 決定(74)하는 일이다. 문화가 어느 方向(75)으로 가고 있는가를 되짚어 보고 現在는 經濟的 가치(76)

가 없으나 미래의 훌륭한 資産(77)이 될 만한 문화에 투자(78)하는 것은 기업(79) 論理(80)가 아니라 우리가 살고 민족이 살찌는 진정(81) 아름다운 투자라고 할 수 있을 것이다. 선진국(82)의 뒤를 또다시 따라갈 것이 아니라 우리가 먼저 새로운 길을 열어 반대로 선진국에 影響(83)을 미치는 成熟(84)한 문화 국가를 이루는 길은 작은 文學 책 한 권(85)에서부터 시작하는 것이다. 사람의 삶을 가치 있게 하고 靈魂(86)을 울리는 문화가 持續(87)되게 하기란 낙타가 바늘구멍을 통과(88)하는 것만큼이나 어려운 일이다. 그와 같은 문화가 他 문화권에 肯定的(89)인 영향을 주기란 더욱 어려운 일이다. 은은한 향기(90)를 전하는 진정한 문화가 시들고 華麗(91)한 껍데기 문화가 들판을 지배(92)하는 모습이 보기는 좋으나, 가을걷이를 하려 할 때는 아무런 소득(93)이 없다는 점을 잊지 말아야 할 것이다.

4. 다음 밑줄 친 漢字語를 漢字로 쓰시오. (94~97)

(94) 제자들이 스승에게 존경을 표했다
(95) 우리 이모는 초등학교 교사이다
(96) 부모님의 은혜는 바다보다도 깊다
(97) 내가 좋아하는 과목은 국어이다

5. 다음 漢字語 가운데 첫 音節이 長音으로 발음되는 것을 골라 그 번호를 쓰시오. (98~102)

(98) ① 擧行　　② 街路燈　　③ 府使　　④ 興亡
(99) ① 分母　　② 占術　　③ 命脈　　④ 口文
(100) ① 行進　　② 配慮　　③ 素地　　④ 課程
(101) ① 從軍　　② 帶狀　　③ 化學　　④ 義理
(102) ① 信任　　② 令狀　　③ 包含　　④ 將來

6. 다음 漢字와 反對(또는 相對)되는 漢字를 써 넣어 漢字語를 만드시오.　(103~107)

(103) 旦 ↔ (　　)　　　　　(104) (　　) ↔ 着
(105) 禁 ↔ (　　)　　　　　(106) 乘 ↔ (　　)
(107) 得 ↔ (　　)

7. 다음 漢字語의 反對語(또는 相對語)를 漢字로 쓰시오.　(108~112)

(108) 客觀 ↔ (　　)　　　　(109) (　　) ↔ 原因
(110) (　　) ↔ 貧賤　　　　(111) 好材 ↔ (　　)
(112) (　　) ↔ 鎭靜

8. 다음 빈칸에 알맞은 漢字를 써 넣어 漢字語(故事成語)를 完成하시오.　(113~122)

(113) 刻(　)難忘　　　　　(114) 白(　)書生
(115) 附(　)雷同　　　　　(116) 殺身成(　)
(117) 束手無(　)　　　　　(118) 我田(　)水
(119) 牛耳讀(　)　　　　　(120) 漁父之(　)
(121) 有備無(　)　　　　　(122) 風(　)燈火

9. 다음 漢字의 部首를 쓰시오.　(123~127)

(123) 全　　　　(124) 銃　　　　　(125) 栽
(126) 師　　　　(127) 礎

10. 다음 漢字의 〈例〉에서 (128)~(132)의 뜻과 비슷한 漢字를 골라 그 번호를 써 넣으시오.　(128~132)

〈例〉

① 謙　② 反　③ 歸　④ 訪　⑤ 急
⑥ 合　⑦ 秋　⑧ 敬　⑨ 主　⑩ 樂

(128) 速　　　　　(129) 恭　　　　　(130) 讓
(131) 悅　　　　　(132) 還

11. 다음 漢字語의 同音異義語를 쓰되 제시된 뜻에 맞게 하시오.　(133~137)

(133) 門材 – (　　) : 글재주
(134) 步石 – (　　) : 빛깔과 광택이 아름다우며 희귀한 광물
(135) 鑑定 – (　　) : 어떤 현상이나 일에 대하여 일어나는 마음이나 느끼는 기분
(136) 否認 – (　　) : 결혼한 여자
(137) 地相 – (　　) : 종이 위

12. 다음 訓音에 알맞은 漢字를 쓰시오.　(138~142)

(138) 꼬리 미　　　　　　(139) 엎드릴 복
(140) 어제 작　　　　　　(141) 재 회
(142) 멀 유

13. 다음 漢字語의 뜻을 쓰시오.　(143~147)

(143) 報道　　　(144) 征伐　　　(145) 金品
(146) 特許　　　(147) 拾得

14. 다음 漢字의 略字를 쓰시오.　(148~150)

(148) 徑　　　　(149) 惡　　　　(150) 讚

유형별 기출문제 실전연습 정답

68쪽

I.

(1) 가부 (2) 가보 (3) 가구 (4) 각오 (5) 각료 (6) 간편 (7) 간절 (8) 감축 (9) 강유 (10) 개와 (11) 거리 (12) 격멸 (13) 결재 (14) 계기 (15) 고소 (16) 곤욕 (17) 과묵 (18) 괴멸 (19) 교량 (20) 교졸 (21) 궁박 (22) 균사 (23) 기미 (24) 답습 (25) 도부 (26) 도배 (27) 통촉 (28) 마손 (29) 망령 (30) 맹랑

II.

(1) 악보 (2) 난간 (3) 내진 (4) 노쇠 (5) 녹작 (6) 뇌리 (7) 능묘 (8) 단서 (9) 단발 (10) 당돌 (11) 대납 (12) 매각 (13) 면려 (14) 명쾌 (15) 모함 (16) 무한 (17) 문양 (18) 미각 (19) 밀렵 (20) 반경 (21) 배율 (22) 배제 (23) 변경 (24) 별첨 (25) 보험 (26) 복제 (27) 복권 (28) 봉쇄 (29) 부양 (30) 패배

69쪽

III.

(1) 분망 (2) 비참 (3) 비축 (4) 빙벽 (5) 사색 (6) 사도 (7) 사열 (8) 사악 (9) 삭제 (10) 쇄도 (11) 상장 (12) 상흔 (13) 장계 (14) 삭막 (15) 서리 (16) 선서 (17) 선린 (18) 선반 (19) 세객 (20) 성좌 (21) 세칙 (22) 세수 (23) 세뇌 (24) 소사 (25) 소철 (26) 소추 (27) 손괴 (28) 쇄신 (29) 수려 (30) 수급

IV.

(1) 수범 (2) 숙면 (3) 순면 (4) 승모 (5) 습식 (6) 승낙 (7) 시혜 (8) 시승 (9) 신변 (10) 아접 (11) 오한 (12) 압축 (13) 액체 (14) 약칙 (15) 약조 (16) 양력 (17) 양곡 (18) 억념 (19) 억압 (20) 역할 (21) 연계 (22) 연마 (23) 열락 (24) 염직 (25) 염장 (26) 영속 (27) 영향 (28) 온난 (29) 완만 (30) 요긴

V.

(1) 요령 (2) 우편 (3) 우열 (4) 운연 (5) 원숙 (6) 월장 (7) 유서 (8) 유예 (9) 윤택 (10) 읍징 (11) 의뢰 (12) 이발 (13) 이력 (14) 인내 (15) 자막 (16) 자모 (17) 잠적 (18) 장렬 (19) 장부 (20) 장려 (21) 재배 (22) 적습 (23) 전환 (24) 점감 (25) 정벌 (26) 제약 (27) 제창 (28) 조차 (29) 조갈 (30) 족속

VI.

(1) 종료 (2) 종횡 (3) 주초 (4) 주강 (5) 죽염 (6) 중복 (7) 증거 (8) 증후 (9) 증폭 (10) 지압 (11) 지장 (12) 진부 (13) 징수 (14) 차압 (15) 찬탄 (16) 채취 (17) 채권 (18) 척질 (19) 척사 (20) 철근 (21) 철저 (22) 체증 (23) 초상 (24) 초빙 (25) 촉박 (26) 총액 (27) 최면 (28) 추천 (29) 축쇄 (30) 출하

70쪽

VII.

(1) 충돌 (2) 취흥 (3) 취주 (4) 치장 (5) 치부 (6) 칠흑 (7) 침투 (8) 침체 (9) 탄맥 (10) 탈환 (11) 탐험 (12) 탑비 (13) 택배 (14) 토호 (15) 통분 (16) 투기 (17) 투사 (18) 파괴 (19) 판결 (20) 패소 (21) 변비 (22) 편파 (23) 폐염 (24) 폐단 (25) 포악 (26) 포착 (27) 표지 (28) 피폐 (29) 피혁 (30) 필치

VIII.

(1) 필납 (2) 하역 (3) 학수 (4) 한랭 (5) 한적 (6) 할거 (7) 한증 (8) 함몰 (9) 항쇄 (10) 해석 (11) 행각 (12) 향응 (13) 험상 (14) 현저 (15) 현격 (16) 협탈 (17) 형평 (18) 혜민 (19) 호헌 (20) 홀대 (21) 화순 (22) 화폐 (23) 확률 (24) 황폐 (25) 회의 (26) 흥복 (27) 흡착 (28) 흑막 (29) 흥분 (30) 희망

71쪽

I.

(1) 값 가 (2) 거짓 가 (3) 깨달을 각 (4) 줄기 간 (5) 거울 감 (6) 벼리 강 (7) 대개 개 (8) 근거 거 (9) 뛰어날 걸 (10) 조사할 검 (11) 칠 격 (12) 굳을 견 (13) 이별할 결 (14) 지경 경 (15) 섬돌 계 (16) 곳집 고 (17) 곡식 곡 (18) 바칠 공 (19) 적을 과 (20) 너그러울 관 (21) 무너질 괴 (22) 견줄 교 (23) 얽을 구 (24) 굽힐 굴 (25) 책 권 (26) 법 규 (27) 부지런할 근 (28) 비단 금 (29) 줄 급 (30) 부칠 기

II.

(1) 바를 단 (2) 멜 담 (3) 밟을 답 (4) 무리 당 (5) 무리 대 (6) 달아날 도 (7) 질그릇 도 (8) 살필 독 (9) 갑자기 돌 (10) 구리 동 (11) 콩 두 (12) 등불 등 (13) 이을 락 (14) 넓을 막 (15) 찰 만 (16) 바랄 망 (17) 팔 매 (18) 맹세할 맹 (19) 잠잘 면 (20) 멸할 멸 (21) 울 명 (22) 본뜰 모 (23) 칠 목 (24) 빠질 몰 (25) 무덤 묘 (26) 무성할 무 (27) 잠잠할 묵 (28) 무늬 문 (29) 말 물 (30) 작을 미

III.

(1) 칠 박 (2) 나눌 반 (3) 터럭 발 (4) 방해할 방 (5) 곱 배 (6) 맏 백 (7) 번성할 번 (8) 벌줄 벌 (9) 법 범 (10) 푸를 벽 (11) 말잘할 변 (12) 병 병 (13) 기울 보 (14) 겹칠 복 (15) 봉할 봉 (16) 질 부 (17) 붙을 부 (18) 어지러울 분 (19) 떨칠 분 (20) 숨길 비 (21) 낮을 비 (22) 살찔 비 (23) 얼음 빙 (24) 벼슬할 사 (25) 간사할 사 (26) 흩을 산 (27) 수풀 삼 (28) 자세할 상 (29) 찾을 색/ 쓸쓸할 삭 (30) 용서할 서

72쪽

IV.

(1) 풀 석 (2) 돌 선 (3) 베풀 설 (4) 정성 성 (5) 구실 세 (6) 되살아날 소 (7) 이을 속 (8) 덜 손 (9) 기릴 송 (10) 인쇄할 쇄 (11) 쇠할 쇠 (12) 쓰일 수 (13) 나를 수 (14) 엄숙할 숙 (15) 돌 순 (16) 재주 술 (17) 엄습할 습 (18) 탈 승 (19) 베풀 시 (20) 알 식/기록할 지 (21) 꾸밀 식 (22) 삼갈 신 (23) 살필 심 (24) 두 쌍 (25) 성씨 씨 (26) 언덕 아 (27) 언덕 안 (28) 누를 압 (29) 우러를 앙 (30) 즙 액

V.

(1) 간략할 략 (2) 어질 량 (3) 모양 양 (4) 흙 양 (5) 어거할 어 (6) 생각할 억 (7) 생각할 려 (8) 힘쓸 려 (9) 지경 역 (10) 책력 력 (11) 늘일 연 (12) 이을 련 (13) 기쁠 열 (14) 물들일 염 (15) 생각 념 (16) 재 령 (17) 경영할 영 (18) 미리 예 (19) 기릴 예 (20) 깨달을 오 (21) 집 옥 (22) 구할 요 (23) 욕심 욕 (24) 날랠 용 (25) 우편 우 (26) 운 운 (27) 언덕 원 (28) 넘을 월 (29) 위로할 위 (30) 머무를 류

VI.

(1) 넉넉할 유 (2) 멀 유 (3) 물 류 (4) 젖을 윤 (5) 비율 률/ 거느릴 솔 (6) 높을 륭 (7) 숨을 은 (8) 그늘 음 (9) 응할 응 (10) 거동 의 (11) 오얏 리 (12) 옮길 이 (13) 밤을 리 (14) 날개 익 (15) 알 인 (16) 달아날 일 (17) 임할 림 (18) 손위누이 자 (19) 어제 작 (20) 남을 잔 (21) 잠시 잠 (22) 엄숙할 장 (23) 권면할 장 (24) 오장 장 (25) 마를 재 (26) 다툴 쟁 (27) 막을 저 (28) 맞을 적 (29) 문서 적 (30) 돈 전

VII.

(1) 자취 적 (2) 오로지 전 (3) 꺾을 절 (4) 점점 점 (5) 사귈 접 (6) 길 정 (7) 조정 정 (8) 마를 제 (9) 끌 제 (10) 짤 조 (11) 마를 조 (12) 높을 존 (13) 세로 종 (14) 자리 좌 (15) 낮 주 (16) 기둥 주 (17) 법도 준 (18) 찔 증 (19) 미워할 증 (20) 못 지 (21) 기록할 지 (22) 짤 직 (23) 떨칠 진 (24) 베풀 진 (25) 차례 질 (26) 부를 징 (27) 어긋날 차 (28) 기릴 찬 (29) 살필 찰 (30) 푸를 창

73쪽

VIII.

(1) 참여할 참/석 삼 (2) 창성할 창 (3) 나물 채 (4) 꾀 책 (5) 주울 척 (6) 밟을 천 (7) 밝을 철 (8) 관청 청 (9) 닮을 초 (10) 닿을 촉 (11) 모두 총 (12) 재촉할 최 (13) 꽃을 추

(14) 줄일 축 (15) 찌를 충 (16) 불 취 (17) 헤아릴 측 (18) 값 치 (19) 잠잘 침 (20) 일컬을 칭 (21) 쾌할 쾌 (22) 칠 타 (23) 탄알 탄 (24) 탑 탑 (25) 위태할 태 (26) 가릴 택 (27) 칠 토 (28) 아플 통 (29) 싸움 투 (30) 특별할 특

IX.

(1) 갈래 파 (2) 판단할 판 (3) 치우칠 편 (4) 비평할 평 (5) 해질 폐 (6) 태의 포 (7) 터질 폭 (8) 표할 표 (9) 풍년 풍 (10) 지칠 피 (11) 마칠 필 (12) 하례할 하 (13) 한정 한 (14) 나눌 할 (15) 빠질 함 (16) 항상 항 (17) 풀 해 (18) 씨 핵 (19) 다행 행 (20) 울릴 향 (21) 법 헌 (22) 시험할 험 (23) 나타날 현 (24) 위험할 험 (25) 슬기로울 혜 (26) 도울 호 (27) 호걸 호 (28) 혹시 혹 (29) 섞을 혼 (30) 갑자기 홀

X.

(1) 넓을 홍 (2) 재물 화 (3) 굳을 확 (4) 기쁠 환 (5) 하물며 황 (6) 재 회 (7) 품을 회 (8) 얻을 획 (9) 가로 횡 (10) 본받을 효 (11) 두터울 후 (12) 휘두를 휘 (13) 검을 흑 (14) 마실 흡 (15) 일 흥 (16) 드물 희 (17) 강철 강 (18) 지름길/ 길 경 (19) 계수나무 계 (20) 버섯 균 (21) 진흙 니 (22) 빌릴/ 꿸 대 (23) 건널 도 (24) 얼 동 (25) 찢어질 렬 (26) 우레 뢰 (27) 샐 루 (28) 보리 맥 (29) 소반 반 (30) 족보 보

XI.

(1) 빌 기 (2) 얽을 긴 (3) 허락할 낙 (4) 벌일 라 (5) 따뜻할 난 (6) 난초 란 (7) 볼 람 (8) 밝을 랑 (9) 견딜 내 (10) 찰 랭 (11) 편안 녕 (12) 화로 로 (13) 기록할 록 (14) 골 뇌 (15) 의뢰할 뢰 (16) 언덕 룽 (17) 부세 부 (18) 비낄 사 (19) 뽕나무 상 (20) 사를 소 (21) 쇠사슬 쇄 (22) 젖을 습 (23) 불꽃 염 (24) 자줏빛 자 (25) 아뢸 주 (26) 가지 지 (27) 막힐 체 (28) 치우칠 편 (29) 저울대 형 (30) 가슴 흉

78쪽

A형

I. (1) 減 (2) 柔 (3) 去 (4) 苦 (5) 守 (6) 勤 (7) 禁 (8) 冷 (9) 難 (10) 使

II. (1) 單 (2) 斷 (3) 異 (4) 靜 (5) 發 (6) 浮 (7) 惡 (8) 敗 (9) 盛 (10) 乘

III. (1) 始 (2) 淺 (3) 安 (4) 愛 (5) 辱 (6) 急 (7) 劣 (8) 陰 (9) 利 (10) 果

IV. (1) 長 (2) 正 (3) 卑 (4) 晝 (5) 眞 (6) 濁 (7) 出 (8) 捨 (9) 裏 (10) 彼

V. (1) 豊/吉 (2) 實 (3) 愚 (4) 福 (5) 喜 (6) 歡 (7) 起 (8) 氷 (9) 揚 (10) 當

79쪽

B형

I. (1) 否決 (2) 假像 (3) 柔軟 (4) 開放 (5) 客體
　 (6) 拒絕 (7) 傑作 (8) 輕度 (9) 解約 (10) 供給

II. (1) 拘禁 (2) 權利 (3) 急性 (4) 飢餓 (5) 及第
　 (6) 寒流 (7) 未熟 (8) 弄談 (9) 延長 (10) 退場

III. (1) 忘却 (2) 强風 (3) 密集 (4) 厚德 (5) 報恩
　 (6) 副業 (7) 和解 (8) 幸運 (9) 添加 (10) 略述

IV. (1) 生食 (2) 後天 (3) 消極 (4) 永遠 (5) 乘車
　 (6) 陽曆 (7) 結審 (8) 偶然 (9) 短命 (10) 幼年

V. (1) 相對 (2) 齊唱 (3) 助役 (4) 應答 (5) 縮小
　 (6) 苦痛 (7) 勝利 (8) 合法 (9) 復刊 (10) 興奮

93쪽

I. (1) 命 (2) 刻 (3) 無 (4) 相 (5) 過 (6) 求 (7) 驚 (8) 姑 (9) 阿 (10) 角

II. (1) 乙 (2) 才 (3) 安 (4) 勞 (5) 報 (6) 骨 (7) 孤 (8) 盡 (9) 及 (10) 巧

III. (1) 肝 (2) 腹 (3) 群 (4) 權 (5) 錦 (6) 還 (7) 柔 (8) 累 (9) 益 (10) 堂

IV. (1) 價 (2) 病 (3) 夢 (4) 親 (5) 逆 (6) 晚 (7) 望 (8) 遷 (9) 若 (10) 識

V. (1) 塞 (2) 陣 (3) 河 (4) 唱 (5) 附 (6) 角 (7) 歌 (8) 歸 (9) 成 (10) 旬

94쪽

VI. (1) 弼 (2) 馬 (3) 加 (4) 策 (5) 丘 (6) 釋 (7) 脣 (8) 引 (9) 足 (10) 頭

VII. (1) 利 (2) 易 (3) 緣 (4) 炎 (5) 里 (6) 落 (7) 溫 (8) 患 (9) 果 (10) 場

VIII. (1) 將 (2) 息 (3) 作 (4) 代 (5) 佳 (6) 轉 (7) 改 (8) 坐 (9) 晝 (10) 退

IX. (1) 遇 (2) 靑 (3) 鐵 (4) 樹 (5) 差 (6) 之 (7) 盛 (8) 盡 (9) 浩 (10) 會

99쪽

I. (1) 家 (2) 視 (3) 乾 (4) 段 (5) 約 (6) 實 (7) 通 (8) 濟 (9) 速 (10) 紀

II. (1) 技 (2) 絕 (3) 盜 (4) 頭 (5) 謀 (6) 微 (7) 偶 (8) 法 (9) 變 (10) 扶

III. (1) 亂 (2) 走 (3) 分 (4) 貧 (5) 思 (6) 會 (7) 選 (8) 辰 (9) 命 (10) 送

IV. (1) 設 (2) 驗 (3) 心 (4) 寧 (5) 附 (6) 壓 (7) 連 (8) 歲 (9) 永 (10) 暖

V. (1) 患 (2) 柔 (3) 戲 (4) 澤 (5) 服 (6) 歷 (7) 耐 (8) 姿 (9) 帳 (10) 述

100쪽

VI. (1) 蓄 (2) 抗 (3) 祀 (4) 製 (5) 停 (6) 組 (7) 智 (8) 疾 (9) 徵 (10) 倉

VII. (1) 略 (2) 聞 (3) 招 (4) 賀 (5) 辱 (6) 沈 (7) 稱 (8) 擊 (9) 探 (10) 伐

VIII. (1) 統 (2) 含 (3) 革 (4) 習 (5) 冷 (6) 福 (7) 帝 (8) 傑 (9) 得 (10) 悅

104쪽

I. (1) 疑事 　(2) 家計 　(3) 歌詞 　(4) 甘水 　(5) 告示
　 (6) 共榮 　(7) 錄音 　(8) 斷絕 　(9) 大使 　(10) 同鄕

II. (1) 無聲 　(2) 保守 　(3) 非常 　(4) 邪氣 　(5) 商品
　 (6) 消火 　(7) 政黨 　(8) 主部 　(9) 解産 　(10) 假像

III. (1) 寶刀 　(2) 小圓 　(3) 拾得 　(4) 私服 　(5) 審理
　 (6) 陳情 　(7) 享壽 　(8) 浮揚 　(9) 會議 　(10) 切開

105쪽

IV. (1) 狂氣 　(2) 騎手 　(3) 渡江 　(4) 凍死 　(5) 晩成
　 (6) 尾行 　(7) 賦稅 　(8) 訟事 　(9) 胸部 　(10) 編次

106쪽

I.

(1) 대대로 내려오는 집안의 보물 (2) 고쳐서 좋게 함 (3) 마른 잎 (4) 넓은 구역 (5) 털이 나는 구멍 (6) 동물 등을 놓아서 기름 (7) 다시 살아남 (8) 갖추어 둠 (9) 간사하고 악함

II.

(1) 말싸움 (2) 깊은 잠 (3) 슬픔과 기쁨 (4) 더럽게 물들음 (5) 구름과 안개 (6) 쓰고 남은 돈 (7) 짧은 시간 (8) 점점 증가함 (9) 노래 부르는 방법

III.

(1) 특별한 효능 (2) 두 손바닥을 합함 (3) 말재주 (4) 새벽달 (5) 실제로 가서 보고 조사함 (6) 움직임과 고요함 (7) 인정하지 아니함 (8) 이끌어 지도함 (9) 의심을 품음

107쪽

IV.

(1) 굳게 믿고 의지함 (2) 갑자기 세게 부는 바람 (3) 밤에 잠을 자지 못하는 증상 (4) 일을 꾀하다 (5) 세로로 끊거나 길이로 자름 (6) 사나운 짐승 (7) 둘레를 빙글빙글 돎 (8) 떨쳐 일어남 (9) 남의 어머니를 높여 부르는 말

V.

(1) 나쁜 버릇 (2) 식물을 북돋아 기름 (3) 굳게 맹세한 약속 (4) 얼굴의 모양 (5) 나이가 같은 또래인 사람 (6) 잊지 않도록 마음에 깊이 새겨 둠 (7) 몸과 마음을 바쳐 있는 힘을 다함 (8) 기회를 올라 탐 (9) 좋은 징조의 꿈

110쪽

I. (1) 販 (2) 緊 (3) 檢 (4) 径 (5) 断 (6) 勧, 劝

II. (1) 弾 (2) 続 (3) 薬 (4) 悪 (5) 辞 (6) 师

III. (1) 栄 (2) 荘 (3) 伝 (4) 讃 (5) 兴 (6) 浅

Ⅳ. (1) 訳　(2) 触　(3) 数　(4) 斉　(5) 卆　(6) 点
Ⅴ. (1) 偽　(2) 区　(3) 慎　(4) 仏　(5) 参　(6) 宝
Ⅵ. (1) 予　(2) 医　(3) 号　(4) 杰　(5) 旧　(6) 国
Ⅶ. (1) 気　(2) 当　(3) 両　(4) 図　(5) 写　(6) 来
Ⅷ. (1) 万　(2) 発　(3) 実　(4) 会　(5) 寿　(6) 圧
Ⅸ. (1) 黄　(2) 虚　(3) 称　(4) 献　(5) 体　(6) 麦
Ⅹ. (1) 歯　(2) 画　(3) 与　(4) 塩　(5) 証　(6) 収

111쪽

Ⅰ. (1) 肝腸　(2) 拒絶　(3) 曲調　(4) 近來　(5) 民俗村
　　(6) 溫度　(7) 貧弱　(8) 音色　(9) 自律　(10) 未收
Ⅱ. (1) 潤氣　(2) 紛爭　(3) 詩集　(4) 率直　(5) 姿勢
　　(6) 損害　(7) 浴室　(8) 肉體　(9) 條約　(10) 蟲齒

112쪽

Ⅲ. (1) 醉興　(2) 祝典　(3) 砲手　(4) 寫眞　(5) 圖書館
　　(6) 記號　(7) 物證　(8) 洗禮　(9) 消化　(10) 旅行
Ⅳ. (1) 破壞　(2) 代價　3) 惠澤　(4) 環境　(5) 健康
　　(6) 積極　(7) 弘報　(8) 主張　(9) 質的　(10) 條件
　　(11) 考慮　(12) 開發　(13) 政府　(14) 政策　(15) 批判
　　(16) 裝置　(17) 時急　(18) 力說　(19) 初等　(20) 斷案

113쪽

Ⅰ. (1) 角　(2) 干　(3) 木　(4) 、　(5) 穴
　　(6) 肉(月)　(7) 辛　(8) 豕　(9) 釆　(10) 方
Ⅱ. (1) 肉(月)　(2) 糸　(3) 宀　(4) 止　(5) 辶
　　(6) 目　(7) 鬼　(8) 手　(9) 食　(10) 心
Ⅲ. (1) 缶　(2) 宀　(3) 田　(4) 犬　(5) 言
　　(6) 臼　(7) 子　(8) 玉　(9) 心　(10) 刀
Ⅳ. (1) 立　(2) 尸　(3) 乙　(4) 力　(5) 衣
　　(6) 酉　(7) 口　(8) 竹　(9) 糸　(10) 車
Ⅴ. (1) 手　(2) 內　(3) 糸　(4) 广　(5) 貝
　　(6) 力　(7) 牛　(8) 黑　(9) 女　(10) 口
Ⅵ. (1) 氵(水)　(2) 金　(3) 瓦　(4) 大　(5) 刀
　　(6) 衣　(7) 米　(8) 麥　(9) 皿　(10) 木

120쪽

Ⅰ. (1) ②　(2) ②　(3) ③　(4) ③　(5) ④　(6) ②　(7) ②　(8) ④　(9) ③　(10) ④
Ⅱ. (1) ②　(2) ④　(3) ③　(4) ①　(5) ③　(6) ④　(7) ②　(8) ②　(9) ①　(10) ④

121쪽

Ⅲ. (1) ③　(2) ②　(3) ①　(4) ④　(5) ②　(6) ③　(7) ②　(8) ②　(9) ①　(10) ④
Ⅳ. (1) ①　(2) ②　(3) ③　(4) ④　(5) ③　(6) ②　(7) ①　(8) ③　(9) ②　(10) ①
Ⅴ. (1) ①　(2) ②　(3) ③　(4) ④　(5) ④　(6) ①　(7) ②　(8) ①　(9) ②　(10) ③

122쪽

Ⅵ. (1) ①　(2) ②　(3) ①　(4) ②　(5) ②　(6) ③　(7) ②　(8) ③　(9) ①　(10) ②
Ⅶ. (1) ①　(2) ③　(3) ④　(4) ②　(5) ②　(6) ④　(7) ④　(8) ③　(9) ②　(10) ①
Ⅷ. (1) ②　(2) ③　(3) ④　(4) ②　(5) ③　(6) ①　(7) ③　(8) ②　(9) ③　(10) ④

실전모의고사 정답

실전모의고사 제1회

(1) 창간 (2) 재배 (3) 구호 (4) 선거 (5) 간호 (6) 용서 (7) 기적 (8) 유구 (9) 해석 (10) 유지 (11) 신라 (12) 명예 (13) 거리 (14) 인쇄 (15) 우환 (16) 귀감 (17) 선율 (18) 막연 (19) 의뢰 (20) 승낙 (21) 추월 (22) 미소 (23) 애석 (24) 칭찬 (25) 간담 (26) 격려 (27) 무역 (28) 반야 (29) 난간 (30) 고취 (31) 여유 (32) 취미 (33) 본적 (34) 저축 (35) 망령 (36) 삼엄 (37) 규정 (38) 모범 (39) 순응 (40) 폭탄 (41) 수입 (42) 흥분 (43) 아편 (44) 아악 (45) 합격 (46) 칼 도 (47) 쉴 휴 (48) 간절할 간 (49) 줄기 간 (50) 우러를 앙 (51) 클 태 (52) 말씀 사 (53) 기울 보 (54) 서늘할 량 (55) 소나무 송 (56) 편안 녕 (57) 삼갈 신 (58) 아름다울 가 (59) 열흘 순 (60) 멀 유 (61) 감독할 독 (62) 오랠 구 (63) 그림자 영 (64) 또 역 (65) 검을 현 (66) 터 기 (67) 실을 재 (68) 용서할 서 (69) 가질 지 (70) 얕을 천 (71) 가죽 혁 (72) 날개 익 (73) 疏通 (74) 規範 (75) 관습적 (76) 過程 (77) 연역적 (78) 귀납 (79) 공인 (80) 記號 (81) 多樣 (82) 관련 (83) 사용 (84) 不幸 (85) 중요 (86) 基盤 (87) 實情 (88) 體制 (89) 정책 (90) 차이 (91) 유산 (92) 시각 (93) 深刻 (94) 健康 (95) 消費 (96) 溫室 (97) 新聞 (98) ④ (99) ③ (100) ① (101) ④ (102) ① (103) 低 (104) 興 (105) 表 (106) 愛 (107) 益 (108) 公益 (109) 義務 (110) 自然 (111) 結果 (112) 處女 (113) 利 (114) 害 (115) 床 (116) 求 (117) 悲 (118) 齒 (119) 就 (120) 差 (121) 阿 (122) 擧 (123) 灬(火) (124) 首 (125) 口 (126) 心 (127) 走 (128) ⑦ (129) ⑤ (103) ⑨ (131) ⑩ (132) ③ (133) 歌舞 (134) 首都 (135) 徑路 (136) 未明 (137) 香水 (138) 幹 (139) 浮 (140) 宴 (141) 錢 (142) 唱 (143) 어떤 일이 행하여지는 바로 그 때 (144) 다른 방향이나 상태로 바뀜 (145) 차를 탐 (146) 없어지지 아니하고 남아 있음 (147) 절의를 지킴 (148) 処 (149) 旧 (150) 宝

실전모의고사 제2회

(1) 추억 (2) 과묵 (3) 초상 (4) 유치 (5) 근간 (6) 제주 (7) 침구 (8) 부속 (9) 호소 (10) 은혜 (11) 호칭 (12) 관철 (13) 긴요 (14) 사막 (15) 화장 (16) 천박 (17) 필진 (18) 근면 (19) 구조 (20) 경찰 (21) 긴밀 (22) 색채 (23) 시비 (24) 안색 (25) 소홀 (26) 임무 (27) 재해 (28) 장부 (29) 유희 (30) 잠복 (31) 교각 (32) 호황 (33) 계단 (34) 포함 (35) 자비 (36) 재량 (37) 암흑 (38) 숙면 (39) 최촉 (40) 산란 (41) 잡지 (42) 파괴 (43) 저작 (44) 우수 (45) 선택 (46) 다리 각 (47) 새길 간 (48) 남녘 병 (49) 자랑할 과 (50) 새 금 (51) 맹세 맹 (52) 낄 개 (53) 두터울 후 (54) 드물 희 (55) 맏 백 (56) 수풀 삼 (57) 입을 피 (58) 못 지 (59) 누를 억 (60) 물가 주 (61) 오를 승 (62) 너그러울 관 (63) 조정 정 (64) 사내 랑 (65) 사례할 사 (66) 떨칠 진 (67) 무너질 괴 (68) 활 궁 (69) 살찔 비 (70) 손바닥 장 (71) 닿을 촉 (72) 탑 탑 (73) 倫理 (74) 사유 (75) 土臺 (76) 향락주의 (77) 多樣 (78) 명칭 (79) 부정적 (80) 病弊 (81) 환경 (82) 隔差 (83) 핵무기 (84) 威脅 (85) 무감각 (86) 原因 (87) 利益 (88) 중요 (89) 전부 (90) 행복 (91) 沒頭 (92) 태도 (93) 克服 (94) 常設 (95) 昨年 (96) 餘白 (97) 電話 (98) ② (99) ① (100) ① (101) ③ (102) ① (103) 動 (104) 實 (105) 夜 (106) 多 / 衆 (107) 尊 / 高 (108) 應答 (109) 和解 (110) 平凡 (111) 積極 (112) 複雜 (113) 防 (114) 仁 (115) 奔 (116) 明 (117) 鄕 (118) 若 (119) 紅 (120) 甘 (121) 畢 (122) 浩 (123) 幺 (124) 目 (125) 黑 (126) 車 (127) 穴 (128) ⑥ (129) ⑩ (103) ③ (131) ① (132) ⑧ (133) 水深 (134) 政黨 (135) 考査 (136) 高臺 (137) 寶刀 (138) 旗 (139) 郎 (140) 賣 (141) 班 (142) 愼 (143) 힘을 써 이바지 함 (144) 피를 빨아들임 (145) 수치와 모욕 (146) 실이나 천에 물을 들임 (147) 일정한 수나 한도를 넘김 (148) 鉄 (149) 医 (150) 担

실전모의고사 제3회

(1) 잠시 (2) 호걸 (3) 자매 (4) 도취 (5) 답사 (6) 선택 (7) 억양 (8) 쇠멸 (9) 액체 (10) 선택 (11) 인내 (12) 통회 (13) 정숙 (14) 온난 (15) 과장 (16) 금수 (17) 고유 (18) 시청 (19) 관장 (20) 벽계 (21) 희석 (22) 특징 (23) 위세 (24) 환부 (25) 혼란 (26) 원한 (27) 확증 (28) 운항 (29) 무역 (30) 토벌 (31) 조종 (32) 유연 (33) 화목 (34) 면모 (35) 과감 (36) 은밀 (37) 원조 (38) 횡포 (39) 주선 (40) 번창 (41) 항쟁 (42) 굴절 (43) 항상 (44) 협박 (45) 질서 (46) 거울 감 (47) 고요할 적 (48) 솜 면 (49) 모양 상 (50) 넋 혼 (51) 작을 미 (52) 물들 염 (53) 대개 개 (54) 힘쓸 려 (55) 스승 사 (56) 아침 단 (57) 떨칠 진 (58) 꾸밀 식 (59) 심을 재 (60) 갑자기 홀 (61) 개 포 (62) 넓을 막 (63) 밝을 철 (64) 잘 면 (65) 깨끗할 정 (66) 꿈 몽 (67) 넘을 월 (68) 길 도 (69) 운운 (70) 높을 륭 (71) 바퀴 륜 (72) 이별할 결 (73) 偏見 (74) 결론 (75) 노력 (76) 境遇 (77) 限界 (78) 충분 (79) 성급 (80) 誤謬 (81) 예상 (82) 실험 (83) 漏落 (84) 계획 (85) 統制 (86) 엄격 (87) 檢證 (88) 導出 (89) 실제 (90) 誇張 (91) 혼란 (92) 到處 (93) 훈련 (94) 通信 (95) 連休 (96) 配給 (97) 演藝 (98) ③ (99) ② (100) ① (101) ② (102) ② (103) 盛 (104) 貴 (105) 假 / 僞 (106) 起 (107) 勝 (108) 破壞 (109) 暗黑 (110) 物質 (111) 出席 (112) 苦痛 (113) 群 (114) 引 (115) 折 (116) 首 (117) 歸 (118) 可 (119) 禍 (120) 猶 (121) 善 (122) 斷 (123) 手 (124) 里 (125) 刂(刀) (126) 貝 (127) 心 (128) ③ (129) ⑦ (103) ⑤ (131) ① (132) ⑩ (133) 婦道 (134) 斷定 (135) 人智 (136) 前半 (137) 終身 (138) 烈 (139) 偶 (140) 貯 (141) 執 (142) 夏 (143) 뒤를 이어 계속함 (144) 서로 애틋하게 이별함 (145) 국경이나 경계선을 넘어가는 일 (146) 말이나 행동 따위를 거짓으로 꾸밈 (147) 날 것 그대로의 밤 (148) 気 (149) 号 (150) 灯

실전모의고사 제4회

(1) 영향 (2) 계승 (3) 배당 (4) 적선 (5) 가발 (6) 부적 (7) 환율 (8) 희열 (9) 유복 (10) 측근 (11) 벽안 (12) 현판 (13) 증세 (14) 배설 (15) 영예 (16) 승무 (17) 신려 (18) 기획 (19) 피폐 (20) 연모 (21) 누대 (22) 흥분 (23) 정서 (24) 부랑 (25) 간장 (26) 증오 (27) 겸양 (28) 위태 (29) 부담 (30) 적재 (31) 유도 (32) 주간 (33) 할복 (34) 경각 (35) 배구 (36) 권장 (37) 호화 (38) 한도 (39) 충돌 (40) 참배 (41) 유혹 (42) 권위 (43) 조종 (44) 선배 (45) 거부 (46) 다리 교 (47) 조각 편 (48) 자취 적 (49) 날릴 양 (50) 거의 태 (51) 갑자기 돌 (52) 북 고 (53) 혀 설 (54) 피리 적 (55) 위협할 협 (56) 겸할 겸 (57) 종 노 (58) 부를 초 (59) 어릴 치 (60) 어리석을 우 (61) 항상 항 (62) 적을 과 (63) 잠잠할 묵 (64) 참을 인 (65) 돌 선 (66) 벼리 강 (67) 숯 탄 (68) 근심 수 (69) 드릴 헌 (70) 오히려 상 (71) 난초 란 (72) 위로할 위 (73) 影響 (74) 吸收 (75) 感染 (76) 개념 (77) 試圖 (78) 체제 (79) 변화 (80) 蓄積 (81) 新興 (82) 세력 (83) 봉건적 (84) 解體 (85) 몰락 (86) 階層 (87) 갈등 (88) 배경 (89) 인습 (90) 거부 (91) 固定 (92) 인식 (93) 摸索 (94) 必要 (95) 嚴肅 (96) 恩惠 (97) 卒業式 (98) ③ (99) ② (100) ④ (101) ④ (102) ④ (103) 來 (104) 무 (105) 遠 (106) 陽 (107) 防 / 守 (108) 密集 (109) 客觀 (110) 勝利 (111) 火食 (112) 必然 (113) 結 (114) 加 (115) 旬 (116) 頃 (117) 鏡 (118) 業 (119) 綠 (120) 前 (121) 鍼 (122) 想 (123) 谷 (124) 爪 (125) 目 (126) 夕 (127) 邑 (128) ⑩ (129) ③ (103) ① (131) ⑥ (132) ⑧ (133) 高價 (134) 全員 (135) 輸入 (136) 有形 (137) 前職 (138) 減 (139) 寧 (140) 漠 (141) 恕 (142) 勵 (143) 부지런히 일하며 힘씀 (144) 점점 증가함 (145) 미리 대처하여 막는 일 (146) 책망이나 괴로움 따위를 달게 받음 (147) 몹시 세차게 부는 바람 (148) 圧 (149) 伝 (150) 辺

실전모의고사 제5회

(1) 격조 (2) 증오 (3) 의뢰 (4) 강철 (5) 맥반 (6) 최촉 (7) 낙뢰 (8) 선승 (9) 한증 (10) 신중 (11) 귀곡 (12) 패배 (13) 난간 (14) 교묘 (15) 황폐 (16) 기혼 (17) 긴축 (18) 답교 (19) 습도 (20) 계림 (21) 독사 (22) 양안 (23) 노비 (24) 칠기 (25) 천도 (26) 수필 (27) 간격 (28) 공헌 (29) 술회 (30) 천이 (31) 탈환 (32) 괴멸 (33) 부여 (34) 고취 (35) 충격 (36) 계피 (37) 이력 (38) 답습 (39) 경로 (40) 노변 (41) 반숙 (42) 면려 (43) 묵화 (44) 증발 (45) 포졸 (46) 덮을 개 (47) 가슴 흉 (48) 싹 아 (49) 밥통 위 (50) 비석 비 (51) 기와 와 (52) 저울대 형 (53) 지름길/길 경 (54) 응할 응 (55) 맏 백 (56) 이길 극 (57) 땀 한 (58) 되살아날 소 (59) 너그러울 관 (60) 시렁 가 (61) 거울 감 (62) 음란할 음 (63) 울릴 향 (64) 깃 우 (65) 강철 강 (66) 느릴 완 (67) 불꽃 염 (68) 거짓 위 (69) 거칠 황 (70) 임금 황 (71) 굴 혈 (72) 사이뜰 격 (73) 情報化 (74) 現實 (75) 特性面 (76) 構造 (77) 分權化 (78) 경향 (79) 資源 (80) 속성 (81) 이동 (82) 容易性 (83) 전환성 (84) 相互 (85) 約束 (86) 체제 (87) 注目 (88) 소비 (89) 保有 (90) 정도 (91) 불가피 (92) 投入 (93) 통제 (94) 規則 (95) 港口 (96) 建設 (97) 通信 (98) ④ (99) ② (100) ④ (101) ② (102) ④ (103) 弱 (104) 問 (105) 閉 (106) 少 (107) 新 (108) 拒絶 (109) 落第 (110) 無能 (111) 凶兆 (112) 固定 (113) 思 (114) 止 (115) 吾 (116) 佳 (117) 藍 (118) 晝 (119) 使 (120) 顏 (121) 之 (122) 走 (123) 大 (124) 田 (125) 黃 (126) 儿 (127) 口 (128) ⑤ (129) ⑩ (130) ① (131) ③ (132) ⑦ (133) 羽衣 (134) 田園 (135) 무기 (136) 雲行 (137) 專用 (138) 裕 (139) 署 (140) 孟 (141) 納 (142) 階 (143) 두 손바닥을 합함 (144) 아름다운 얼굴 모습 (145) 죽었다가 다시 살아남 (146) 염료를 사용하여 실이나 천 따위에 물을 들임 (147) 서로 애틋하게 이별함 (148) 区 (149) 図 (150) 参

실전모의고사 제6회

(1) 균사 (2) 흥위 (3) 유세 (4) 삭 (5) 쇠약 (6) 희귀 (7) 침수 (8) 포획 (9) 우롱 (10) 헌수 (11) 부유 (12) 계약 (13) 보수 (14) 침투 (15) 운미 (16) 연익 (17) 외모 (18) 동몽 (19) 보상 (20) 폐품 (21) 저장 (22) 정결 (23) 분식 (24) 칭찬 (25) 통수 (26) 운니 (27) 기 (28) 상설 (29) 기원 (30) 소루 (31) 소원 (32) 유혹 (33) 폐포 (34) 회유 (35) 금수 (36) 토로 (37) 광막 (38) 월옥 (39) 마포 (40) 관장 (41) 재화 (42) 당뇨 (43) 고뇌 (44) 운치 (45) 동결 (46) 엮을 편 (47) 늦을 만 (48) 어금니 아 (49) 보리 맥 (50) 폐할/버릴 폐 (51) 전각 전 (52) 소반 반 (53) 계수나무 계 (54) 제비 연 (55) 항상 항 (56) 면할 면 (57) 미칠 광 (58) 조세 조 (59) 멜 하 (60) 쇠북릴 주 (61) 자줏빛 자 (62) 언덕 구 (63) 찌를 자/찌를 척 (64) 먹 묵 (65) 소금 염 (66) 꼬리 미 (67) 전염병 역 (68) 굳을 경 (69) 품삯 임 (70) 버섯 균 (71) 중매 매 (72) 잡을 포 (73) 政策 (74) 關係 (75) 관점 (76) 論議 (77) 특정 (78) 제한 (79) 경우 (80) 논리 (81) 侵害 (82) 構成員 (83) 全體 (84) 核心的 (85) 강제 (86) 稅金 (87) 부과 (88) 소유자 (89) 部分的 (90) 增加 (91) 총량 (92) 損害 (93) 得失 (94) 記錄 (95) 野球 (96) 放送 (97) 連休 (98) ② (99) ① (100) ② (101) ① (102) ② (103) 淸 (104) 哀 (105) 是 (106) 陽 (107) 利 (108) 儉約 (109) 進化 (110) 兵卒 (111) 陰曆 (112) 消極 (113) 退 (114) 門 (115) 死 (116) 語 (117) 無 (118) 亡 (119) 危 (120) 桑 (121) 塞 (122) 劍 (123) 金 (124) 心 (125) 衣 (126) 貝 (127) 力 (128) ③ (129) ⑥ (130) ⑨ (131) ① (132) ⑦ (133) 觀戰 (134) 近刊 (135) 悲鳴 (136) 肉聲 (137) 眞正 (138) 委 (139) 持 (140) 抗 (141) 篇 (142) 操 (143) 꽃을 심은 동산 (144) 알을 낳음 (145) 글이나 책 따위를 씀 (146) 미리 헤아려 짐작함 (147) 가라앉은 것이 떠오름 (148) 麦 (149) 画 (150) 販

실전모의고사 제7회

(1) 아담 (2) 뇌리 (3) 파열 (4) 비조 (5) 전란 (6) 봉욕 (7) 비천 (8) 구속 (9) 축적 (10) 조세 (11) 획득 (12) 혼령 (13) 축쇄 (14) 희롱 (15) 마직 (16) 멸균 (17) 증상 (18) 수요 (19) 피습 (20) 대여 (21) 계몽 (22) 릉숭 (23) 유연 (24) 막영 (25) 진동 (26) 학수 (27) 잠시 (28) 정벌 (29) 누습 (30) 맥아 (31) 수식 (32) 족보 (33) 보상 (34) 대차 (35) 인내 (36) 격려 (37) 미천 (38) 체임 (39) 유구 (40) 내한 (41) 사양 (42) 취주 (43) 소송 (44) 과장 (45) 마멸 (46) 치우칠 편 (47) 끓을 탕 (48) 말탈 기 (49) 넘어질 도 (50) 뽑을 발 (51) 토함 토 (52) 부세 부 (53) 엿 당/사탕 탕 (54) 잠길 침 (55) 들보/ 돌다리 량 (56) 긴뱀 사 (57) 우레 진 (58) 빌릴/뀔 대 (59) 썩을 부 (60) 복숭아 도 (61) 새 봉 (62) 비낄 사 (63) 족보 보 (64) 떨칠 불 (65) 연꽃 련 (66) 다시 복/ 덮을 부 (67) 빼앗을 탈 (68) 건널 도 (69) 사무칠 투 (70) 얼 동 (71) 꽃다울 방 (72) 진흙 니 (73) 民族 (74) 受容 (75) 過程 (76) 현실 (77) 最近 (78) 인접 (79) 인기 (80) 기이 (81) 現狀 (82) 靑壯年 (83) 단계 (84) 중산층 (85) 韓國 (86) 成形 (87) 위력 (88) 발휘 (89) 國際 (90) 記憶 (91) 빈한 (92) 열풍 (93) 微笑 (94) 忠臣 (95) 大將 (96) 姓名 (97) 制限 (98) ① (99) ② (100) ③ (101) ④ (102) ① (103) 盛 (104) 重 (105) 集 (106) 表 (107) 喜 (108) 自動 (109) 丈母 (110) 長壽 (111) 逆行 (112) 思惠 (113) 無 (114) 物 (115) 計 (116) 角 (117) 鶴 (118) 勸 (119) 善 (120) 堂 (121) 遷 (122) 識 (123) 牛 (124) 辛 (125) 心 (126) 肉(月) (127) 土 (128) ④ (129) ⑧ (130) ⑩ (131) ② (132) ⑥ (133) 重稅 (134) 浸水 (135) 編次 (136) 騎手 (137) 競技 (138) 忍 (139) 豆 (140) 警 (141) 栗 (142) 歲 (143) 화장품을 바르거나 문질러 얼굴을 곱게 꾸밈 (144) 착한 일을 많이 함 (145) 용감하고 사나움 (146) 담배를 피움 (147) 조상의 산소를 찾아가서 돌봄 (148) 両 (149) 実 (150) 継

실전모의고사 제8회

(1) 매개 (2) 흥륭 (3) 고부 (4) 숭상 (5) 정화 (6) 착오 (7) 정숙 (8) 퇴계 (9) 간청 (10) 맥락 (11) 막연 (12) 도착 (13) 참선 (14) 혼수 (15) 마포 (16) 과점 (17) 우익 (18) 맥우 (19) 피아 (20) 상해 (21) 경하 (22) 진압 (23) 지진 (24) 점차 (25) 사악 (26) 사은 (27) 도취 (28) 변천 (29) 촉각 (30) 배우 (31) 누적 (32) 모책 (33) 정제 (34) 습도 (35) 묵향 (36) 난초 (37) 화목 (38) 부지 (39) 우문 (40) 차용 (41) 곡성 (42) 초석 (43) 기강 (44) 애환 (45) 관철 (46) 깎을 삭 (47) 빌/빌릴 차 (48) 찢어질 렬 (49) 가지 지 (50) 갚을 상 (51) 여러/ 자주 루 (52) 드리울 수 (53) 옮길 천 (54) 송사할 송 (55) 선 선 (56) 우레 뢰 (57) 빚 채 (58) 사를 소 (59) 버금 중 (60) 짐승 축 (61) 아뢸 주 (62) 뽕나무 상 (63) 갈 마 (64) 막힐 체 (65) 쇠사슬 쇄 (66) 젖을 습 (67) 옻 칠 (68) 그루 주 (69) 막힐 색/ 변방 새 (70) 샐 루 (71) 녹 록 (72) 어긋날 착 (73) 以前 (74) 결정 (75) 방향 (76) 價値 (77) 자산 (78) 投資 (79) 企業 (80) 논리 (81) 眞正 (82) 先進國 (83) 영향 (84) 성숙 (85) 卷 (86) 영혼 (87) 지속 (88) 通過 (89) 긍정적 (90) 香氣 (91) 화려 (92) 支配 (93) 所得 (94) 尊敬 (95) 敎師 (96) 思惠 (97) 科目 (98) ① (99) ③ (100) ② (101) ④ (102) ① (103) 夕 (104) 發 (105) 許 (106) 降 (107) 失 (108) 主觀 (109) 結果 (110) 富貴 (111) 惡材 (112) 興奮 (113) 骨 (114) 面 (115) 和 (116) 仁 (117) 策 (118) 引 (119) 經 (120) 利 (121) 患 (122) 前 (123) 入 (124) 金 (125) 木 (126) 巾 (127) 石 (128) ⑤ (129) ⑧ (130) ① (131) ⑩ (132) ③ (133) 文才 (134) 寶石 (135) 感情 (136) 婦人 (137) 紙上 (138) 尾 (139) 伏 (140) 昨 (141) 灰 (142) 慾 (143) 대중 전달 매체를 통하여 일반 사람들에게 새로운 소식을 알림 (144) 적 또는 죄 있는 무리를 무력으로써 침 (145) 돈과 물품을 아울러 이르는 말 (146) 특별히 허락함 (147) 주워서 얻음 (148) 径 (149) 悪 (150) 讃

수험번호 □□□ - □□ - □□□□   성명 □□□□□

주민등록번호 □□□□□□ - □□□□□□□

※유성싸인펜, 붉은색 필기구 사용 불가.

※답안지는 컴퓨터로 처리되므로 구기거나 더럽히지 마시고, 정답 칸 안에만 쓰십시오.
글씨가 채점란으로 들어오면 오답처리가 됩니다.

전국한자능력검정시험 3급Ⅱ 답안지(1)

번호	정 답	1검	2검	번호	정 답	1검	2검	번호	정 답	1검	2검
1				24				47			
2				25				48			
3				26				49			
4				27				50			
5				28				51			
6				29				52			
7				30				53			
8				31				54			
9				32				55			
10				33				56			
11				34				57			
12				35				58			
13				36				59			
14				37				60			
15				38				61			
16				39				62			
17				40				63			
18				41				64			
19				42				65			
20				43				66			
21				44				67			
22				45				68			
23				46				69			

감독위원	채점위원(1)		채점위원(2)		채점위원(3)	
(서명)	(득점)	(서명)	(득점)	(서명)	(득점)	(서명)

※ 뒷면으로 이어짐

※ 본 답안지는 컴퓨터로 처리되므로 구기거나 더럽히지 않도록 조심하시고 글씨를 칸 안에 또박또박 쓰십시오.

전국한자능력검정시험 3급Ⅱ 답안지(2)

번호	정답	1검	2검	번호	정답	1검	2검	번호	정답	1검	2검
70				97				124			
71				98				125			
72				99				126			
73				100				127			
74				101				128			
75				102				129			
76				103				130			
77				104				131			
78				105				132			
79				106				133			
80				107				134			
81				108				135			
82				109				136			
83				110				137			
84				111				138			
85				112				139			
86				113				140			
87				114				141			
88				115				142			
89				116				143			
90				117				144			
91				118				145			
92				119				146			
93				120				147			
94				121				148			
95				122				149			
96				123				150			

전국한자능력검정시험 3급Ⅱ 답안지(2)

사단법인 한국어문회 · 한국한자능력검정회   3 2 1

수험번호 □□□-□□-□□□□   성명 □□□□□

주민등록번호 □□□□□□-□□□□□□□

※유성싸인펜, 붉은색 필기구 사용 불가.

※답안지는 컴퓨터로 처리되므로 구기거나 더럽히지 마시고, 정답 칸 안에만 쓰십시오.
글씨가 채점란으로 들어오면 오답처리가 됩니다.

전국한자능력검정시험 3급Ⅱ 답안지(1)

번호	답안란 정답	채점란 1검	2검	번호	답안란 정답	채점란 1검	2검	번호	답안란 정답	채점란 1검	2검
1				24				47			
2				25				48			
3				26				49			
4				27				50			
5				28				51			
6				29				52			
7				30				53			
8				31				54			
9				32				55			
10				33				56			
11				34				57			
12				35				58			
13				36				59			
14				37				60			
15				38				61			
16				39				62			
17				40				63			
18				41				64			
19				42				65			
20				43				66			
21				44				67			
22				45				68			
23				46				69			

감독위원	채점위원(1)		채점위원(2)		채점위원(3)	
(서명)	(득점)	(서명)	(득점)	(서명)	(득점)	(서명)

※ 뒷면으로 이어짐

※ 본 답안지는 컴퓨터로 처리되므로 구기거나 더럽히지 않도록 조심하시고 글씨를 칸 안에 또박또박 쓰십시오.

전국한자능력검정시험 3급Ⅱ 답안지(2)

답 안 란		채 점 란		답 안 란		채 점 란		답 안 란		채 점 란	
번호	정 답	1검	2검	번호	정 답	1검	2검	번호	정 답	1검	2검
70				97				124			
71				98				125			
72				99				126			
73				100				127			
74				101				128			
75				102				129			
76				103				130			
77				104				131			
78				105				132			
79				106				133			
80				107				134			
81				108				135			
82				109				136			
83				110				137			
84				111				138			
85				112				139			
86				113				140			
87				114				141			
88				115				142			
89				116				143			
90				117				144			
91				118				145			
92				119				146			
93				120				147			
94				121				148			
95				122				149			
96				123				150			

사단법인 한국어문회 · 한국한자능력검정회

3 2 1

수험번호 □□□-□□-□□□□ 성명 □□□□□

주민등록번호 □□□□□□-□□□□□□□

※유성싸인펜, 붉은색 필기구 사용 불가.

※답안지는 컴퓨터로 처리되므로 구기거나 더럽히지 마시고, 정답 칸 안에만 쓰십시오.
글씨가 채점란으로 들어오면 오답처리가 됩니다.

전국한자능력검정시험 3급Ⅱ 답안지(1)

번호	답안란 정답	채점란 1검	채점란 2검	번호	답안란 정답	채점란 1검	채점란 2검	번호	답안란 정답	채점란 1검	채점란 2검
1				24				47			
2				25				48			
3				26				49			
4				27				50			
5				28				51			
6				29				52			
7				30				53			
8				31				54			
9				32				55			
10				33				56			
11				34				57			
12				35				58			
13				36				59			
14				37				60			
15				38				61			
16				39				62			
17				40				63			
18				41				64			
19				42				65			
20				43				66			
21				44				67			
22				45				68			
23				46				69			

감독위원	채점위원(1)		채점위원(2)		채점위원(3)	
(서명)	(득점)	(서명)	(득점)	(서명)	(득점)	(서명)

※ 뒷면으로 이어짐

※ 본 답안지는 컴퓨터로 처리되므로 구기거나 더럽히지 않도록 조심하시고 글씨를 칸 안에 또박또박 쓰십시오.

전국한자능력검정시험 3급Ⅱ 답안지(2)

번호	정 답	1검	2검	번호	정 답	1검	2검	번호	정 답	1검	2검
70				97				124			
71				98				125			
72				99				126			
73				100				127			
74				101				128			
75				102				129			
76				103				130			
77				104				131			
78				105				132			
79				106				133			
80				107				134			
81				108				135			
82				109				136			
83				110				137			
84				111				138			
85				112				139			
86				113				140			
87				114				141			
88				115				142			
89				116				143			
90				117				144			
91				118				145			
92				119				146			
93				120				147			
94				121				148			
95				122				149			
96				123				150			

수험번호 □□□ - □□ - □□□□   성명 □□□□□

주민등록번호 □□□□□□ - □□□□□□□

※유성싸인펜, 붉은색 필기구 사용 불가.

※답안지는 컴퓨터로 처리되므로 구기거나 더럽히지 마시고, 정답 칸 안에만 쓰십시오.
글씨가 채점란으로 들어오면 오답처리가 됩니다.

전국한자능력검정시험 3급 II 답안지(1)

| 답 안 란 | | 채 점 란 | | 답 안 란 | | 채 점 란 | | 답 안 란 | | 채 점 란 | |
번호	정 답	1검	2검	번호	정 답	1검	2검	번호	정 답	1검	2검
1				24				47			
2				25				48			
3				26				49			
4				27				50			
5				28				51			
6				29				52			
7				30				53			
8				31				54			
9				32				55			
10				33				56			
11				34				57			
12				35				58			
13				36				59			
14				37				60			
15				38				61			
16				39				62			
17				40				63			
18				41				64			
19				42				65			
20				43				66			
21				44				67			
22				45				68			
23				46				69			

감독위원	채점위원(1)		채점위원(2)		채점위원(3)	
(서명)	(득점)	(서명)	(득점)	(서명)	(득점)	(서명)

※ 뒷면으로 이어짐

※ 본 답안지는 컴퓨터로 처리되므로 구기거나 더럽히지 않도록 조심하시고 글씨를 칸 안에 또박또박 쓰십시오.

전국한자능력검정시험 3급Ⅱ 답안지(2)

번호	정답	1검	2검	번호	정답	1검	2검	번호	정답	1검	2검
70				97				124			
71				98				125			
72				99				126			
73				100				127			
74				101				128			
75				102				129			
76				103				130			
77				104				131			
78				105				132			
79				106				133			
80				107				134			
81				108				135			
82				109				136			
83				110				137			
84				111				138			
85				112				139			
86				113				140			
87				114				141			
88				115				142			
89				116				143			
90				117				144			
91				118				145			
92				119				146			
93				120				147			
94				121				148			
95				122				149			
96				123				150			

사단법인 한국어문회 · 한국한자능력검정회   3 2 1

수험번호 □□□-□□-□□□□   성명 □□□□□

주민등록번호 □□□□□□-□□□□□□□

※유성싸인펜, 붉은색 필기구 사용 불가.

※답안지는 컴퓨터로 처리되므로 구기거나 더럽히지 마시고, 정답 칸 안에만 쓰십시오.
글씨가 채점란으로 들어오면 오답처리가 됩니다.

전국한자능력검정시험 3급Ⅱ 답안지(1)

번호	정답	1검	2검	번호	정답	1검	2검	번호	정답	1검	2검
1				24				47			
2				25				48			
3				26				49			
4				27				50			
5				28				51			
6				29				52			
7				30				53			
8				31				54			
9				32				55			
10				33				56			
11				34				57			
12				35				58			
13				36				59			
14				37				60			
15				38				61			
16				39				62			
17				40				63			
18				41				64			
19				42				65			
20				43				66			
21				44				67			
22				45				68			
23				46				69			

감독위원	채점위원(1)		채점위원(2)		채점위원(3)	
(서명)	(득점)	(서명)	(득점)	(서명)	(득점)	(서명)

※ 뒷면으로 이어짐

※ 본 답안지는 컴퓨터로 처리되므로 구기거나 더럽히지 않도록 조심하시고 글씨를 칸 안에 또박또박 쓰십시오.

전국한자능력검정시험 3급Ⅱ 답안지(2)

번호	정답	채점란 1검	채점란 2검	번호	정답	채점란 1검	채점란 2검	번호	정답	채점란 1검	채점란 2검
70				97				124			
71				98				125			
72				99				126			
73				100				127			
74				101				128			
75				102				129			
76				103				130			
77				104				131			
78				105				132			
79				106				133			
80				107				134			
81				108				135			
82				109				136			
83				110				137			
84				111				138			
85				112				139			
86				113				140			
87				114				141			
88				115				142			
89				116				143			
90				117				144			
91				118				145			
92				119				146			
93				120				147			
94				121				148			
95				122				149			
96				123				150			

사단법인 한국어문회 · 한국한자능력검정회　　　　　3 2 1

수험번호 □□□ - □□ - □□□□　　　성명 □□□□□

주민등록번호 □□□□□□ - □□□□□□□

※유성싸인펜, 붉은색 필기구 사용 불가.

※답안지는 컴퓨터로 처리되므로 구기거나 더럽히지 마시고, 정답 칸 안에만 쓰십시오.
　글씨가 채점란으로 들어오면 오답처리가 됩니다.

전국한자능력검정시험 3급 Ⅱ 답안지(1)

번호	답안란 정 답	채점란 1검	2검	번호	답안란 정 답	채점란 1검	2검	번호	답안란 정 답	채점란 1검	2검
1				24				47			
2				25				48			
3				26				49			
4				27				50			
5				28				51			
6				29				52			
7				30				53			
8				31				54			
9				32				55			
10				33				56			
11				34				57			
12				35				58			
13				36				59			
14				37				60			
15				38				61			
16				39				62			
17				40				63			
18				41				64			
19				42				65			
20				43				66			
21				44				67			
22				45				68			
23				46				69			

감독위원	채점위원(1)		채점위원(2)		채점위원(3)	
(서명)	(득점)	(서명)	(득점)	(서명)	(득점)	(서명)

※ 뒷면으로 이어짐

※ 본 답안지는 컴퓨터로 처리되므로 구기거나 더럽히지 않도록 조심하시고 글씨를 칸 안에 또박또박 쓰십시오.

전국한자능력검정시험 3급 Ⅱ 답안지(2)

번호	정 답	1검	2검	번호	정 답	1검	2검	번호	정 답	1검	2검
70				97				124			
71				98				125			
72				99				126			
73				100				127			
74				101				128			
75				102				129			
76				103				130			
77				104				131			
78				105				132			
79				106				133			
80				107				134			
81				108				135			
82				109				136			
83				110				137			
84				111				138			
85				112				139			
86				113				140			
87				114				141			
88				115				142			
89				116				143			
90				117				144			
91				118				145			
92				119				146			
93				120				147			
94				121				148			
95				122				149			
96				123				150			

사단법인 한국어문회 · 한국한자능력검정회   ⬛ 3 2 1 ⬛

수험번호 □□□-□□-□□□□   성 명 □□□□□

주민등록번호 □□□□□□□-□□□□□□□   ※유성싸인펜, 붉은색 필기구 사용 불가.

※답안지는 컴퓨터로 처리되므로 구기거나 더럽히지 마시고, 정답 칸 안에만 쓰십시오.
　글씨가 채점란으로 들어오면 오답처리가 됩니다.

전국한자능력검정시험 3급Ⅱ 답안지(1)

번호	답안란 정답	채점란 1검	채점란 2검	번호	답안란 정답	채점란 1검	채점란 2검	번호	답안란 정답	채점란 1검	채점란 2검
1				24				47			
2				25				48			
3				26				49			
4				27				50			
5				28				51			
6				29				52			
7				30				53			
8				31				54			
9				32				55			
10				33				56			
11				34				57			
12				35				58			
13				36				59			
14				37				60			
15				38				61			
16				39				62			
17				40				63			
18				41				64			
19				42				65			
20				43				66			
21				44				67			
22				45				68			
23				46				69			

감독위원	채점위원(1)		채점위원(2)		채점위원(3)	
(서명)	(득점)	(서명)	(득점)	(서명)	(득점)	(서명)

※ 뒷면으로 이어짐

※ 본 답안지는 컴퓨터로 처리되므로 구기거나 더럽히지 않도록 조심하시고 글씨를 칸 안에 또박또박 쓰십시오.

전국한자능력검정시험 3급Ⅱ 답안지(2)

번호	정 답 (답안란)	1검	2검	번호	정 답 (답안란)	1검	2검	번호	정 답 (답안란)	1검	2검
70				97				124			
71				98				125			
72				99				126			
73				100				127			
74				101				128			
75				102				129			
76				103				130			
77				104				131			
78				105				132			
79				106				133			
80				107				134			
81				108				135			
82				109				136			
83				110				137			
84				111				138			
85				112				139			
86				113				140			
87				114				141			
88				115				142			
89				116				143			
90				117				144			
91				118				145			
92				119				146			
93				120				147			
94				121				148			
95				122				149			
96				123				150			

사단법인 한국어문회 · 한국한자능력검정회   3 2 1

수험번호 □□□-□□-□□□□   성명 □□□□□

주민등록번호 □□□□□□-□□□□□□□   ※유성싸인펜, 붉은색 필기구 사용 불가.

※답안지는 컴퓨터로 처리되므로 구기거나 더럽히지 마시고, 정답 칸 안에만 쓰십시오.
 글씨가 채점란으로 들어오면 오답처리가 됩니다.

전국한자능력검정시험 3급Ⅱ 답안지(1)

번호	답안란 정답	채점란 1검	채점란 2검	번호	답안란 정답	채점란 1검	채점란 2검	번호	답안란 정답	채점란 1검	채점란 2검
1				24				47			
2				25				48			
3				26				49			
4				27				50			
5				28				51			
6				29				52			
7				30				53			
8				31				54			
9				32				55			
10				33				56			
11				34				57			
12				35				58			
13				36				59			
14				37				60			
15				38				61			
16				39				62			
17				40				63			
18				41				64			
19				42				65			
20				43				66			
21				44				67			
22				45				68			
23				46				69			

감독위원	채점위원(1)		채점위원(2)		채점위원(3)	
(서명)	(득점)	(서명)	(득점)	(서명)	(득점)	(서명)

※ 뒷면으로 이어짐

※ 본 답안지는 컴퓨터로 처리되므로 구기거나 더럽히지 않도록 조심하시고 글씨를 칸 안에 또박또박 쓰십시오.

전국한자능력검정시험 3급Ⅱ 답안지(2)

번호	정 답	1검	2검	번호	정 답	1검	2검	번호	정 답	1검	2검
70				97				124			
71				98				125			
72				99				126			
73				100				127			
74				101				128			
75				102				129			
76				103				130			
77				104				131			
78				105				132			
79				106				133			
80				107				134			
81				108				135			
82				109				136			
83				110				137			
84				111				138			
85				112				139			
86				113				140			
87				114				141			
88				115				142			
89				116				143			
90				117				144			
91				118				145			
92				119				146			
93				120				147			
94				121				148			
95				122				149			
96				123				150			